Taschenschmöker aus Vergangenheit und Gegenwart

Taschenschmöker aus Vergangenheit und Gegenwart

Neu und wieder aufgelegt

Berlin 2015

Die Schiffbrüchigen

Zwanzig Monate auf einem Riff
der Aucklandinseln von
François-Édouard Raynal

Edition Dornbrunnen

Taschenschmöker aus Vergangenheit und Gegenwart

Übersetzung der Texte aus dem Französischen von
Hermann Masius *(Les Naufragés ou vingt mois sur un récif des Îles Auckland)*
Nach der Ausgabe des Verlags Friedrich Brandstetter, Leipzig 1871
Korrekturen und Lektorat: von Meiko Richert
Originalillustrationen: Alphonse de Neuville

Der Text wurde für die vorliegende Ausgabe noch einmal gründlich durchgesehen und um mehrere Fußnoten ergänzt. Die Bereitstellung der Abbildungen erfolgte durch Bernhard Krauth.

Die Deutsche Nationalbibliothek verzeichnet diese Publikation in der Deutschen Nationalbibliografie; detaillierte bibliografische Daten sind im Internet über
http://dnb.d-nb.de
abrufbar.

1. Auflage 2015

ISBN 978-3-943275-12-4

Sven-R. Schulz, Dornbrunner Straße 16, 12437 Berlin
www.edition-dornbrunnen.de,
Titelgestaltung: Sven-R. Schulz unter Verwendung einer Originalillustration
von Alphonse de Neuville

Druck und Vertrieb: Book on Demand GmbH, Norderstedt
PNTS14

Inhalt

Vorwort des Herausgebers[1]

Im Jahre 1866 veröffentlichte der Amerikaner Thomas Musgrave ein Buch unter dem Titel »*Castaway on the Auckland Isles*«, während fast gleichzeitig ein ähnlicher Bericht des Franzosen E. Raynal erschien.[2] Beide behandeln eine selbst in dem gefahrvollen Leben des Seemanns außergewöhnliche Katastrophe, und beide haben bei ihren Lesern eine so lebendige Teilnahme gefunden, dass zu erwarten steht, es werde auch einer deutschen Darstellung des Ereignisses nicht an Lesern fehlen.

Eine solche wird auf den folgenden Blättern geboten. Nicht als ob dieselbe irgendwelche Selbständigkeit beanspruchte, sie beschränkt sich vielmehr wesentlich auf eine freie Wiedergabe der Raynalschen Schrift; aber sie konnte dies auch umso eher, je vollkommener das Buch des Amerikaners mit jener übereinstimmt. Es sind nur einzelne Bemerkungen über den verhältnismäßig wenig bekannten Schauplatz der Erzählung, welche der Unterzeichnete hier aus dem letzteren mitteilen zu dürfen glaubt, um dadurch insbesondere dem Interesse jüngerer Leser das Werk des Übersetzers näher zu bringen.

Die Entdeckung der Aucklands gehört zu denjenigen Erweiterungen des geographischen Gesichtskreises, welche wir der vordringenden Kühnheit der Walfänger verdanken. Abraham Bristow[3], Kapitän eines von London auf den Robbenschlag ausgesandten Schiffes, war der erste Europäer, welcher zwischen dem 50. und 51. Grade südlicher Breite die seltsam zerrissenen Felsmassen jener Inseln emporsteigen sah und ihnen den Namen der Aucklands gab. Dies geschah am 16. August 1806. Seitdem sind sie öfter von Waljägern aufgesucht worden, aber auch die großen Seefahrer Dumont

[1] Bezieht sich auf die Buchausgabe von 1871. *(Anm. d. Hrsg.)*

[2] Derselbe führt den Titel: *Les naufrages ou vingt mois sur un récif des iles Auckland. Paris Hachette*. – Einen Auszug aus Musgraves Schrift brachten Petermanns geographische Mitteilungen, 1866, S. 103 ff.

[3] Abraham Bristow (Lebensdaten unbekannt) war ein britischer Seefahrer und Walfänger, der am 18. August 1806 die Aucklandinseln entdeckt haben soll. *(Anm. d. Hrsg.)*

d'Urville[1], Morrell[2], James Clark Ross[3] haben sie auf ihren antarktischen Fahrten berührt. Die Inseln waren unbewohnt und sind es noch heute, nachdem ein im Jahre 1848 unternommener Versuch einer Ansiedlung alsbald wieder aufgegeben worden. Und in der Tat scheinen dafür die Bedingungen eines glücklichen Gedeihens zu fehlen. Auf dem felsigen Boden, der noch überall die Spuren vulkanischer Gewalten verrät, entwickelt sich nur eine einförmige und gedrückte Vegetation und dem entsprechend eine dürftige Tierwelt, sodass McCormick[4], der Naturforscher der von Ross geleiteten Expedition, behauptete, die Inselgruppe beherberge überhaupt kein (eigentlich heimisches) Landsäugetier. Ebenso wenig aber mag das Klima den Anbauer locken. Denn obwohl anscheinend durch eine warme Meeresströmung gemildert und ohnehin als ein ozeanisches vor den schroffen Gegensätzen der Hitze und Kälte bewahrt, ist es doch in hohem Grade unbeständig und unwirtlich. Der mit dem Ende Oktober beginnende Sommer geht zumeist unter gewitterartigen Regengüssen und Hagelschauern vorüber, und an den seltenen Sonnentagen steigt die Wärme kaum über 10 bis 12 Grad Réaumur[5]; bald folgt der Herbst mit schweren kalten Nebeln, und wenn der März, der April den Winter bringt, so ist zwar der Frost nur ausnahmsweise stark genug, um die Buchten mit dünner Eisdecke zu überbrücken, aber umso reichlicher ergießt sich Regen mit Schnee gemischt, und jahraus, jahrein toben die Stürme mit uns unbekannter Wildheit. »Dies ist ein schrecklicher Regenort!«, schreibt Musgrave. »Es gibt Stellen, wo es kaum je zu regnen aufhört. Und die Stürme! Die Stürme! Ich bin um beide Kaps gefahren, um Kap Hoorn und Kap der Guten Hoffnung, und habe den westlichen Ozean oft gekreuzt; aber nie habe ich Orkane, wie sie hier herrschen, erlebt oder selbst nur von ihnen gehört.« – Die Mitte der gesamten Gruppe bildet die Hauptinsel Auckland; nordwärts ist derselben die Insel Enderby, südwärts die Adamsinsel vorgelagert; außerdem finden sich hier und da einige kleinere Eilande, gleichsam vereinzelte

[1] Jules-Sébastien-César Dumont d'Urville (1790–1842) war ein französischer Seefahrer und Polarforscher. *(Anm. d. Hrsg.)*

[2] Benjamin Morrell (1795–1839) war ein amerikanischer Seefahrer und Forscher. *(Anm. d. Hrsg.)*

[3] James Clark Ross (1800–1862) war ein englischer Seefahrer und Entdecker. *(Anm. d. Hrsg.)*

[4] Robert McCormick (1800–1890) war ein englischer Polarforscher. *(Anm. d. Hrsg.)*

[5] Einheit zur Messung der Temperatur; 1730 vom französischen Naturforscher René-Antoine Ferchault de Réaumur etabliert. 10 °Re entsprechen 13 °C *(Anm. d. Hrsg.)*

Spitzen des aus dem Meeresschoß emporgehobenen Gebirgsstockes. Der ganze Archipel hat etwa eine Längenausdehnung von sechs deutschen Meilen[1], während auch die größte Breite nicht eben viel mehr als ein Drittel derselben erreicht. Auckland selbst zeigt eine ziemlich gestreckte Gestalt. Seine Westküste fällt hoch und steil ins Meer; Ketten von Riffen umgürten sie, ohne dass sich irgendwo ein Hafen in der lang hinziehenden Felsenmauer öffnete. Umso durchbrochener sind die Umrisse der Ostseite; hier fehlt es zwar nicht an zahlreichen gefährlichen Punkten, aber es fehlt auch nicht an geschützten Buchten und Baien, und eben hierher versetzt den Leser unsere Erzählung.

Was nun die letztere anlangt, so entbehrt sie aller auf Effekt hinwirkenden Reize; die gewaltigsten Naturszenen sind mit einfachen, fast gedämpften Farben geschildert. Allein, wer wüsste denn nicht, dass gerade der ungeschminkte Ausdruck der Wahrheit uns umso mehr ergreift? Und wer ferner möchte leugnen, dass hier ein Inhalt vorliege, dem sich willig jeder gesunde Sinn erschließe? Es ist das Leben selbst, das uns in nackter Ursprünglichkeit entgegentritt, das Leben mit dem Stachel der Not und des Elends, und mit den Springfedern großer Entschließungen und Gedanken, das Leben, wie es gestützt auf die eigene und auf die höhere Macht, in hingebender Arbeit und in hingebendem Glauben sich menschlich gestaltet und die Not und den Tod überwindet.

Der Verfasser unseres Buches hat einmal an die Abenteuer Robinsons erinnert, und so gewagt ein solcher Vergleich erscheint, in gewisser Weise ist er dennoch zutreffend. Denn auch dieses Buch spiegelt in engem Rahmen große Verhältnisse. Ohne uns unmittelbar zu den Anfängen der Bildung und Gesittung zurückzuführen, lässt es immerhin einen ahnenden Blick auf die Entwicklung derselben tun; und indem hier deutlicher als irgendwo sonst in dem großen Verband zivilisierter Verhältnisse hervortritt, was der Einzelne, auf sich selbst gestellt, zu ertragen und zu leisten vermag, zeigt sich doch zugleich wieder, dass die starken Wurzeln dieser Kraft nur in der freudig vertrauenden Hingabe an Gott und die Menschheit liegen. – Brauche ich noch hinzuzusetzen, dass schon dieser sittlich erhebende Zug des Buches hinreicht, es zu einer würdigen Gabe für die Jugend zu machen? Und dass es vorzugsweise das, im weitesten

[1] 1 dt. Meile = 7532,50 Meter, entspricht also rund 45 195 Meter. *(Anm. d. Hrsg.)*

Sinne des Wortes, pädagogische Interesse gewesen ist, um dessentwillen ich mir erlaubt habe, gleichsam der Hodeget[1] der deutschen Übersetzung zu werden?

Hermann Masius

[1] Wegweiser, Führer. *(Anm. d. Hrsg.)*

Meiner Mutter

Teure Mutter!

Kaum ist es ein Jahr her, dass du mich nicht mehr unter der Zahl der Lebenden glaubtest. In Kummer und Tränen, einsam und kinderlos schlepptest du deine Tage hin wie eine Last.

Aber tröste dich, Mutter, trockne deine Tränen. Gott hat unser Gebet erhört und Erbarmen mit uns gehabt: Dein Sohn ist wiedergekehrt.

Du weißt, wie treu und innig mein Herz an dir gehangen; aber alle Liebe des Kindes – so groß sie auch sein mag – was ist sie gegen die unerschöpfliche, unaussprechliche Liebe der Mutter, gegen deine Mutterliebe!

Oft frage ich mich wohl zweifelnd, ob es denn wahr, dass ich länger als zwanzig Jahre fern von dir gewesen. Ach, ich habe Meere und Erdteile und beinahe ein Vierteljahrhundert zwischen uns gelegt. Und warum? – Um dem Glück, um einem Schatten nachzujagen.

Und doch, wenn weit, weit von dir Not und Verzweiflung meine Seele fassen wollten, bliebst du allezeit mein Schutzgeist. Mir war, als hefte sich dein klares und doch so sanftes Auge auf mich, als rufe deine Stimme mir zu: Sei wacker, mein Sohn, lass dir Mut und Glauben nicht nehmen, sei ein Mann! Und meine Verzagtheit schwand, und ich fand mich wieder.

Dieses Buch enthält schlicht und wahr die Geschichte der letzten, schwersten Prüfung, die mir auferlegt worden, einer Prüfung, welcher ich erliegen zu müssen wähnte, und aus der ich dennoch durch ein Wunder der göttlichen Gnade zu neuem Leben hervorgegangen bin. Wem sollte ich diese Erzählung widmen, wenn nicht dir?

Raynal

Einleitung

Der Titel dieses Buches deutet seinen Inhalt an. Ein Schiffbruch auf einer Felseninsel und ein mehr als zwanzigmonatlicher Aufenthalt daselbst: das ist's, was ich erzähle. »Ein einfaches Ereignis!«, wird der eine, »Eine Robinsonade!«, der andre sagen, und sie werden beide Recht haben. Aber darf ich meinerseits vielleicht hinzusetzen, wenn eben jene Abenteuer Alexander Selkirks[1], den Daniel Defoe[2] unter dem Namen Robinson berühmt gemacht, immer von Neuem wieder die Teilnahme der Gemüter erregen, dann wird der denkende und empfindende Leser auch an meinem Schicksal und dem meiner Gefährten nicht gleichgültig vorübergehen. Er wird diese fünf Männer im täglichen Kampf um das Leben mitten in einer Wüste; er wird die Arbeit, mit der sie alle Hilfen und Stützen sich selbst

[1] Alexander Selkirk (1676–1721) war ein schottischer Seefahrer und Abenteurer. *(Anm. d. Hrsg.)*
[2] Daniel Defoe (1660–1731) war ein englischer Schriftsteller. *(Anm. d. Hrsg.)*

beschufen; er wird den Geist des Mutes, des Rechtes und der Treue, der ihre kleine Schar zusammenhielt und sie gleichsam mit vereinten Kräften das Werk der Zivilisation von vorn beginnen ließ; er wird ihre endliche Befreiung, die sie nicht einem Zufall, sondern der eigenen unerschütterten Ausdauer und dem Vertrauen auf die höhere Hand verdankten; – er wird, meine ich, das alles auch in einer ungeschminkten Darstellung mit Anteil verfolgen und dann vielleicht umso lebhafter das Glück fühlen, in seinem Vaterlande, unter Mitbürgern, Freunden und Brüdern leben und wirken zu können, und umso dankbarer die Wohltaten genießen, welche die großen sittlichen Lebensgemeinschaften des Staates und der Gesellschaft uns unaufhörlich spenden. Sollte ich mich in der letzteren Erwartung nicht täuschen, so werde ich mich dem frohen Glauben hingeben können, dass mein Buch einiges Gute gewirkt habe.

Ehe ich jedoch zur Sache selbst komme, möge mir gestattet sein, in aller Kürze die entscheidenden Wendepunkte meines früheren Lebens und insbesondere diejenigen zu berühren, welche der großen Katastrophe vorangingen, die den Kern dieser Schilderung bildet.

Ich bin geboren zu Moissac im Departement Tarn und Garonne. Die glücklichen Jahre, die ich dort verlebte, stehen mir noch heute in goldenem Lichte vor der Seele. Aber kaum hatte ich mein vierzehntes Jahr angetreten, als ein mir damals noch unklares, verhängnisvolles Ereignis den Wohlstand meiner Eltern mit einem Schlage zertrümmerte. War dies schon an sich ein Unglück zu nennen, so traf es doch meine Eltern umso härter, als sie nun zugleich all die Pläne vernichtet sahen, welche sie für die Zukunft ihrer Kinder entworfen hatten.

Ich ward genötigt, die Hohe Schule in Montauban[1] zu verlassen, die ich seit ein paar Jahren besuchte, und gestehe, dass ich nur mit Schmerz dem väterlichen Gebote nachkam; denn schon hatte ich eine lebhafte Neigung zu den Studien gefasst und begreifen gelernt, dass Bildung und Kenntnisse für jeden unentbehrlich seien, der nicht müßig am Markte des Lebens stehen wolle. Mein Bruder und meine Schwestern wurden ebenfalls aus ihren Pensionsschulen

[1] Montauban und das vorher erwähnte Moissac liegen in höchst fruchtbarer Ebene am rechten Ufer des Tarn, eines Zuflusses der Garonne. Jenes, einst einer der festen Plätze der Hugenotten, durch Handel blühend und Sitz einer theologischen Akademie, hat gegen 30000 Einwohner, Moissac deren 10000.

genommen; doch waren beide noch zu jung, um über die Folgen eines Glückswechsels bekümmert zu sein, den sie kaum recht empfanden.

Mein Vater, seinem eigentlichen Berufe nach Rechtsanwalt, hatte gleichwohl diese Laufbahn wieder aufgegeben und, durch ein kleines Vermögen gesichert, bis dahin in bescheidener literarischer Muße gelebt. Jetzt aber war der Augenblick gekommen, da er der Ruhe entsagen musste, und er beschloss daher, sich von unserem kleinen Wohnorte nach Bordeaux zu wenden, wo er hoffen durfte, leichter ein einträgliches Feld seiner Tätigkeit zu finden. Meine Mutter – bewundernswürdig fest und mild zugleich – ging uns allen mit dem Beispiele der Ergebung und des Mutes voran.

Ich war, wie gesagt, etwas über dreizehn Jahre alt, das heißt alt genug, um an den Sorgen und Entbehrungen meiner Eltern mit ganzem Herzen teilzunehmen. Es erwachten allerlei Wünsche, Hoffnungen und Pläne in mir. Alle aber liefen darauf hinaus, den Eltern ihre Last vorerst erträglicher zu machen, um sie später in den vollen Wiederbesitz des verlorengegangenen Glückes zu setzen. Dieses Ziel zu erreichen, gab es für mich nur ein Mittel: Seemann wollte ich werden und in der Fremde, wenn es sein musste, am Ende der Welt die Hilfsquellen aufsuchen, welche Frankreich mir nicht darbieten zu können schien. Ich hatte von Leuten gehört, welche als Bettler ihr Vaterland verlassen und in der Fülle des Reichtums zurückgekehrt waren. Warum sollte ich nicht auch so glücklich sein?

Möglich, dass dieser Gedanke mich umso mächtiger ergriff, als er zugleich einem Zuge abenteuernder Wanderlust entsprach, in dem mich die Lektüre verschiedener Bücher je länger, je mehr bestärkt hatte. Meine Eltern hatten, obwohl nicht ohne alle Bedenken, die fast zur Leidenschaft gewordene Neigung erwachsen sehen. Auch stellten sie mir, da sie mich fest glaubten, kein Hindernis entgegen, und so kamen wir überein, dass ich als Schiffsjunge an Bord der »Virginia und Gabriele« gehen solle, welche bestimmt war, eine Fahrt nach Ostindien zu machen, und die von dem Kapitän Loquay, einem Freunde unseres Hauses, befehligt ward.

Dieser vortreffliche Mann versprach, für mich Sorge zu tragen und mir auf meinem neuen Lebensweg zur Seite zu stehen. Niemals ist ein Versprechen gewissenhafter erfüllt worden. Kapitän Loquay wurde mir Vater und Freund zugleich, und sein Andenken wird nur mit mir selber verlöschen.

Am Abend des 23. Dezember 1844 schiffte ich mich ein. Welch eine Erinnerung! Zärtlich geliebten Eltern Lebewohl sagen, sich ihren Armen entwinden, einige Minuten später über das Deck eines Schiffes wanken, um im nächsten Augenblick die lieben Gestalten, die heimatliche Küste vom Dunkel der Nacht hinweggerissen zu sehen und nun allein und unbekannt in eine unbekannte Welt hinausgetragen zu werden – welche Feder vermöchte diese schwere Stunde und den Sturm der Gefühle zu schildern, mit denen sie meine Brust bedrängte!

Ich weiß nicht, wie ich die Nacht verbrachte. Aber der anbrechende Morgen, das rückkehrende Licht des Tages beruhigte mich wunderbar. Ich sah um mich. Die »Virginia und Gabriele«, ein schneller Dreimaster, der seine acht Knoten[1] in der Stunde zurücklegte, schwamm schon mitten im Meer. Die Küste zeichnete sich nur noch wie eine zarte dämmernde Linie in den Horizont und verschwand bald ganz. Über dem unendlichen Ozean wölbte sich der unendliche Himmel – es war das erste Mal, dass dieser Anblick sich mir auftat. Aber die feierliche Größe desselben hob mich aus mir selbst heraus; der Gedanke an den Schöpfer und Herrn des Weltalls trat mir überwältigend nahe, und auf meine Knie geworfen betete ich ungesehen und inbrünstig um seinen Schutz. Und nicht bloß hier, – auch später, im ganzen Laufe meines Lebens hat der Gedanke an die Hand, die allmächtig uns alle trägt, mich niemals verlassen. Wie wäre es auch möglich, dass der Seefahrer, vor dessen Augen sich das Bild des Unendlichen breitet und der sich so oft mit der wilden Gewalt der Elemente im Kampfe messen muss, kein religiöses Gefühl besitze!

Es dauerte nicht lange, so sollte ich die Unbilden des Seelebens kennenlernen. Ich spreche hier nicht von jenem ebenso ungefährlichen wie peinlichen Übel, welches eine Wirkung der Bewegungen des Schiffes ist und Neulinge selten verschont. Die Gewöhnung und die Furcht, zum Gespött meiner Kameraden zu werden, ließen es mich schnell genug überwinden. Bald aber, schon am dritten Tage, hatten wir einen Sturm. Nachdem noch wenige Stunden zuvor der Himmel im reinen Blau geleuchtet, hüllte uns plötzlich binnen wenigen Augenblicken eine schwarze Wolke ein, der Wind begann zu tosen, gewaltige Wellen fegten das Deck und rissen drei

[1] 1 kn = 1 Seemeile/Stunde = 1,852 km/h. 8 Knoten entspricht also 14,816 km/h.

unserer Boote mit fort, sodass uns nur das größte, die Schaluppe[1], blieb. An eine der Besanwanten[2] angeklammert, sah ich mit Entsetzen, wie der Zimmermann sich anschickte, den großen Mast zu kappen. Wir arbeiteten, uns ablösend, mit äußerster Anstrengung an den Pumpen. Von dem Winde gejagt, von unaufhörlichen Stößen seitwärts geworfen und unvermögend, sich auch nur einen einzigen Augenblick aufzurichten, trieb das Schiff rückwärts jenen Felsenbarren und Riffen zu, welche die französische Küste so gefährlich machen. Wir gaben uns verloren.

Zum Glück aber war der Sturm von kurzer Dauer. Wir konnten unsere Segel wieder entfalten und setzten nun unsere Fahrt nach dem Äquator unter fortwährend günstigem Winde fort. Hundertundvier Tage nach unserer Abreise von Bordeaux landeten wir an der Insel Bourbon, jetzt Ile de la Réunion. Von hier aus machten wir nacheinander zwei Reisen nach Indien, während welcher wir Pondichery und die größeren Häfen der Küste von Coromandel besuchten, dann kehrten wir nach Frankreich zurück.

Da Kapitän Loquay in St. Helena anlegte, so unterließ ich es nicht, hier einige Reliquien vom Grabe Napoleons, einige Steine und ein Reis[3] der berühmten Trauerweide mitzunehmen. Ich wusste, dass diese Dinge kostbare Schätze für meinen Großvater sein würden. Der liebe alte Mann, welcher sämtliche Feldzüge der Republik und des Kaiserreichs mitgemacht und meinen Mut so oft durch seine beredten Schilderungen entzündet hatte, hing, ungeachtet der neuen Gestaltung der Dinge, noch mit Jünglingsbegeisterung an den großartigen Erinnerungen der Vergangenheit.

Der Leser wird mir nachempfinden, mit welch überwallendem Gefühl ich nach siebzehnmonatiger Trennung das Gestade Frankreichs wiedererblickte. Hoch oben im Takelwerk hängend, sah ich zuerst das geliebte Land emporsteigen, wo Eltern und Geschwister meiner warteten. Ich eilte nach Bordeaux, fand sie aber nicht dort, sondern in Paris, wohin sie mittlerweile übergesiedelt waren. Was soll ich sagen von der Freude der Rückkehr, von den hundert Grüßen und Küssen der Liebe, von den tausend ungeduldigen Fragen

---

1 Größtes Beiboot eines Schiffes. *(Anm. d. Hrsg.)*

2 Der Besanmast ist der hintere Mast, der Fockmast der vordere, der große Mast der mittlere. An allen befinden sich Wanten das heißt ein Tauwerk, welches die Masten festhält, zugleich aber in seiner Verknüpfung mit den sogenannten »Webeleinen« (auch Wefelingen) als Strickleiter dient.

3 Der Spross eines Gehölzes. *(Anm. d. Hrsg.)*

und Gegenfragen, in denen sich die Herzen ergossen? Ich vermag diese Seligkeit ebenso wenig zu schildern, wie ich vermochte, dem Schmerz des Abschieds Worte zu leihen.

Sechs Monate genoss ich das Glück, im Kreis der Meinen zu leben. Inzwischen nutzte ich diese Zeit der Ruhe dazu, die ungern unterbrochenen Studien wieder aufzunehmen, ohne dass ich darüber etwa meine weiteren Pläne aus den Augen verloren hätte. Im Gegenteil verfolgte ich sie nur umso eifriger.

Eines Morgens schrieb mir Kapitän Loquay, dass die Kaufherren, in deren Diensten er stand, ihm, da die »Virginia und Gabriele« nicht mehr seetüchtig war, ein neues Schiff anvertraut, und dass er nächstens eine Reise nach den Antillen antreten werde.

Ich entsprach seinem Rufe, und sechs Wochen später war ich in Guadeloupe. Aber nach ebenso kurzer Zeit befanden wir uns bereits wieder auf der Rückreise. Sie ging glücklich vonstatten; meine eigentliche Lehrzeit war damit abgelaufen. Ich hätte zufrieden sein dürfen, und doch war ich es nicht. Denn nur in weitester Ferne lag für mich die Hoffnung, einmal ein selbständiges Kommando und damit die erste Sprosse auf der Leiter des Glückes zu erreichen.

Deshalb beschloss ich, wenigstens auf einige Zeit dem Leben des Seemanns zu entsagen und mich in einer Kolonie niederzulassen, wo ich leichter und schneller die Mittel zur Erreichung meines Ziels zu finden glaubte. Kapitän Loquay billigte mein Vorhaben. Und so ging ich drei Tage nach meiner Wiederankunft in Bordeaux und ohne dass mir Zeit geblieben, nach Paris zu eilen und meine Eltern zu umarmen, an Bord der »Sirene«, eines schönen, eben vom Stapel gelaufenen Dreimasters, der von dem Kapitän Odouard kommandiert ward und nach der Insel Mauritius steuerte.

Voll Mut und Hoffnung reiste ich ab.

Wie wäre ich auch imstande gewesen ein Geschick zu ahnen, das nach dürftigen Erfolgen, aber desto häufigeren Unfällen mir noch die unerhörteste Prüfung aufgespart und mich nicht weniger als zwei Jahrzehnte von Heimat und Elternhaus zurückhalten sollte! Ach, wenn ich gewusst hätte, dass ich dereinst bei meiner Wiederkehr meine Geschwister nicht mehr unter den Lebenden finden, dass der Gram meine vereinsamten Eltern vor der Zeit altern lassen würde! Und doch will ich nicht murren, sondern Gott danken, dass er mir, dem lange Verlorenen, es noch vergönnt hat, in verdoppelter Sorge und Liebe meine Schuld zu büßen und das Herz meiner Eltern für zwanzig Jahre der Verlassenheit wenigstens einigermaßen zu entschädigen.

Die erste Erfahrung, die ich bei der Ankunft in Mauritius machte, war die, dass man sich von Empfehlungsbriefen keine zu große Wirkung versprechen dürfe. Da ich keine Zeit verlieren wollte, die Wirkung derer, mit welchen ich versehen war, abzuwarten, so machte ich mich selbst auf, um Beschäftigung zu suchen.

Ich fand diese auf einer der schönsten Pflanzungen der Insel. Als gewöhnlicher Arbeiter begann ich, und nachdem ich mich zwei Jahre lang mit dem Pflanzerleben und allem, was zum Bau und zur Verwertung des Zuckerrohrs gehört, vertraut gemacht, wagte ich, obschon kaum zwanzig Jahr alt, den Posten eines Aufsehers in einer anderen derartigen Plantage zu übernehmen. Es lastete dabei eine schwere Arbeit und eine noch schwerere Verantwortlichkeit auf mir. Ich musste täglich halb drei Uhr morgens aufstehen, um die Feuer in der Siederei anzünden zu lassen, und konnte auch nicht eher, als bis sie ausgelöscht waren, das heißt neun oder zehn Uhr abends, schlafen gehen. Ich musste die Augen überall haben, musste die Schnitter auf dem Felde beaufsichtigen, in der Siederei das Kochen, Verpacken und Absenden des Zuckers überwachen, an der Küste die Waren verschiffen lassen, im Magazin die Rationen austeilen, ich musste im Stall, in den Mühlen und an hundert verschiedenen Orten sein, um hundert verschiedene Arbeiten zu leiten, die meiner Sorge allein überwiesen waren. Wenn so sechs Tage des Schweißes und der Mühen vergangen waren, verbot ich oft meinem Hindudiener, mich den nächstfolgenden Morgen zu wecken, selbst nicht zur Mahlzeit, denn Ruhe war meinen erschöpften Kräften nötiger, als irgendetwas anderes. Es ist mir deshalb wohl einmal begegnet, dass ich so vierundzwanzig Stunden hintereinander in tiefem totenähnlichen Schlaf gelegen habe.

Trotz dieser Anstrengungen und trotz einiger gefahrvoller Begegnungen, die ich mit den widerspenstigen Kulis[1] hatte – einmal musste ich selbst mein Leben gegen eine aufrührerische Rotte derselben verteidigen, und ich verdankte den Sieg und die Wiederherstellung meiner Autorität nur meiner Kaltblütigkeit und Entschlossenheit – trotz dieser Übelstände fand ich mich in meiner Stellung befriedigt. Ich sah die Pflanzung und meine eigene Arbeit immer mehr

[1] Hinduarbeitern.

gedeihen; ich stand zu dem Eigentümer, dem Nachkommen einer ausgewanderten französischen Adelsfamilie, einem Mann von Kopf und Herz, in den freundlichsten Beziehungen, und durfte von der Zukunft das Beste erwarten.

Plötzlich traten zwei Ereignisse ein, das eine ebenso entmutigend wie das andere verlockend, beide aber bestimmt, meinem Lebensgange eine andere Richtung zu geben und mich abermals einer unbekannten Welt entgegenzuführen.

Das erstere war eine Typhusepidemie, wie ich sie noch niemals erlebt. Sie griff mit entsetzlicher Schnelligkeit um sich und raffte einen großen Teil der Bevölkerung dahin.

Unsere Pflanzung ward besonders hart betroffen. Während der ersten Zeit starben täglich etwa zehn der Unseren. Endlich minderte sich die Heftigkeit der Seuche, aber nun erkrankte ich selbst infolge übermäßiger Anstrengungen und Aufregungen. Obschon ich bald genesen war, wollte mir doch die frühere Rüstigkeit des Geistes und Körpers nicht wiederkehren, und missmutig brachte ich diesen Zustand auf Rechnung des ungesunden Klimas von Mauritius.

Das zweite Ereignis war völlig anderer Art und Wirkung. Zu jener Zeit – es war im Jahre 1852 und ich hatte mein Amt als Aufseher seit nun drei Jahren bekleidet – verbreitete sich wie ein Märchen die Kunde von der Entdeckung des Goldlandes in Australien. Wir erhielten sie in Mauritius durch ein Schiff, welches von Sydney kam. Von nun an wurden die blauen Gebirge in Victoria der Gegenstand aller Gespräche, der Zielpunkt aller Wünsche und Entwürfe. Man sprach nur noch von der Fülle des Reichtums, die dort binnen weniger Tage gesammelt werden könne; von Goldklumpen, fünfzig, ja hundert Pfund schwer, die angeblich auf der Oberfläche des Bodens oder in nur geringer Tiefe gefunden worden; von armen Leuten, Handarbeitern, Tagelöhnern und Matrosen, die mit Schätzen beladen zurückgekehrt; von der ununterbrochenen Menschenflut, die von allen Punkten des Erdenrunds in Australien zusammenströme; von der Menge der Schiffe, die herrenlos in den Häfen von Sydney und Melbourne liege, weil sie von der Mannschaft, wie von den Offizieren verlassen worden, die alle nach den Goldminen gegangen.

Allerdings sprachen einzelne warnende Stimmen wohl auch von bitteren Täuschungen, von unerhörten und tödlichen Leiden und Entbehrungen; für die meisten aber waren dies nur flüchtig vorüberziehende Schatten auf dem blendenden, bezaubernden Bilde, welches so plötzlich in die Wirklichkeit getreten schien.

Nach einigem Zögern entschloss auch ich mich, meine Stelle als Aufseher aufzugeben, die Insel Mauritius zu verlassen und, wie so viele andere, mein Glück in Australien zu versuchen.

Im Februar 1853 ging ich an Bord eines kleinen schlechten Fahrzeuges, welches mich sechsundfünfzig Tage später in Port Philipp ans Land setzte. Allein, noch ehe ich den australischen Boden betreten, drängte sich mir die Überzeugung auf, dass die Kenntnis der englischen Sprache eine Lebensbedingung für mich sei, und ich brachte, um sie zu lernen, zwei Monate als Matrose auf einem Paketboot zu, welches regelmäßige Fahrten zwischen Sydney und Melbourne machte.

Meine Ausschiffung in dieser letzteren Stadt war nicht glücklich. Unser Schiff stieß, als es abends während eines dichten Nebels in den Hafen einlief, auf eine Klippe und konnte, durch die Heftigkeit des Stoßes auf die Seite geworfen, sich nicht emporrichten. Es entstand an Bord eine wilde Verwirrung. Die Wogen der Brandung fegten das Deck und rissen zwei Mann, einen Matrosen und den Koch, mit hinab, ohne dass ihre Rettung auch nur hätte versucht werden können. Bald folgten neue heftigere Stöße, das Schiff barst und sank.

Zum Glück jedoch war das Meer an dieser Stelle nicht tief. Ein Teil des großen Mastes mit dem Mastkorbe ragte noch etwa fünfzehn Fuß[1] hoch aus dem Wasser empor. Wir kletterten hinauf und hielten uns die ganze Nacht hindurch hier angeklammert; aber diese wenigen Stunden schienen sich endlos zu dehnen, und mit unaussprechlicher Angst betrachteten wir die ungeheuren Wellen, welche fortwährend gegen uns anstürmten, und in jedem Augenblicke unseren letzten Zufluchtsort erreichen konnten.

Endlich, endlich brach der Tag an. Ein Dampfschiff bemerkte uns, schickte uns ein Boot und brachte uns nach Melbourne. Am zweitnächsten Tage schon war ich auf dem Weg nach den Goldgräbereien.

Ich verlebte elf Jahre in Australien, die drei ersten in den Goldminen der Provinz Victoria, und die übrigen acht in denen von Neusüdwales, hauptsächlich an den Ufern des Turon und seiner Ne-

[1] Alte Maßeinheit, die zur Zeit der Handlung je nach Land und Region meist zwischen 28 und 32 Zentimeter maß. Aufgrund der Nationalität des Autors kann man wohl von Pariser Fuß *(pied de roi)* ausgehen, also 1 ft ca. 32,48 cm. *(Anm. d. Hrsg.)*

benströme. Ich kann nicht sagen, dass mich das Glück weniger begünstigt hätte als die große Mehrzahl der anderen Goldsucher. Denn ich fand Gold genug, um nicht bloß meine Ausgaben zu decken, sondern auch einige Ersparnisse für unvorhergesehene Bedürfnisse zurückzulegen. Aber mein eigentlicher Zweck, meine Pläne, meine Hoffnungen? Sie waren freilich unerfüllt geblieben.

Ich hatte nicht zu meiner Familie zurückkehren wollen, bevor ich so viel erworben, dass ich mit ihr in Wohlstand leben könne, und besaß nach jahrzehntelangen Mühen eben nichts als jenen goldenen Notpfennig. In der Tat verlor ich zuweilen den Mut; seltsamerweise aber machte ich in solchen Augenblicken der Verzagtheit fast immer einen glücklichen Fund, der dann die verlöschende Hoffnung aufs neue anfachte und mich zu fernerer Ausdauer spornte. Ich war vielleicht zu ungeduldig, jedenfalls aber weniger weise als ein wackerer irländischer Matrose, welcher während meines ganzen Aufenthalts in den Goldgräbereien von Victoria mein treuer Gefährte und Freund war.

Dieser – er hieß Maclure – hatte nur ein Ziel. Er wollte so viel Gold zusammenbringen, wie er bedurfte, um in sein Vaterland zurückkehren und da ein kleines Bauerngut erwerben und bewirtschaften zu können.

Oft, wenn wir nach der Tagesarbeit in unserem Zelte lagen und die Gedanken sich der Heimat zuwandten, entwarf er mit beredter Wärme das Bild seines künftigen Glückes.

Und mein braver Maclure hat seinen Traum auch in Erfüllung gehen sehen. Einige Jahre später – ich befand mich damals in den Tälern des Blauen Gebirges – empfing ich von ihm einen aus Irland geschriebenen Brief, worin er mir meldete, dass er das so innig gewünschte kleine Gut besitze, dass seine alte Mutter in Ruhe und Frieden unter seinem Dache lebe, dass er eine Frau nach seinem Herzen gefunden, und dass ihm auch am Sonntag ein festlicher Trunk nicht fehle. Er war glücklich! Seine Bescheidenheit war belohnt.

Ich darf die Erinnerungen aus dieser langen Zeit meines Lebens nicht verfolgen; denn sie würden für sich allein ein Buch ausmachen. Doch kann ich nicht umhin, noch einiger eigentümlicher Fälle zu gedenken, nicht allein weil sie mein Leben gefährdeten, sondern weil sie zugleich eine Vorstellung von den vielfachen Gefahren geben, welchen der Goldgräber ausgesetzt ist.

Zwei derselben gehören der ersten Zeit meines australischen Auf-

Wir kletterten hinauf und hielten uns die ganze Nacht hier angeklammert.

enthaltes an. Ich hatte mich mit Maclure in Forest Creek am Fuße des Berges Alexander niedergelassen. Unmittelbar vor uns breitete sich ein weites Tal aus, mit einer Menge kleiner weißer Leinwandzelte bedeckt und von unzähligen Gruben, Schachten und Höhlen durchfurcht. Es war das Lager der Goldsucher, deren Zahl sich damals auf fünfzigtausend belaufen mochte.

Eines Tages, nachdem ich unter den brennenden Strahlen der Sommersonne in meiner kleinen Grube Erde aufgehackt, gesiebt und gewaschen hatte, befiel mich ein unerträglicher Durst. Der Tee, der sonst unser gewöhnliches Getränk bildete, war ausgegangen; ja ich hatte nicht einmal abgekochtes Wasser, und so blieb mir nichts als die schlammige Flut des Baches. Begierig schlürfte ich den ekelhaften Trank. Aber wenige Minuten später krümmte ich mich unter den entsetzlichsten Schmerzen. Es war kein Zweifel: ich hatte die Cholera, und in der Voraussetzung, dass ein gewaltsames Mittel mich entweder retten, oder den Gang des Übels beschleunigen und dadurch meinen Qualen ein schnelles Ende machen würde, stürzte ich ein großes Glas Branntwein hinab, in welches ich vorher einen Löffel voll Pfeffer gerührt, und siehe da – ich genas!

Nicht lange darauf wurden wir, Maclure und ich, von einem Unglück bedroht, welches für uns noch weit schlimmer gewesen wäre als der Verlust des Lebens. Denn wir standen in Gefahr zu erblinden.

Während wir die goldhaltige Erde wuschen, umschwärmten uns zu gewissen Zeiten ganze Wolken großer Fliegen, welche nicht aufhörten uns ins Gesicht und besonders in die Augenlider zu stechen. Da ein bloßes Schütteln die Peiniger nicht entfernte, so konnten wir uns nicht enthalten, sie mit unseren von Schlammwasser triefenden Händen wegzujagen. Eben dieses Wasser aber brachte, wiewohl vielleicht nur ein Tropfen in die Augen drang, eine solche Entzündung in denselben hervor, dass es uns unmöglich ward, sie zu öffnen. Wir mussten deshalb Tag und Nacht in vollständiger Untätigkeit auf unseren Lagerstätten ausharren.

Ich bin nicht imstande, die geistigen und körperlichen Qualen zu schildern, welche ich unterdessen erduldete. Neun Tage lang umhüllte uns Finsternis, und schon glaubte ich mich für immer erblindet, wie denn dergleichen Fälle unter den Goldsuchern wirklich vorkommen. Mir selbst überlassen, außerstande, meinen Lebensunterhalt zu erwerben, gab ich mich verloren in diesem ungeheuren halbwilden Lande, wo der Mensch mehr als anderwärts aller seiner Kräfte und Fähigkeiten bedarf. Ja, ich leugne nicht, dass ich mir den Tod wünschte und einen Augenblick nahe daran war, mir ihn selbst zu geben; aber beschämt und aufgerichtet zugleich durch Maclures ruhig duldenden Mut, warf ich die Wahngedanken einer verbrecherischen Verzweiflung alsbald aus meiner Seele; ich begann wieder zu glauben und zu hoffen, und danke heute dem treuen Freunde das Leben und mehr als das.

Der dritte Unfall begegnete mir gegen Ende meines Aufenthaltes in Australien. Ich war damals an Palmers Bakry Creek, einem der Nebenflüsse des Turon, beschäftigt. Eines Tages um die Mittagszeit, als alle Arbeiten ruhten, dachte ich daran eine Höhle, die ich an einem der Abhänge des Gebirges gegraben, genauer zu untersuchen, um mich zu überzeugen, ob es nicht geraten sein würde, das Innere

Kaum war ich eingetreten, so stüzte ein Teil der Wölbung auf mich herab.

durch neue Pfeiler zu stützen. Kaum war ich eingetreten, so stürzte ein Teil der Wölbung auf mich herab. Ich ward von der Masse des Schuttes niedergeworfen und halb begraben. Ich schrie, aber vergebens, denn meine Genossen waren zu weit entfernt, um mich hören zu können. Ich glaubte, rettungslos verloren zu sein. Zum Glück aber war die Erde, die sich losgelöst, locker genug. Als ich versuchte mich zu bewegen, gab sie nach; ich verdoppelte meine Anstrengungen, und endlich gelang es mir, mich mit dem äußersten Aufgebot der Kräfte aus meinem Grabe herauszuarbeiten. Halbtot und kaum fähig zu gehen, schleppte ich mich zu meinen Kameraden. Zwar war keines meiner Glieder gebrochen, ohne Zweifel aber eines der inneren Organe unter der gewaltigen Wucht des Druckes verletzt; denn ich blieb lange krank und musste nach Sydney zurückkehren, wo ich erst nach achtmonatiger ärztlicher Behandlung wiederhergestellt ward.

Dies ist in kurzen Worten die Vorgeschichte desjenigen Ereignisses, welches den Schluss meines Abenteuerlebens und den Hauptinhalt der nachfolgenden Erzählung bildet.

Erstes Kapitel
Ziel und Zweck unserer Expedition – Die Goélette »Grafton« – Abreise

Es war im Jahr 1863. Ich verweilte noch in Sydney und hatte die Nachwehen des soeben erzählten Unfalls allmählich überwunden. Aber entmutigt und erschöpft durch die erfolglosen Anstrengungen und Entbehrungen eines rauen Lebens, welches ich seit elf Jahren in den Goldgräbereien geführt, empfand ich nur den einen Wunsch, in die Heimat, zu meinen Eltern und Geschwistern zurückzukehren. Ich war deshalb fest entschlossen, Australien zu verlassen und bereitete die Abreise vor, als mir ein Vorschlag gemacht ward, der mit einem Male meine Pläne änderte und mich in neue Gefahren führte.

Ein Genosse meiner früheren Schuljahre, Charles Sarpy, hatte sich in Sydney niedergelassen. Ich fand ihn hier unvermutet wieder, als Teilhaber eines Tuchhandelsgeschäfts, und erneuerte sofort die alte Freundschaft. Nachdem ich mit ihm aber von meiner beabsichtigten Rückkehr gesprochen, teilte er mir ein Vorhaben mit, welches ihn seit kurzem beschäftigte und das außer seinem Compagnon bis jetzt niemand bekannt war. Gleichzeitig erklärte er, es nur dann in Ausführung bringen zu wollen, wenn ich mich ebenfalls daran beteiligte. Es handelte sich dabei um Folgendes:

Sarpy vermutete aus triftigen Gründen das Vorhandensein eines silberhaltigen Zinnlagers auf der Insel Campbell, welche unterhalb Neuseelands im Großen Ozean liegt. Seiner Meinung nach musste sich die Durchforschung derselben bei ihrem mäßigen Umfange in kurzer Zeit bewirken lassen, die Auffindung der eigentlichen Mine aber gerade für meine vielfach gemachten Erfahrungen eine lockende und leichte Aufgabe sein.

Er wünschte daher, dass ich bei der herannahenden schönen Jahreszeit mit einem kleinen Schiff aufbreche, um die genannte Insel zu besuchen. Dort werde ich, auch wenn die Zinnmine sich nicht entdecke, wenigstens eine große Menge Robben vorfinden, deren Tran und Pelze immerhin wertvoll genug seien. Unter allen Umständen lasse sich ein Platz sichern, um den einen oder anderen dieser Industriezweige, vielleicht auch beide zugleich auszubeuten. Im Falle des Erfolgs sollte ich schleunigst nach Sydney zurückkommen. Denn zuerst galt es, bei der australischen Regierung die Erlaubnis zur Benutzung der Insel auszuwirken, alsdann aber sofort und noch vor Eintritt der ungünstigen Jahreszeit mit Leuten und allem erforderlichen Material wieder abzureisen. Der Administrator der Kolonie konnte natürlich kein anderer als ich sein.

»Auch im übelsten Falle«, schloss Sarpy seinen beredten Vortrag, »kann es dir wenig ausmachen, ob du nach so langjähriger Entfernung vom Vaterlande noch weitere zwei oder drei Monate ausbleibst.«

Ich kannte Sarpys Charakter, ich wusste, wie leicht er sich für etwas begeisterte, und ich forderte ihn daher auf, seinen Vorschlag nochmals reiflich zu prüfen. Ich selbst aber ward von Zweifeln hin und hergeworfen. Auf der einen Seite das sehnsüchtige Verlangen, nach siebzehnjähriger Verbannung meine Familie und mein Vaterland wiederzusehen, und auf der anderen die Gaukelbilder der Hoffnung, die mir hier die bis jetzt vergebens gesuchten goldenen Ernten zeigte. Übrigens hatte mein Freund recht: Wenn unser Unternehmen ohne Erfolg blieb, so ging für mich daraus nur eine verhältnismäßig kurze Verzögerung von drei Monaten hervor, während ich bei einiger Gunst des Glücks in höchstens zwei Jahren als reicher Mann in mein Vaterland zurückkehren konnte. Diese Erwägungen trugen endlich den Sieg davon, und ich beschloss, das Anerbieten anzunehmen.

Am nächsten Tage teilte ich den beiden Geschäftsleuten meinen Entschluss mit. Da ich aber schon längere Zeit aufgehört, Seemann zu sein, so erklärte ich, mich mit dem Kommando des Schiffes nicht befassen zu können; ich sei bereit, während der Zeit, da wir auf dem Meere sein würden, den zweiten Rang einzunehmen. Übrigens mussten wir offenbar nach Begründung der Niederlassung, an deren Spitze ich bleiben sollte, einen Vermittler haben, welcher die Fahrten zwischen Sydney und der Insel Campbell hin- und hermachte, uns mit Lebensmitteln versorgte und unsere Produkte abholte. Ich schlug daher vor, einen erprobten Mann zu wählen, und es schien mir unserer eigenen Sicherheit halber nötig, demselben einen ganz bestimmten Gewinn an unserem Unternehmen einzuräumen.

Meine Ansicht fand Zustimmung; auch war die Wahl nicht schwierig. Wir wendeten uns an einen Neffen von Sarpys Geschäftsteilhaber, den Kapitän Musgrave, einen etwa dreißig Jahre alten Amerikaner, der mit seiner Familie nach Sydney übergesiedelt war.

Kapitän Thomas Musgrave war ein vorzüglicher Seemann. Was uns aber ganz besonders für ihn entschied, war der Umstand, dass er schon mehrere Reisen zwischen Sydney und Neuseeland gemacht hatte und diese Regionen folglich genau kannte. Ihm trugen wir den Oberbefehl des auszurüstenden Schiffes an, nicht gegen ein bestimmtes Gehalt, sondern indem wir ihm die selbständige Teilnahme an der Unternehmung und somit den Anspruch auf ein volles Viertel des Gewinnes zugestanden. Da Musgrave keine Beschäftigung hatte, so ging er sehr gern auf dieses Anerbieten ein, und schon am nächstfolgenden Tag begannen wir uns nach einem Schiff umzusehen. Inzwischen verstrichen fast drei Wochen, bevor wir ein wirklich geeignetes fanden.

Der »Grafton« war eine kleine, etwas kurzgebaute Goélette. Dennoch konnte er infolge der verhältnismäßig breiten Flanken fünfundsiebzig bis achtzig Tonnen[1] Fracht tragen, ohne überladen zu sein. Er hatte seit Jahren als Lastschiff für Kohlen gedient und die letzteren von New-Castle, einem ebenfalls an der australischen Ostküste gelegenen Hafenort[2], nach Sydney transportiert.

Im untersten Raum, in der Nähe des Kiels, führte der »Grafton« etwa fünfzehn Tonnen Ballast, größtenteils aus altem Gusseisen bestehend. Darüber befand sich ein fester Brettboden, welcher den eigentlichen Lagerplatz der Kohlen bildete und ein bequemes Ein- und Ausladen derselben gestattete. Jener Ballast genügte, um das Gleichgewicht der Goélette zu sichern, wenn sie leer nach New-Castle zurückkehrte: eine Fahrt, zu der sie ungefähr acht Tage bedurfte.

Nichtsdestoweniger glaubten wir, da wir immerhin Sturm und hochgehende See auf unserer Expedition erwarten durften, den Ballast noch um zehn Tonnen vermehren zu müssen. Wir nahmen dazu Sandsteinblöcke, die in Sydney mit leichter Mühe zu haben sind, und stauten außerdem noch zwanzig mit Wasser gefüllte Fässer auf dem Brettboden des Raumes auf. Diese Fässer sollten später mit Seehundstran gefüllt werden. Denn unsere Absicht war, mithilfe unserer Mannschaft eine Anzahl dieser Tiere zu erlegen, um so viel wie möglich die Kosten der ersten Reise zu decken, während ich als meine

[1] Die Schiffstonne wird zu 20 Zentnern gerechnet.

[2] Das australische New-Castle hat seinen Namen offenbar von der Metropole des britischen Kohlenhandels, von Newcastle upon Tyne, entlehnt, wenn auch die Kohlenlager in Neusüdwales vielleicht nicht so mächtig sind wie die in Northumberland.

besondere Aufgabe die Erforschung der Insel und die Aufsuchung der Zinnmine zu betreiben gedachte.

Außerdem sollten wir im Vorüberfahren möglichst einen Blick auf die Grüne Insel, die Insel Macquarie und die Aucklands werfen, um zu ermitteln, ob es dort ebenfalls Robben gebe, und günstigenfalls später Jagd auf sie zu machen.

Nachdem wir auf vier Monate Proviant an Bord genommen und außer zwei Matrosen einen Koch angeworben, der zugleich unser Diener sein sollte, verabschiedeten wir uns von unseren Geschäftsteilhabern.

Bei dieser letzten Unterredung wurde zugleich noch ein höchst wichtiger Punkt erörtert. Da wir uns auf ein stürmisches Meer wagten, und in wenig bekannte, auf den Generalkarten – den einzigen, die wir besaßen – nur unbestimmt angegebene Häfen einzulaufen hatten, so durften wir uns nicht verhehlen, dass wir uns mehr als einer Gefahr aussetzten. Nichts aber war mehr zu fürchten, als ein Schiffbruch an irgendeiner jener öden Küsten. Trat ein solcher Fall ein, so musste man uns so schnell wie möglich zu Hilfe eilen. Wenn wir daher in spätestens vier Monaten nicht zurückgekehrt waren, so sollten unsere Freunde uns aufsuchen lassen und, wenn ihnen die zur Ausrüstung eines zweiten Schiffes erforderlichen Mittel fehlten, sich zu diesem Zweck an das Gouvernement von Neusüdwales wenden. Dieses schickte dann sicherlich eines der zu seiner Verfügung stehenden Kriegsschiffe ab, oder traf sonst geeignete Maßregeln, um Kunde von unserem Schicksal zu erlangen.

Nachdem unsere Geschäftsteilhaber dies alles versprochen, nahm Musgrave von seiner Frau und seinen Kindern Abschied, während ich mich an Bord des »Grafton« begab, um ihn zum Auslaufen fertig zu machen. Eine Stunde später lichteten wir den Anker und gingen mit frohen Hoffnungen unter Segel. Es war am 12. November 1863.

Ich erwähne noch, dass ich eine ganz vorzügliche Doppelflinte mitnahm, welche mich seit langen Jahren treulich begleitet hatte. War sie auch für den Robbenschlag ziemlich überflüssig, so durfte ich doch erwarten, dass es mir an allerlei anderer Jagdgelegenheit nicht fehlen würde; und jedenfalls konnte sie mir auf dem Schiffe nicht lästig werden. Deshalb versah ich mich auch mit ungefähr zwei Pfund Pulver, etwa zehn Pfund Blei und einer angemessenen Zahl Zündhütchen. Ich ahnte nicht, wie sehr diese Waffe und diese Munition mir später von Nutzen sein würden.

Zweites Kapitel
Meine Reisegefährten – Ein drohender Sturm – Ankunft auf der Insel Campbell

Als der Lotse, der unsere Goélette hinausgeleitet, von uns Abschied nahm, waren seine letzten Worte: »*God speed you, gentlemen, and take care; we shaft soon have a southerly burst* – Gott geleite Sie, meine Herren, und nehmen Sie sich in Acht, wir werden bald einen Sturm aus Süden bekommen.« In der Tat sahen wir auch ungefähr eine Stunde später das Ungewitter schwarz und drohend heranziehen. Es ließ uns kaum Zeit, die Goélette instand zu setzen, bevor es uns erreichte. Inzwischen blieb es bei dem ersten Anprall. Wenigstens minderte sich die Heftigkeit des Sturmes zusehends, obschon derselbe die Nacht hindurch und sogar noch den ganzen folgenden Tag andauerte.

Während dieser widrige Wind unser Vorwärtskommen verzögert und uns zu lavieren nötigt, bitte ich die Leser um Erlaubnis, ihm meine Reisegefährten vorzustellen, die im weiteren Verlauf dieser Erzählung oft genug auf der Bühne erscheinen werden.

Von Thomas Musgrave habe ich schon gesprochen, und ich hatte bald Gelegenheit, mich zu überzeugen, dass er nicht bloß die Eigenschaften eines vortrefflichen Kapitäns, sondern auch die für uns nicht minder kostbaren eines Mannes von Geist und Herz besaß.

George Harris, der eine unserer beiden Matrosen, war ein Engländer, etwa zwanzig Jahre alt, einfach bis zur Naivität und ebenso mutig wie kräftig. Er verstand sein Handwerk schon ziemlich gut; dabei war er nicht ohne einen gewissen Grad von Bildung. Musgrave hatte ihn gewählt, um mit ihm die Quartierwache zu bilden.

Der andere Matrose, Alexander Maclarren, den wir Alick nannten, bildete mit mir die zweite Quartierwache oder Ablösung. Er war ein Norweger. Obwohl er kaum mehr als achtundzwanzig Jahre zählte, zeigte er den schweigsamen Ernst eines Alten; er lachte fast nie, konnte weder lesen noch schreiben, war aber gehorsam und ein vollkommener Seemann.

Henri Forges, unser Koch, von uns nie anders als Harry genannt, stammte von den Azoren, ein dreiundzwanzigjähriger Bursche, klein, untersetzt und sehr hässlich. Eine blatternartige Krankheit hatte ihn grausam entstellt, denn seine Nase glich fast nur noch einer Narbe.

Ed. Raynal Franzose — Th. Musgrave Amerikaner — Mac-Larren Norweger — George Harris Engländer — Henry Forges Portugiese

Die Geschichte desselben war übrigens merkwürdig genug. Schon in seinem dreizehnten Jahre war er an Bord eines amerikanischen Waljägers gegangen, der an seiner Heimatinsel anlegen musste, und hatte als Schiffsjunge mehrere große Reisen mitgemacht. Da ergriff ihn jene Seuche, und nun, von seinen Genossen bald mit Hohn verfolgt, bald mit Abscheu zurückgewiesen, sah der Unglückliche keine andere Erlösung, als dass er in seinen Kapitän drang, ihn alsbald ans Land zu setzen. Und so geschah es auch wirklich. Harry ward auf einer der sogenannten Schifferinseln zurückgelassen. Diese ungefähr fünfzehnhundert Lieues[1] vom Kap York, der äußersten

[1] 1 Lieue marine = 5,56 km. Fünfzehnhundert Lieues sind also etwa 8340 km.

nördlichen Spitze des australischen Kontinents, entfernte Inselgruppe wird von Wilden bewohnt, welche teilweise noch zur Zahl der Menschenfresser gehören. Hier blieb der Verstoßene mehrere Jahre. Aber sie vergingen ihm schwer genug, und nur der eine Wunsch beseelte ihn, einem Orte wieder zu entfliehen, an welchem er sich gewissermaßen als Gefangener befand.

Ohne Vorwissen der Eingeborenen hatte er daher auf einem Hügel am Strande Signale aufgestellt, die er von Zeit zu Zeit heimlich besuchte. Eines Morgens gewahrte er wirklich ein in der Richtung der Insel steuerndes Schiff.

Der Kapitän desselben, welcher die Notsignale und mithilfe seines Fernrohrs bald auch die hilfeflehenden Gebärden des weißen Mannes erkannt hatte, ließ ein Boot aussetzen, um ihn aufzunehmen. Plötzlich sah man diesen selbst sich ins Meer stürzen und auf das Boot zugeschwommen kommen. Man wunderte sich darüber nicht lange, denn unmittelbar darauf brach ein Trupp Eingeborener aus dem Gebüsch des Ufers hervor, um den Flüchtling zu verfolgen. Einige schossen mit Pfeilen nach ihm, deren einer ihn in die Schulter traf und sichtlich lähmte, während mehrere andere, mit Speeren und Keulen bewaffnet, sich ihm nach ins Wasser stürzten. Die Ruderer, welche dies sahen, verdoppelten ihre Anstrengungen und waren so glücklich, den Kannibalen ihr Opfer zu entreißen, dem diese bis auf wenige Klafter nahe gekommen waren. Zu Tode erschöpft, ward Harry in das Boot gezogen. Die Verfolger aber, die unter wütendem Geschrei das Fahrzeug umkreisten, ließen erst dann ab, als die Matrosen mit Rudern und Bootshaken auf sie eindrangen, und schwammen, noch immer ihre Speere schwingend, nach der Insel zurück.

Harry ward vorläufig dem Schiffskoch als Gehilfe beigegeben und in Sydney ans Land gesetzt, wo wir ihn für unsere Expedition anwarben.

So waren wir unser fünf, und jeder gehörte einer anderen Nation an – ein Amerikaner, ein Engländer, ein Norweger, ein Portugiese und ein Franzose. Dennoch verstanden wir einander vollkommen, denn uns allen war das Englische geläufig und dies die einzige Sprache, deren wir uns bedienten.

Standen wir uns ferner darin gleich, dass unser eigentlicher Beruf das Seeleben war, so hatte doch keiner meiner Gefährten eine so lange Zeit des Lebens in einem nichtzivilisierten Lande zugebracht wie ich. Mein Aufenthalt im Inneren Australiens war eine harte Schule

Zu Tode erschöpft, ward Harry in das Boot gezogen.

der Entbehrung und der Arbeit gewesen. Wenn irgendwo, dann galt es dort, für sich selbst einzustehen, nichts – auch das anscheinend Unbedeutende nicht – außer Acht zu lassen, alles – auch das Geringste – zu nützen, und unaufhörlich so geduldig wie mutig eine widerstrebende Natur zu bekämpfen. Ich gebe zu, dass ein derartiges Leben nicht gerade geeignet ist, den Menschen stolz zu machen, aber dafür lehrt es ihn die männliche Selbstzuversicht, die ihn gegen jedes Ungemach waffnet. Und bald genug sollte auch mir klar werden, wie sehr ich Grund hatte, mir zu den bisher bestandenen Prüfungen Glück zu wünschen. Was ich auf jene Weise an Erfahrung gewonnen, sollte nicht bloß mir, sondern (ich darf mit Recht sagen) auch meinen Gefährten unter den außergewöhnlichen Umständen, in die wir uns versetzt sahen, zugute kommen.

Ich nehme nun meine Erzählung wieder auf und teile zunächst einige Notizen, wie ich sie nach Schiffsbrauch regelmäßig niederschrieb, aus meinem Tagebuche mit.

Freitag, am 13. November. Der Wind weht immer noch von Süden, aber leicht.

14. Mäßige Brise von Norden. Das Wetter ist schön, und die Goélette gleitet mit einer Geschwindigkeit von fünf Knoten in der

Stunde, ohne fühlbare Bewegung über die spiegelglatte Fläche des Meeres.

15. Zwei Uhr morgens. Ruhig. Südwärts sieht es drohend aus; der Zenit ist hell. Das Barometer sinkt. Ein förmlicher Regen von Sternschnuppen fällt, alle von Nordnordwest nach Südsüdost streichend. Bis Tagesanbruch dauert das prachtvolle Schauspiel. Um sechs Uhr nötigt uns die nach Süden umspringende Brise zu kreuzen.

16. Brise nordnordöstlich; sie wird allmählich stärker. Wir kommen rasch vorwärts; das südöstliche Kap umsegelt. An Bord alles wohlauf.

17. Derselbe Gang, dieselbe noch immer steigende Brise.

18. Sturm aus Westen. Die See geht hoch, sämtliche kleine Segel sind gerefft und das Marssegel[1] geborgen. Position der Goélette zu Mittag: 40° 16' südliche Breite und 152° 26' östlich vom Meridian von Paris.

Zehn Uhr abends. Heftiger Wind. Gewaltige Wogen. Sie schlagen jeden Augenblick über Bord, und das Wasser dringt überall durch die Fugen des Decks. Unsere Lagerstätten sind ganz durchnässt.

Zehn Uhr dreißig Minuten. Der Himmel ist schwarz, der Horizont beschränkt, das Meer eine wogende, in phosphorischem Schimmer leuchtende Masse. Die Wolken fliegen mit schwindelnder Schnelligkeit über unsere Häupter hinweg. Jeden Augenblick werden sie von grellen Blitzen durchfurcht; ein eisiger Regen peitscht uns ins Gesicht. Von Zeit zu Zeit mischt sich erschütternd das Rollen des Donners in das tausendfache wilde Getöse, womit Sturm und Wogen uns betäuben.

Ich trete meine Wache an. Ich sehe Musgrave am Tische der Kajüte sitzen, den Kopf auf die Arme gestützt. Ich nehme das Steuerruder aus den Händen Alicks, der es seit Beginn der Wache geführt hat.

Es ist elf Uhr. Geblendet durch die unaufhörlichen Blitze, vermag ich nur mit großer Mühe, den Kompass in seinem Gehäuse zu erkennen. Plötzlich ein heftiger Stoß – ich stürze zu Boden. Ein Teil der Schanzverkleidung ist hinweggerissen, der Ballast aus seiner Lage geworfen. Das Schiff neigt sich auf die eine Seite und kann sich nicht wieder aufrichten. – Etwas zerschlagen und von Salzwasser triefend raffe ich mich empor, um sofort das Steuerruder wieder zu ergrei-

[1] Das Marssegel befindet sich am Haupt- oder Mittelmast.

fen. – Musgrave springt herauf, Alick ist bei ihm, und die beiden anderen eilen vom Vorderkastell herzu. Mit vereinter Kraft reffen sie das große Segel, während die Goélette anfangs langsam, dann rasch dem Impulse des Steuerruders gehorcht, welches ich in den Wind gedreht habe. Nun durchschneidet sie die Wogen, vom Sturme gejagt mit einer Schnelligkeit von sieben Knoten in der Stunde, bei dichtgerefften Segeln, aber immer noch stark auf die eine Seite geneigt.

Musgrave stellt sich an das Steuer und bleibt allein auf Deck, während ich in Begleitung meiner mit Laternen versehenen Leute durch das Vorderkastell in den Raum hinabsteige. Welch ein Anblick! Alles ist durcheinander geworfen. Steine, Fässer und Salzsäcke sind nach dem Steuerbord hinübergerollt, welcher jetzt den Boden des Schiffs darstellt. Zum Glück haben sich die von dem Brettboden festgehaltenen fünfzehn Tonnen Eisen nicht von der Stelle gerührt. Im anderen Falle wäre es um uns und den »Grafton« geschehen gewesen, denn dieser hätte unfehlbar sinken müssen.

Die ganze noch übrige Nacht hindurch waren wir beschäftigt, alles wieder zur Stelle zu bringen und Ordnung im unteren Raum zu schaffen. Bei Tagesanbruch stiegen wir ermüdet und erschöpft wieder aufs Deck. Hier fanden wir Musgrave bis auf die Haut durchnässt, mit bleichem Gesicht und das Steuerruder mit erstarrten Händen haltend, nichtsdestoweniger aber munter und wachsam. George nahm seine Stelle ein. Da wir kein Feuer anzünden konnten – denn alles war von den Wellen überschwemmt – so trank jeder von uns ein tüchtiges Glas Branntwein, um sich einigermaßen zu erwärmen. Dann ward die Goélette wieder beigelegt.

Unsere nächste Sorge war, die Pumpen zu untersuchen, auf deren Boden wir glücklicherweise nur äußerst wenig Wasser fanden. Dies durfte uns zu großer Beruhigung dienen. Denn wenn auch die Goélette durch die Ritzen des Decks etwas Wasser gezogen, so war dafür ihr Rumpf undurchdringlich wie die Wände einer Flasche.

Während der beiden Stunden, als George am Steuer stand, warfen wir anderen uns in vollen Kleidern auf die durchweichten Lagerstätten und versuchten, nur mit einem Auge schlafend, ein wenig zu ruhen.

Draußen heulte der Sturm immer noch mit unveränderter Heftigkeit.

20. Wir haben immer noch beigelegt. Der Wind gibt jetzt nur

einzelne Stöße. Das Meer geht zwar noch hoch, aber es fängt an, sich ein wenig zu beruhigen. Das Barometer steigt.

21. Vier Uhr morgens. Wir haben wieder ein Segel beigesetzt; es ist nicht ausreichend gestützt und schlägt klatschend die noch aufgeregte Wasserfläche.

Acht Uhr. Vivat hoch! Wir haben endlich etwas Warmes zum Frühstück. Es ist dies seit drei Tagen das erste Mal.

Mittag. Die Brise ist regelmäßig geworden. Wir haben alle Segel beigesetzt, steuern nach Südsüdost und befinden uns der aufgenommenen Sonnenhöhe gemäß 39° 8' südlicher Breite und 154° 6' östlicher Länge nach dem Meridian von Paris. Wir sind demnach durch den Sturm beinahe hundertundfünfzig Meilen aus unserer Richtung verschlagen worden.

Vom 21. bis 27. schönes Wetter, der Himmel leicht bewölkt. An Bord alles wohl. Wir sehen häufig Wale.

28. Himmel vollständig bedeckt. Das Aussehen des Wetters ist drohend. Das Barometer fällt.

Um sechs Uhr morgens wurden wir durch einen von Ostsüdost kommenden Sturm überrascht, der uns nötigte, eine Stunde lang vor dem Winde zu treiben; dann legten wir wieder bei.

Seit zwei Tagen ist die Sonne nicht zum Vorschein gekommen, und wir haben daher keine Berechnung anstellen können.

29. Diesmal ging der Sturm schneller vorüber. Auch war er nicht so heftig wie der vorige. Das Wetter wird besser. Die Windstöße folgen nur in langen Zwischenräumen aufeinander. Die Brise wird regelmäßiger, und die See geht weniger hoch. Wir haben alle Segel beigesetzt und steuern nach Ostsüdost.

Mittag. Die Sonne ist wieder da. Wir haben unsere Berechnung machen können, und das Resultat derselben ist 52° 6' südliche Breite und 159° 23' östliche Länge von Paris.

30. Mittags zwölf Uhr fünfzehn Minuten stieg ich in den Mastkorb hinauf und erblickte Land in ungefähr fünfunddreißig Meilen Entfernung.

Vier Uhr nachmittags. Ein Nebel hat sich über dem Ozean erhoben und hüllt das Land in undurchdringliche Dämmerung. Das Dunkel wird dichter, so dicht, dass wir nicht mehr imstande sind, von einem Ende des Schiffes bis zum anderen zu sehen. Die Vorsicht gebietet uns, einige Segel zu reffen und wieder seewärts zu steuern, um nicht bei einbrechender Nacht auf Klippen zu stoßen.

1. Dezember, sieben Uhr morgens. Der Nebel beginnt sich zu lichten, aber das Land ist verschwunden. Wir nehmen unsere Richtung wieder nach der Insel Campbell.

2. Dezember, acht Uhr. Wir laufen in den am südöstlichen Strande der Insel gelegenen Hafen *Abrahams-bosom* (Abrahams Schoss). Elf Uhr. In fünf Faden[1] Wassertiefe, am äußersten Ende der Bai vor Anker gegangen.

Drittes Kapitel

Erfolglosigkeit unserer Nachforschungen – Ich werde krank – Wir verlassen die Insel Campbell

Kaum waren die Segel gerefft, so ging ich mit Musgrave ans Land.

In den Gewässern der Bai hatten wir noch keine Robben gesehen. Wir standen jetzt jedoch in der Mitte des australischen Sommers und glaubten deshalb, diese Tiere hätten sich, um während der Tageshitze im Kühlen zu schlafen, unter das hohe Gras und Gebüsch des Strandes geborgen.

Wir schritten das Ufer entlang, erkletterten Felsen und Höhen, überall suchend, nirgends etwas entdeckend. Allerdings gewahrten wir zahlreiche, mehr oder weniger deutliche Spuren von Robben.

Allmählich überzeugten wir uns, dass keine derselben frisch war. Sie schienen insgesamt auf eine bereits länger vergangene Zeit zurückzuweisen. Übrigens bestanden sie in schmalen Wegen oder Gleisen, die sich alle nach dem Gebirge hinzogen und die wir nur mit größter Mühe durch die dichtverwobene Vegetation verfolgen konnten, in welcher sie sich verloren.

Ein anderes Hindernis kam hinzu. Denn wir bemerkten sehr bald, dass diese unentwirrbare Pflanzendecke zahlreiche Spalten und Löcher barg, welche die häufigen Regengüsse jener Zone in den schlüpfrigen Boden gewühlt hatten.

Ermüdet von den erfolglosen Beschwerden unserer Nachforschung, kehrten wir kurz nach Sonnenuntergang auf das Schiff zurück. Bei unserer Ankunft erfuhren wir von den Zurückgebliebenen, dass sich während unserer Abwesenheit zwei Robben gezeigt. Neugierig hatten sie von Zeit zu Zeit ihre runden Köpfe aus dem Wasser

[1] Ein Faden hält 6 Fuß.

erhoben und mit seltsamem Gebrüll ihr zürnendes Staunen über die Fremdlinge bekundet, welche ihr stilles Reich zu stören gewagt.

Aus den weiteren Angaben der Unseren erkannten wir sofort den sogenannten Seelöwen *(Otaria jubata*[1]*)*, gerade diejenige Robbengattung, auf welche wir unsere Hoffnung gesetzt, und welche wir in diesen Gewässern in großen Massen anzutreffen erwarteten.

Die neue Mitteilung hatte zunächst die Wirkung, unsere Hoffnung wieder etwas zu beleben; denn es ließ sich als wahrscheinlich annehmen, dass diese Tiere vorzugsweise nur gewisse Punkte der Küste bewohnten. Wir beschlossen daher, über der Aufsuchung der Erzgänge, die immerhin unsere Hauptaufgabe blieb, die Spuren der Robben nicht aus dem Auge zu verlieren.

Am nächsten Morgen brachen Musgrave und ich zeitig auf, indem wir die Übrigen an Bord zurückließen. Aber nur nach vielen Anstrengungen und Mühen (denn wir mussten mehr als einmal auf dem Bauch fortkriechen) gelang es uns, durch den Vegetationsgürtel hindurchzudringen und unsere Schritte weiter nach Nordwest zu lenken.

Auf dem Kamme[2] angelangt, umschritten wir die höchste kegelförmig auslaufende Kuppe. Sie war majestätisch genug und verdiente wohl den ihr von uns beigelegten Namen des »Domes«. Von ihr aus erblickten wir am Fuß des westlichen Abhanges eine Bucht, welche den Walfängern unter dem Namen Monument-Hafen *(Monumental Harbour)* bekannt ist, und entschieden uns sogleich, den Rückweg dorthin zu nehmen.

Nach einer beschwerlichen Wanderung sahen wir eine großartige Szenerie vor uns. Wir standen am Rande einer Strandklippe, beinahe in der Mitte eines kreisrunden Beckens, welches nach der Seeseite hin offen war und gleichsam nur die Arena des ringsum aufsteigenden kolossalen Amphitheaters bildete. Der Wellenschlag des Meeres hatte nämlich den Felsen überall ausgehöhlt und, fast möchte ich sagen, ausgemeißelt, während andere höhere und härtere Gesteinsmassen unversehrt geblieben waren, sodass sie jetzt wie ebenso viele antike Säulen über all den Nischen und Gewölben emporragten.

---

[1] Der Seelöwe gehört zu den sogenannten Ohrenrobben. Er hat einen walzenrunden Körper und bewegt sich auf dem Festland mehr rollend als kriechend. Sein eigentümlichster Schmuck ist die rötlich-gelbe, bis zur Schulter reichende Löwenmähne, die hier ebenfalls dem Weibchen fehlt. Vergl. übrigens den Anhang des Buches.

[2] Die Verbindung zweier hoch liegender Punkte eines Gebirges oder Berges. *(Anm. d. Hrsg.)*

Die Einfahrt in diesen Naturhafen ist bequem, doch bietet er keine genügende Sicherheit, weil der Sturm sich allzu leicht darin verfängt. Ohnehin konnten hier eingelaufene Schiffe durch anhaltende Westwinde lange zurückgehalten werden. Notfälle ausgenommen, wird die Bucht daher selbst von den Walfängern gemieden; denn diese gehen, wenn sie süßes Wasser brauchen, lieber in dem bereits erwähnten südöstlichen Hafen »Abrahams Schoß« vor Anker.

Da der lange, anstrengende Weg, den wir zurückgelegt, unseren Hunger angeregt hatte, so zündeten wir alsbald Feuer an, um Tee zu kochen und ein wenig zu essen. Dann schritten wir zum Strand hinunter. Diesmal sahen auch wir Seelöwen, aber in nur sehr geringer Zahl. Was die Zinnmine betraf, so hatten wir noch nichts gefunden, das irgendwie auf das Vorhandensein einer solchen hätte schließen lassen.

Wir schickten uns nun an, wieder auf unser Schiff zurückzukehren, schlugen aber dabei einen anderen als den vorher gewählten Weg ein. Er brachte uns eine neue Überraschung. Denn kaum waren wir den »Dom« hinabgestiegen, als wir am Fuße desselben auf eine Kolonie außerordentlich großer Vögel trafen, die hier brüteten. Es waren Albatrosse *(Diomedea exulans*[1]*)*. Ihre Nester bestanden aus Torf, welchen die Vögel wohl mehr mit dem langen Schnabel als mit ihren Klauen ausgekratzt und zu kleinen Hügeln getürmt hatten. Weiches Moos füllte eine in der Mitte derselben ausgehöhlte Vertiefung. Über dieser brütete das Weibchen auf einem einzigen Ei; aber ein einziges Ei war groß genug, zwei Mann zu sättigen.

Die in besuchteren Meeren so scheuen Vögel ließen uns ruhig herankommen. Selbst unser Geschrei schreckte sie nicht, sodass wir zu unseren Stöcken greifen mussten, um sie von ihren Nestern aufzujagen. Aber nun setzten uns die friedlichen Tiere den verzweifeltesten Widerstand entgegen, mit ihren scharfen Schnäbeln, mit ihren mächtigen Schwingen auf uns eindringend, bis es uns endlich doch gelang, einige Eier zu erbeuten. Als wir sie näher prüften, zeigte sich,

[1] Der Albatros, nach seiner blökenden Stimme und seiner plumpen Größe bei den Seefahrern auch Kapschaf *(Cap Sheep)* genannt, ist der größte Vogel des Ozeans. Bei einer Flügelspanne von 10 bis 14 Fuß gewährt er, hoch im Äther schwimmend, ein majestätisches Bild. Selbst im stärksten Sturme scheint er kaum die Schwingen zu regen, weshalb von ihm auch die Sage geht, er schlafe mit ausgestreckten Flügeln in der Luft. Aber er ist auch ein nicht minder vorzüglicher Schwimmer; seine Gangbewegungen dagegen sind unbeholfen, und dies soll sein Name andeuten. Denn Albatros ist nur das verstümmelte portugiesische Wort *alcatros,* das ist Tölpel.

dass nur ein einziges frisch und wirklich genießbar war. Neugierig zu wissen, wie sie schmeckten, kochten wir sie. Das Dotter fanden wir vortrefflich, dagegen kam uns das Weiße etwas hart vor.

Nachdem wir so beinahe den ganzen Tag auf einem feuchten unsicheren Boden, der wie ein Schwamm unter jedem Tritt des Fußes nachgab, umhergewandert waren und überdies mehrere, nicht unbeträchtliche Felsen erklettert hatten, langten wir abends ziemlich entkräftet wieder an Bord unseres Schiffes an.

Am nächstfolgenden Morgen musste ich es Musgrave überlassen, mit Alick eine zweite Rundreise zu machen. Denn ich selbst fühlte mich unwohl. Es dauerte nicht lange, so musste ich meine Kajüte aufsuchen und mich auf mein Bett strecken, welches ich einen ganzen Monat lang nicht wieder verlassen konnte. Ich war krank, sehr krank, und es fehlte wenig, dass ich auf der Insel Campbell mein Grab gefunden. Musgrave zum Mindesten hatte bereits alle Hoffnung auf meine Genesung aufgegeben.

Ohne alle Arznei und nur der Hilfe der eigenen Natur überlassen, genas ich dennoch. Die Lebenskraft der Jugend trug den Sieg davon. Die Ursachen des Übels aber lagen ohne Zweifel in den Strapazen der Seefahrt, denen ich mich, von den Folgen des Erdsturzes kaum wieder hergestellt, noch nicht hätte unterziehen sollen; vielleicht noch mehr aber hatte ich sie in dem plötzlichen Übergange aus dem heißen und gesunden Klima von Neusüdwales in die kalte und feuchte Atmosphäre des australischen Ozeans zu suchen.

Während meiner notgedrungenen Untätigkeit hatte Musgrave die Nachforschungen nach der Zinnmine vergeblich fortgesetzt. War sie seinem Späherblick entgangen oder gar nicht vorhanden? Ich weiß es nicht.

Aber auch die Seelöwen zeigten sich äußerst selten: Während des ganzen Monats, welchen die Goélette im Abrahams-Hafen vor Anker lag, fingen wir deren nur fünf, darunter allerdings ein ungewöhnlich großes Tier von mindestens zwölf Zentner Gewicht. Es lieferte hundertundfünfzig Kannen Tran; ein Ergebnis, das uns immer merkwürdig blieb und in dessen dankbarer Erinnerung wir dieses Geschenk des Meeres nach dem Tage, an welchem es uns zufiel, unsere »Weihnacht« *(Old Christmas)* nannten.

Da nach den bisherigen Erfahrungen ein längerer Aufenthalt auf der Insel Campbell nutzlos zu sein schien, so beschlossen wir, wieder unter Segel zu gehen und uns nicht weiter südwärts zu wagen. Das

Wir mussten zu unseren Stöcken greifen, um die Vögel von ihren Nestern aufzujagen.

Klügste war, nach Sydney zurückzukehren. Auf diesem Wege mussten wir die Gruppe der Aucklandinseln passieren, deren Besuch von Anfang an in unserem Plane lag.

Demgemäß lichteten wir am 29. Dezember den Anker und verließen Campbell.

Obschon noch immer genötigt, das Bett zu hüten, vergaß ich doch nicht, mein Tagebuch weiterzuführen, und teile hier aus demselben folgende Zeilen mit:

30. Dezember, sechs Uhr abends. Westwind, starke Brise; trüber bewölkter Himmel; Wetter drohend.

Musgrave sagt mir, er habe soeben gegen Nordwest die Aucklandgruppe in ungefähr dreißig Meilen Entfernung gesehen. Wir steuern nördlich.

31. Dezember, zwei Uhr morgens. Wir haben den Kurs geändert und steuern jetzt südwestlich.

Ein Uhr nachmittags. Sturm von Westen. Der Wind springt von Nordwest nach Südwest. Nie habe ich das Meer in solcher Aufregung gesehen. Es scheint förmlich zu sieden, und die Wellen schlagen von allen Seiten über Bord.

Vier Uhr. Die See geht noch immer hoch, aber regelmäßiger.

Acht Uhr. Ein feiner Regen fällt. Er wird stärker, der Nebel dichter, der Wind heftiger. Wir haben beigelegt.

1. Januar 1864, zwei Uhr morgens. Das Wetter wird besser. Wir haben das Focksegel[1] und das große Segel beigesetzt.

Zehn Uhr. Mäßiger Wind, heller Himmel, das Barometer steigt.

Wir fahren längs der Küste hin. Die Schönheit des Wetters lockt mich von meiner harten, feuchten Lagerstatt, aus dem dumpfen Dunkel der Kajüte auf das Deck hinaus, um frische Luft zu schöpfen und mein Auge am Blau des Himmels und an den malerischen Felsenufern der Insel zu weiden. Ich bin aber noch so schwach, dass ich mich kaum den Füßen anvertrauen darf. Musgrave befiehlt George, meine Matratze zu holen und auf die Luke der Kajüte zu breiten, während er selbst meine schwankenden Schritte unterstützt und mir Mut zuspricht. An ein Tau geklammert, halte ich mich einige Augenblicke aufrecht. Aber dann versagen die Kräfte, und ich sehe mich genötigt, mich wieder auf die Matratze zu strecken, wo ich, den Kopf durch Kissen gehalten, die Aussicht genießen kann, ohne zu ermüden.

Wie erquickend, wie sänftigend dringt der milde Strahl der Sonne auf mich ein! Neue Kraft durchströmt die schmerzenden Glieder! Odem der Gesundheit die matte Brust! Wahrlich, es gibt kein größeres Glück, als wieder zu genesen, wieder Besitz vom Leben zu nehmen, wenn man bereits am Rande des Grabes gestanden! Wie – wenn ich nun in jenem unbekannten Winkel der Welt gestorben wäre, fern von allem, was ich liebe, ohne den Meinigen Lebewohl gesagt, ohne ihnen zum letzten Mal die Hand gedrückt zu haben! Ich mag es nicht ausdenken. Und doch, wie viele Unglückliche haben auf diese Weise geendet! Erst nach langen Jahren führt vielleicht der Zufall einen Abenteurer oder einen Entdecker zu der Stelle, wo ihre Gebeine bleichen. Er betrachtet sie einen Augenblick mit neu-

[1] Das unterste Rahsegel am vordersten Mast. *(Anm. d. Hrsg.)*

Den Kopf durch Kissen gehalten, kann ich die Aussicht genießen, ohne zu ermüden.

gierigem Erstaunen. »Wie es scheint, sind andere schon vor mir hier gewesen«, murmelt er vor sich hin, und diese lakonische Bemerkung ist die ganze Leichenrede.

Wir sind kaum zwei Kilometer von der Insel Adam entfernt, sodass wir die riesigen Strandklippen deutlich sehen können; das immer noch aufgeregte Meer umgibt sie mit einem Schaumgürtel, und zuweilen, wenn eine Welle sich in einer der zahlreichen Felsengrotten verfängt, trägt der Wind den donnernden Schall bis zu uns herüber. In der Mitte der Insel ragen brustartig nebeneinander zwei stumpfe Kegel empor. Musgrave, der mit dem Sextanten herbeigekommen, um ihre Höhe zu messen, berechnet dieselbe auf zweitausendfünfhundert, und bei dem niedrigeren Gipfel auf zweitausendzweihundert Fuß. Zahlreiche Bäche strömen von dem Gebirge herab, indem sie eine Menge funkelnder Kaskaden bilden. Auf der letzten Stufe des felsigen Strandes angelangt, stürzen sie sich in mächtigem Schwunge zur Tiefe, das Wasser verwandelt sich zerschellend in weißen Dunst, aber in und über ihm spielt das Sonnenlicht in allen Farben des Regenbogens.

Ich schwelge in der Schönheit dieses Schauspiels und trinke Erquickung mit jedem Atemzuge. Mein vor Kurzem noch vom Fieber gepeitschtes Blut rinnt beruhigt durch die Adern; zum ersten Mal wieder empfinde ich das Wohlgefühl des Daseins. Und auch meine Kameraden lassen es an nichts fehlen. Hoch erfreut, mich wieder auf Deck zu sehen, beeifert sich jeder, während er sein Werk verrichtet, im Vorübergehen ein freundliches Wort an mich zu richten.

Es ist drei Uhr nachmittags. Wir haben die Insel Adam umschifft und befinden uns nun im Angesicht der Insel Auckland. Gegen Norden erscheinen die Umrisse der Küste auf das mannigfaltigste gebrochen. Zahlreiche Vorgebirge treten schroff und zackig hervor und setzen sich in mehreren Riffketten meilenweit unter dem Wasserspiegel fort, wie die deutlich hervortretenden Schaumlinien der Brandung verraten. Uns gegenüber hat sich soeben eine prächtige Bai geöffnet. Ihr Eingang kann zwischen den beiden Kaps, die ihn bewachen, zwei Meilen Breite haben. Es ist der Hafen von Carnley. Wir beschließen, in denselben hineinzusteuern, anstatt unsere Fahrt nordwärts nach Port Ross *(Sarah's Bosom)* fortzusetzen.

Viertes Kapitel
Es zeigen sich Robben in Menge – Die Aucklandinseln – Eine Schreckensnacht – Schiffbruch

Der Westwind hält noch immer an; aber er kommt jetzt vom Lande und tritt aus der Bai in kurzen Stößen heraus. Die Goélette kreuzt unter vollen Segeln. Bald befinden wir uns zwischen den beiden Vorgebirgen, wo das Meer verhältnismäßig ruhig ist. George steht am Steuer; Alick, weit über Bord hinausgeneigt, wirft von Zeit zu Zeit das Senkblei, während Musgrave mit Hilfe seines Fernrohrs die Küste mustert. Plötzlich kommt er mit freudiger Miene auf mich zu.

»Ich bringe gute Kunde! Wenn ich nicht irre, so werden wir finden, was wir auf der Insel Campbell vergeblich suchten. Zwar ist die Entfernung noch zu weit, um alles Einzelne zu erkennen, doch glaube ich, auf den Strandfelsen eine Schar Robben zu sehen. Da, sieh selbst!«

Mit diesen Worten reichte er mir das Fernrohr.

Indem ich von meinem Lager aus bequem über den Bord des Schiffes hinwegsehen konnte und wir mit jedem Augenblick der Küste näherkamen, erkannte ich in der Tat bald mehrere schwarze Körper, die auf den Felsen ausgestreckt lagen.

»Es steht nicht zu bezweifeln, dass es Robben sind«, sagte ich. »Dort sehe ich eine den Kopf emporrichten. Sie sind sehr zahlreich.«

Dann gab ich, um mir und meinen Augen Ruhe zu gönnen, Musgrave das Fernrohr zurück.

Da der Tag ausnahmsweise schön und warm war, so hatten diese amphibienartigen Geschöpfe ihr Element verlassen und sich auf dem sonnenbeschienenen Ufer zum Schlaf gelagert, oft in so bedeutenden Höhen, dass man nicht begreifen konnte, wie sie mit ihren anscheinend so unbeholfenen Gliedern hinaufgelangt waren. Einige schwammen auch in den Gewässern der Bai herum und waren offenbar beschäftigt, eine Beute zu verfolgen.

Bis jetzt waren wir ihnen allen noch unbemerkt geblieben. Aber sobald wir beidrehten, weckten das Knarren der Flaschenzüge und das Flattern der Segel die Schläfer, und nun stürzten sie sich sofort ins Meer. In großer Menge kamen sie auf die Goélette zugeschwommen, die für sie ein Gegenstand der Verwunderung, aber auch des Argwohns zu sein schien; denn sie wagten sich nicht allzu nahe heran, sondern bildeten vielmehr einen weiten Kreis, den keiner von ihnen zu überschreiten wagte, obschon sie ein wildes Gebrüll ausstießen und augenscheinlich ergrimmt waren, fremde Eindringlinge in ihrem Gebiet zu sehen.

Da wir unsere Kreuzfahrt ruhig fortsetzten, fanden wir auf der entgegengesetzten Seite eine kaum minder große Zahl von Robben. Ohne Zweifel war sonach die Insel massenweise von ihnen bewohnt. Diese Überzeugung erfüllte uns mit heiterer Zuversicht, und wir beschlossen, uns hier vorerst nur einige Tage, das heißt so lange Zeit aufzuhalten, wie wir brauchten, um unsere Fässer mit Tran zu füllen und einige Häute einzusalzen. Dann aber wollten wir schleunigst nach Sydney zurückkehren, ohne die Robben allzu scheu gemacht zu haben, um noch vor Einbruch des Winters mit fünfundzwanzig bis dreißig Mann wiederzukommen und einen wirklichen Jagdzug gegen diese Tiere zu beginnen.

So gelangten wir immer tiefer in die Bucht hinein, die, je weiter wir uns vom Eingang entfernten, um so breiter ward und eine Länge von sechs bis sieben Kilometern hatte. Dann ward sie abermals durch eine Halbinsel verengt, welche wie ein Bergstock aus dem Wasser emporragte und ungefähr fünfhundert Fuß Höhe hatte. Wir nannten sie später die Halbinsel Musgrave.

Unterdessen war Alick ununterbrochen bemüht zu »peilen«. Er hatte ein sechs Pfund schweres Senkblei, das an einer Leine von vierzig Metern hing. Dennoch vermochte er nirgendwo Grund zu finden, selbst nicht in der nächsten Nähe der Küste. Dies machte uns einigermaßen besorgt, da die Brise immer leichter ward und sich gänzlich legen zu wollen schien. Es war dringend zu wünschen, dass wir noch vor Einbruch der Nacht vor Anker gingen.

Die Sonne war hinter den Bergen verschwunden und ich in meine Kajüte zurückgekehrt, wo ich seit zwei Stunden in jenem süßen tiefen Schlafe lag, den die Genesung erzeugt, als ich durch Musgrave geweckt ward, welcher herunterkam, um nach dem Barometer zu sehen.

»Ich weiß nicht, was im Anzug ist«, sagte er, »der Himmel hat sich mit einem Male schwarz bewölkt und es ist finster wie in einem Backofen. Da jedoch, wie ich sehe, das Barometer nicht gefallen ist, so wird es hoffentlich weiter nichts als Regen geben. Dennoch gestehe ich, dass ich unser Schiff lieber draußen auf der offenen See als zwischen den Felsenarmen dieser Küste wissen möchte. Wehte nur noch ein Hauch von Wind, so könnten wir, wenn auch nicht vor Anker gehen, so doch die Mitte des Fahrwassers halten und den Tag abwarten, während wir bei dieser Windstille ganz der Ebbe und Flut preisgegeben sind.«

»Allerdings«, antwortete ich, »könnte die Flutwelle uns in der Finsternis auf eine Klippe werfen.«

»Mich beruhigt bloß eins«, hob Musgrave wieder an, »und dies ist, dass die Brandung noch immer fern und dumpf erklingt. Solange sie nicht stärker dröhnt, bin ich überzeugt, noch in der Mitte der Bai zu sein.«

Nachdem er dies gesagt, zündete er seine Pfeife an und ging wieder aufs Deck zurück, wo ich ihn eine Zeit lang über mir hin- und hergehen hörte.

Ich war trotz des Bewusstseins unserer kritischen Lage wieder eingeschlafen, bis ich von Neuem, aber diesmal durch das Herabschmettern des in Strömen fallenden Regens aufgeweckt wurde. Auch hörte ich die Stimme Musgraves, der einige Befehle erteilte, und ich glaubte daraus entnehmen zu dürfen, dass der Wind sich endlich erhoben habe.

Die ganze Nacht regnete es ohne Unterbrechung fort. Als es Tag ward, sahen wir uns in gleicher Höhe mit der Halbinsel und gewahrten nun eine lange Wasserfläche, welche sich südlich und dann westlich hinzog, während ein anderer Teil der Bai sich nach Norden erstreckte. Wir wählten diesen letzteren Weg.

Kaum hatten wir die Spitze der Halbinsel umsegelt, so teilte sich die Bai abermals in zwei Arme. Immer nordwärts steuernd kamen wir bald in ein höchst malerisches Becken hinein, welches auf allen Seiten von hohen Bergen umgeben war, ausgenommen nach Westen zu, wo eine starke Senkung stattfand, die durch einen kleinen Hügel in zwei schmale Täler geteilt ward. Aus jedem derselben ergoss sich ein kleiner Fluss in die Bai.

Die Küste selbst war beinahe überall von unregelmäßigen, meist senkrecht abstürzenden Felstrümmern umgeben. Es war ein nacktes Gestein, selten mehr als fünfzehn bis dreißig Fuß hoch, und nur hie und da zeigte sich dem Auge inselartig ein grünlicher Schimmer. Wir erkannten darin sehr bald vermodernde Schichten von Wasserpflanzen, die offenbar ihren eigentlichen Grund und Boden in zahlreichen, dicht unter dem Wasserspiegel hinstreichenden Riffen hatten. Wohin wir sonst blickten, öde Klippen – dann und wann etwa ein verkrüppelter, vom Winde zerrissener Baum: Das war alles. Nirgends eine eigentliche Erdschicht oder auch nur Sand.

Gegen drei Uhr nachmittags hatte der Regen aufgehört; der Wind war etwas stärker geworden und die Goélette fuhr fort, zu lavieren[1]. So gelangten wir in eine Bai – wir nannten sie später die Schiffbruchs-Bai – wo am Abend des 2. Januar, nachdem man endlich Grund gefunden, meine Kameraden ganz ermüdet und erschöpft, bei sieben Faden Wassertiefe vor Anker gingen. Es sollte dies nur eine einstweilige Rast sein, denn wir hatten die Absicht, am nächstfolgenden Tage einen anderen weniger bloßgestellten Platz zu suchen. Aber schon zwei Stunden später sahen wir uns genötigt, auch unseren zweiten Anker auszuwerfen, um einem Sturm zu widerstehen, der sich plötzlich von Nordwest erhoben hatte.

[1] Bei widrigem Wind im Zickzack segeln. *(Anm. d. Hrsg.)*

Unsere Stellung war in der Tat eine höchst ungünstige und sogar gefahrvolle, da wir so nahe am Lande lagen, dass wir kaum den nötigen Raum hatten, uns, ohne gegen die Felsen anzustoßen, auf unseren Ankern zu drehen.

Allerdings dachten wir daran, die Taue aufzuwinden und eine Zuflucht auf der hohen See zu suchen. Allein, dies hieß nichts anderes, als eine Gefahr mit der anderen zu vertauschen: Nicht weil das offene Meer uns geringere Sicherheit geboten, sondern weil sich in der Nähe unseres Ankerplatzes eine Felsspitze befand, gegen welche die Goélette unvermeidlich geworfen worden wäre, ehe sie hinreichenden Spielraum gehabt hätte, dem Druck des Steuerruders zu gehorchen. Deshalb zogen wir vor, zu bleiben wo wir waren, und den Anbruch des Tages abzuwarten. Vielleicht, dass er uns anderes Wetter brachte; sicherlich erlaubte er uns wenigstens, unsere Lage klarer zu überschauen.

Der Sturm schien sich zuweilen ein wenig beruhigen zu wollen; aber, als habe er nur verschnauft, erhob er sich nach kurzer Pause mit verdoppelter Stärke, bis er etwa um halb elf Uhr mit orkanartiger Gewalt losbrach und uns mit einer Sturzsee von Regen oder vielmehr von Salzwasser überschüttete, das er mit sich emporgerafft hatte. In diesem Augenblick hörte ich vom Vorderkastell her Alicks Schreckensruf: Eine unserer Ankerketten sei zerrissen. Unser Schicksal schien damit besiegelt, denn da ein einziger Anker – einen dritten hatten wir nicht auszuwerfen – nicht hinreichte, uns zu halten, begannen wir von nun an, der Küste zuzutreiben.

In der Tat fühlten wir um Mitternacht den ersten Stoß. Er war leicht, die folgenden aber wurden in eben dem Maße stärker, wie wir uns dem Felsen näherten, und nun konnte jeder Augenblick die Katastrophe bringen.

Mitten in dieser verzweifelten Lage bewahrten wir noch einen Rest von Hoffnung. Denn wir hatten jetzt Ebbe gehabt, und die rasch wieder ansteigende Flut warf mit jedem Wellenschlage mehr Wasser unter unseren Kiel; zudem meinten wir wirklich, ein gewisses Nachlassen des Sturmes wahrzunehmen. Endlich aber war der »Grafton« so sorgfältig gebaut und sein Zimmerwerk so fest, dass trotz all der heftigen Stöße, die er schon erhalten, sein Rumpf noch keinen Tropfen Wasser durchließ.

Allein, auch diese letzte Hoffnung war ein trügerischer Schein.

Nach Verlauf einiger ruhiger Augenblicke erfolgte ein abermaliger Stoß, furchtbarer als alle vorhergegangenen. Das Schiff erkrachte zitternd in seinen Fugen, – es stand –: Der Kiel war auf einem Felsen aufgestoßen und geknickt wie ein Rohr. Unaufhaltsam stürzte das Wasser durch das klaffende Leck in den inneren Raum. Außen aber, an der Flanke, brachen sich nun die Wellen mit Wut und rissen sehr bald einen Teil der Schanzverkleidung weg, sodass wir kaum Zeit hatten, den geringen Vorrat von Proviant, den wir noch besaßen, sowie unsere persönliche Habe zu bergen. Es blieb uns nichts übrig, als diese Gegenstände an der Luke der Kajüte festzubinden, da dieselbe im hochragenden Hinterteil des Schiffes befindlich und somit am wenigsten der Gefahr ausgesetzt war. Nachdem wir alles mit einer großen geteerten Leinwand bedeckt und uns selbst durchnässt und halb erstarrt darunter geduckt, erwarteten wir den Morgen.

Wir standen jetzt noch in der Mitte des australischen Sommers, daher sahen wir schon nach Verlauf einer Stunde den ersten Schimmer des Tages empordämmern.

Eine Stunde fliegt dem Glücklichen, der sie in der Sicherheit und Tätigkeit des gewöhnlichen Lebens zubringt, rasch, oft allzu rasch dahin; wie entsetzlich aber dehnten sich die Minuten für uns in einer Lage, in welcher wir jeden Augenblick gewärtig sein mussten, unserem Zufluchtsort entrissen, das heißt unfehlbar ertränkt oder an den Felsenklippen zerschellt zu werden!

Sobald es Tag war, krochen meine Gefährten unter der schützenden Leinwand hervor, um einen Blick nach außen zu werfen. Der Wind wehte noch mit derselben Wut, und der Regen durchschnitt sausend in beinahe waagerechter Richtung die Luft. Von Zeit zu Zeit trieb der Sturm das Wasser zu riesigen Wogen auf, deren Schaum wie eine dichte Wolke bis zu einer Höhe von wohl hundert Metern emporflog. Zugleich schlugen von beiden Seiten der Goélette die Wasser über sie hinweg, um sich an dem Felsengestade zu brechen. Dieses selbst war nur etwa siebzig Schritte entfernt, und in dem engen Raume, der uns von demselben trennte, war das Meer weniger unruhig. Denn das Schiff, wiewohl jetzt nur noch ein Wrack, hemmte immerhin den Andrang der Wogen und schützte auf diese Weise den hinter ihm liegenden Teil der Küste.

Unser Boot, ein zerbrechliches Fahrzeug von vier Meter Länge, anderthalb Meter Breite und einem halben Meter Tiefe, war mittels starker Taue über dem Quarterdeck der Goélette befestigt. Obschon von leichter Bauart, hatte es doch bisher den Angriffen des

Sturmes widerstanden. Jetzt handelte es sich darum, dasselbe loszumachen und auszusetzen, um die Küste zu erreichen: eine höchst gefahrvolle Aufgabe und doch der einzige Weg zur Rettung. Denn wir mussten jeden Augenblick fürchten, den »Grafton« unter dem unaufhörlichen Anstürmen der Wogen in Trümmer fallen zu sehen.

Inzwischen gelang es meinen Kameraden, ohne andere Unfälle als einige kleine Wunden und Stöße, das Boot auszusetzen. Nach wenigen Augenblicken schwamm es neben uns auf der Windseite des Schiffes.

Wenngleich ich selbst in Bezug auf Diensttüchtigkeit zurzeit fast ebenso wertlos war wie das Wrack, welches meine Kameraden zu verlassen im Begriff standen, konnte es ihnen doch nicht in den Sinn kommen, mich dem Schicksal preiszugeben. Nachdem sie daher einen Teil der notwendigsten Gegenstände in das Boot gebracht, halfen sie mir in dasselbe hinabsteigen und nahmen dann selbst darin Platz.

Unter den Tauen, welche wir mitgenommen, wählte Musgrave eines der längsten aus und befestigte es an einem Ring in der Flanke des Schiffes. Dann ließ er es sich abrollen und zwischen seinen Händen durchgleiten, bis wir den Strandfelsen nahe genug gekommen waren. Hierauf band er es an das Hinterteil des Bootes, sodass dieses trotz des Windes und der Wellen, die es nach der Küste trieben, nicht weiter konnte. Und nun ergriff Alick ein zweites Tau, das er mit einem Ende am Vorderteil des Bootes befestigte, nachdem er sich das andere Ende um den Leib geschlungen, und sprang so, das Leben auf einen Wurf setzend, in die Fluten.

Es war ein Augenblick der qualvollsten Spannung, denn von Alicks Kraft und Gewandtheit hing die Rettung aller ab. Unser Kamerad aber barg hinter seinem scheinbaren Phlegma[1] ein mutiges Herz und war, wie die meisten seiner Landsleute, ein ganz vortrefflicher Schwimmer. Mochte auch das Meer ihn umbrausen und umtoben, er ließ kaltblütig und mit eiserner Kraft die Woge an seinem Nacken zerschellen und erreichte dann, sich kühn weiter fortbewegend, eine Felsenspitze, an welche er sich anklammerte. Während die Welle zurückschlug und ehe noch eine zweite kam, die ihn von seinem Standpunkt wieder hinweggespült hätte, erkletterte er eine höhere Klippe, wo die Flut ihn nicht mehr erreichen konnte. Einen

[1] Trägheit, Schwerfälligkeit. *(Anm. d. Hrsg.)*

Er erkletterte eine höhere Klippe, wo die Flut ihn nicht mehr erreichen konnte.

Augenblick später band er das Tau an einem hart am Strande stehenden Baume fest.

Von diesem Baum bis zum Boote hatte das Tau eine starke straffe Spannung. Mittels eines Flaschenzugs von zwei Leinen, deren eine Alick zugeworfen und deren andere im Boote zurückbehalten ward, förderten wir unserem Kameraden vor allen Dingen die geteerte Leinwand zu. Er befestigte dieselbe in Form eines Zeltes um einen anderen Stamm und barg darunter die Gegenstände, die wir ihm weiter zusendeten. Hierauf kam ich an die Reihe. Musgrave nahm mich auf den Rücken, schlang einen Gürtel um uns beide, fasste den Flaschenzug, holte aus und sprang mit mir über Bord.

Unter der doppelten Last senkte sich das Tau, obschon es uns immer noch über der Brandung hielt. Musgrave arbeitete mit dem Aufgebot aller Kräfte. Aber bald genug fühlte ich, wie sie in dem ungleichen Kampfe zu ermatten begannen, und sah schon den Augenblick kommen, in dem er nicht mehr vermochte, sich festzuhalten. Da wir aneinander gebunden waren, so würden wir beide verloren gewesen sein. Indessen eilte Alick uns zu Hilfe, und unter seinem kräftigen Beistande kletterten wir auf die Felsen hinauf.

George und Harry kamen uns auf demselben Wege nach. Was das Boot betraf, so ließen wir es an dem Tau liegen, wo es lag.

Da es nur eine kleine Anzahl Gegenstände fassen konnte, so hatten wir nur die unentbehrlichsten mitgenommen. Die anderen waren auf dem Deck des Schiffes, durch ein Stück geteerter Leinwand geschützt, zurückgeblieben. Es waren dies mehrere Säcke Salz, Musgraves Koffer, der dessen Karten, Instrumente und den größeren Teil seiner Kleidung und sonstigen Habe enthielt; ferner mein eigener Koffer, in welchem sich auch mein Sextant und meine Flinte befanden; eine Kiste, in welche wir verschiedenes Geschirr, Teller, Messer, Gabeln usw. gepackt hatten, und eine große eiserne Pfanne zum Ausschmelzen der erlegten Robben.

Natürlich hatten wir vorzugsweise unseren noch übrigen Proviant mitgenommen. Derselbe bestand aus einem kleinen Fass mit ungefähr hundert Pfund Zwieback und einem zweiten mit noch etwa fünfzig Pfund Mehl; hierzu kamen ungefähr zwei Pfund Tee und drei Pfund Kaffee in zwei Blechbüchsen; etwa zehn Pfund Zucker, ein kleiner Vorrat eingesalzenen Fleisches, beinahe ein Pfund Pfeffer; eine halbe Flasche Senf; etwas Salz und sechs Pfund amerikanischen Tabaks, welcher Musgrave und mir gehörte, den wir aber gleichmäßig unter uns aufteilten; endlich nicht das unwichtigste Stück: ein kleiner eiserner Topf, dessen unser Koch Harry sich bediente, um süßes Wasser zu sieden.

Fünftes Kapitel

Ein Augenblick der Verzweiflung – Unser Lager – Zweikampf zwischen Seelöwen – Erlegung eines dieser Tiere

Der Wind ging immer noch heftig, und der Regen strömte ununterbrochen.

Seit dem vorigen Abend bis auf die Haut durchnässt, zitterten wir vor Kälte. Unser erster Gedanke war natürlich, Feuer anzuzünden; aber wie? Keiner von uns hatte ein Feuerzeug. Plötzlich stieß Harry einen Freudenruf aus. Er hatte seine Taschen durchsucht und darin eine kleine Schachtel Zündhölzchen gefunden. Leider aber waren sie ganz feucht geworden. Inzwischen war George in ein nahes Gebüsch gegangen und hatte aus demselben eine Handvoll dünner, ziemlich trockener Reiser gebracht, die er unter einem Baumstamm aufgesammelt. Harry ergriff nun eins seiner Hölzchen und rieb es langsam und mit äußerster Vorsicht, um es zu entzünden; aber vergebens. Er versuchte ein zweites, ein drittes, ein

Da wir aneinander gebunden waren, so würden wir beide verloren gewesen sein.

viertes – umsonst; sie wollten nicht brennen. Wir standen erwartungsvoll um ihn herum und wagten kaum Atem zu holen. Denn Harry, ohne sich entmutigen zu lassen, begann immer von Neuem. Plötzlich ließ sich ein leises Knistern hören. O, wie pochten unsere Herzen! Wir drängten uns alle dicht zusammen, um den schwachen Funken zu schützen. Noch einige Sekunden und es knisterte lauter: Die Flamme schlug auf! Alick eilte sofort, den Kochtopf an einem kleinen Bache, der nicht weit von uns vorüberfloss, mit Wasser zu füllen und setzte ihn an das Feuer. Eine Viertelstunde später hatten wir Tee, und der wärmende Trank nebst einigen Bissen Schiffszwieback genugte, uns mit neuem Mut und neuer Kraft zu erfüllen.

Als unser Mahl beendet war, gingen meine Kameraden nach verschiedenen Richtungen aus, um irgendeine Grotte oder Höhle zu suchen, in der wir unsere Vorräte bergen und selber Schutz vor der schlimmen Witterung finden könnten. Zuvor aber trugen sie in der Nähe möglichst viel trockenes Reisig zusammen und häuften es neben mir auf. Denn da ich in meiner Schwäche zu nichts anderem taugte, sollte ich während der Abwesenheit meiner Kameraden das Feuer unterhalten, welches für uns ebenso kostbar, um nicht zu sagen heilig geworden war, wie einst für die Priesterinnen der Vesta.

Ebenso wie diese durften wir es nicht verlöschen lassen; es handelte sich zuletzt auch hier um Leben und Tod.

Während ich den mir aufgetragenen Dienst versah, bemerkte ich sehr bald, dass der Erdboden selbst zu glimmen begann, und nicht lange, so hatte sich unter der Feuerstelle eine Vertiefung gebildet. Ich begriff sofort, dass hier eine Torfschicht vorlag, welche unmittelbar auf dem Felsen ruhte. Dieses merkwürdige Gebilde, aus der Zersetzung pflanzlicher Stoffe entstanden, gleicht einem weichen Schwamm und ist immer von Feuchtigkeit durchdrungen. Unmittelbar am Strande hat es ein bis zwei Meter Stärke, verliert aber, sobald der Boden ansteigt, an Mächtigkeit, bis es endlich verschwindet.

Allein, mir selbst überlassen, versank ich in allerhand traurige Betrachtungen. Ich dachte an die Heimat, an die Meinen, die ich in diesem Augenblicke mit doppelter Zärtlichkeit liebte. Durch eine ganze Welt war ich von ihnen getrennt, und ach, woher sollte mir hier die Erlösung kommen! Wer sollte hier an der äußersten Grenze der bewohnten Erde, auf diesem öden Felsen unsere Spuren suchen? Verzweiflung bemächtigte sich meiner. Das Herz wollte mir springen, die Tränen stürzten mir aus den Augen, und ich weinte wie ein Kind.

Dann aber war es mir, als klinge eine ferne treue Stimme an mein Ohr. Ich richtete Hand und Herz nach oben, und auf meine Knie sinkend, flehte ich zu dem, der jedes Haar auf unserem Haupt gezählt, um Beistand für mich und meine Unglücksgenossen.

Gestärkt erhob ich mich wieder. Der alte Volksspruch, den ich so oft gehört und so oft halb gedankenlos nachgesagt, der Spruch: »Hilf dir selbst, so wird Gott dir helfen!«, fiel mir ein und gewann für mich eine neue, ergreifende, erleuchtende Bedeutung. Ich sah ein, dass sich der Verzweiflung hinzugeben nichts anderes hieß, als selbst das Verderben herbeizurufen.

Sofort fasste ich den festen Entschluss, die düsteren Gedanken, die mich überwältigen wollten, zu verbannen, und mich, so gut ich vermöchte, meinen Kameraden nützlich zu machen, die ihrerseits so viel für mich getan.

Von diesem Wunsche beseelt, raffte ich meine Kräfte zusammen und kroch aus dem kleinen Zelt heraus, in welchem ich mich inmitten der von dem Schiff geretteten Gegenstände befand. In der einen Hand den leeren Kochtopf haltend und mit der anderen mich an die Äste und Zweige des niederen Strauchwerks klammernd, gelangte

Plötzlich ließ sich ein leises Knistern hören.

ich Schritt für Schritt bis an den Bach. Hier musste ich mich, obschon die Entfernung kaum vierzig Meter betrug, auf einen Baumstamm niedersetzen und einen Augenblick ruhen. Dann füllte ich meinen Topf und kehrte, ganz stolz auf diese Leistung, zurück, um ihn ans Feuer zu setzen und meine Kameraden bei ihrer Rückkehr mit einer Schale heißen Tees zu überraschen, dessen sie, ermüdet und durchnässt, sicherlich sehr bedürftig waren.

Ungefähr eine Stunde später kamen sie, einer nach dem anderen, trübe gestimmt und von Regen triefend. Sie hatten nirgends einen Zufluchtsort entdecken können.

Nachdem sie, dicht um das Feuer zusammengedrängt, unter dem kleinen Zeltdach Platz genommen, berieten wir, was zunächst zu tun sei.

George und Harry hatten den Mut verloren. Sie verklagten das

Geschick, das sie, statt des raschen Unterganges in den Wellen, den langsamen Qualen des Hungertodes auf einem unwirtbaren Felseneilande überliefert habe. Es sei die Weisheit der Toren, auf einem Punkte des Ozeans, den die Schifffahrt nur fliehend berühre, noch auf Hilfe zu warten.

Alick runzelte düster schweigend die Stirn.

Musgrave sah bleich vor sich nieder und tat sich offenbar Gewalt an, um seine hoffnungslosen Zweifel nicht laut werden zu lassen.

»Mut, meine Freunde!«, sagte ich. »Wer Gott vertraut, hat nicht auf Sand gebaut!«

Dann wendete ich mich an Musgrave und erinnerte ihn an das Versprechen, welches unsere Geschäftsteilhaber in Sydney uns gegeben.

»Ein schlechter Trost!«, antwortete er. »Wenn uns die Freunde dort auch wirklich nicht vergessen, so werden sie uns doch nur auf der Insel Campbell suchen lassen, und zwar erst in drei oder vier Monaten. Wer weiß übrigens, ob sie es überhaupt willens sind? Jedenfalls glauben sie, dass wir die Zinnmine gefunden und Arbeiten zum Beginn der Ausbeutung unternommen haben, und jedenfalls werden sie nicht wünschen, dass andere, unseren Spuren nachgehend, die Mine ebenfalls entdecken und ihnen in Bezug auf die Konzession bei der Staatsregierung zuvorkommen. Ihr kaufmännisches Interesse wird ihnen verbieten, ein Schiff nach uns auszusenden.

»Es mag sein«, erwiderte ich, »dass der Dämon des Eigennutzes auch das Herz besserer Menschen verhärten kann; aber uns preiszugeben wäre ein Verrat, wäre ein Verbrechen. Überdies, ich kenne Sarpy, er ist der Freund meiner Kindheit, und ich bürge für seine Treue. Was seinen Geschäftsteilhaber betrifft, so ist er dein Verwandter, und seine Anhänglichkeit lässt mit Bestimmtheit erwarten, dass er seinem Wort nicht abtrünnig werde. Wenn das nachgesandte Schiff uns nicht auf Campbell findet, nun – so wird es eben hierherkommen, da sein Weg es hier vorüberführt.«

»Wenn dem aber doch nicht so wäre!«, murmelte Musgrave. »Meine arme Frau! Meine armen Kinder! Was soll aus ihnen werden, wenn ich nicht wiederkehre?«

Und im Innersten erschüttert, bedeckte der sonst so starke, so kühne Mann sein Gesicht mit den Händen und brach in lautes Schluchzen aus.

George, Harry, wir alle schwiegen. Dem tiefen Schmerz unseres

Auf meine Knie sinkend, flehte ich zu Gott um Beistand.

Genossen gegenüber schien uns der unsrige erträglicher, und in einem Gefühl, das nicht bloß herzliche Teilnahme, sondern Ehrfurcht vor dem Unglück war, wagten wir kaum einen Laut.

Erst nachdem ich Musgrave Zeit gelassen, sich ein wenig zu fassen, nahm ich wieder das Wort.

»Ein Augenblick der Prüfung«, sagte ich, »darf uns nicht entmutigen. Wir sind Männer und wollen es beweisen. Was mich betrifft, so habe ich Glaube und Vertrauen genug und bin der Meinung, dass wir alles, was in unseren Kräften steht, tun müssen, um uns das Leben und den Mut zu erhalten, bis die Hilfe kommt, an der ich meinesteils nicht zweifle.«

Diese Worte blieben nicht ohne Wirkung. »Ja, wir wollen es versuchen!«, riefen alle, und sofort ward beschlossen, dass ich an Land bleiben solle, um unser Feuer zu überwachen, während die anderen mittels des Bootes an Bord des »Grafton« zurückkehren wollten, um Segel, Tauwerk und Bretter zu holen, und dann ein größeres und bequemeres Zelt aufzuschlagen, als unser jetziges Notdach war.

Meine Kameraden legten augenblicklich Hand ans Werk; auch gelang das Unternehmen trotz des Windes und der Wellen vollkommen. Nachdem sie mit allem notwendigen Material zurückgekehrt, gingen sie in das Gebüsch hinein, um einen zur Errichtung unseres Lagers geeigneten Ort zu suchen.

Dieses Gebüsch ist sehr dicht, fast undurchdringlich, wenigstens am Strande, wo, wie ich schon bemerkt, die Moorschicht am stärksten aufliegt. Es besteht aus einem Gewirr von Sträuchern, Farnkräutern und Gräsern, über denen einzelne Bäume emporragen. Dieselben gehören fast ausschließlich drei Gattungen an. Die bemerkenswerteste ist eine Art Eisenholz *(Metrosideros lanceolata)* mit einem Stamm von 15 bis 20 Zoll[1] Durchmesser. Dieser Stamm zeigt die wunderlichsten Beugungen und Windungen, anscheinend infolge der unaufhörlichen Kämpfe, welche er mit den Stürmen zu bestehen hat. In den ruhigeren Jahreszeiten steigt er in normal senkrechter Weise auf, dann von Neuem gepackt, beugt und krümmt er sich, um sich abermals in einem rechten Winkel aufzurichten, bis er endlich überwältigt seine Krone gegen den Boden kehrt. Zuweilen verschwinden diese Bäume unter einer dichten Hülle von Farnen und Moosen. Dies geschieht auf den ausgesetzteren Stellen[2], wo sie von Anfang an genötigt sind, nach Art des Knieholzes auf der Erde hinzukriechen. Und nicht bloß der eigentliche Stamm, auch die starken Äste teilen dieses Schicksal. Wie sehr sie versuchen emporzudringen, werden sie doch von der Gewalt der Winde niedergezwungen, und vermögen nur in einer horizontalen Richtung fortzuwachsen. Dennoch haben sie ein dichtes Laubwerk, welches gleich einem Baldachin eine ganze Kleinwelt von Sträuchern und Sumpfpflanzen schirmt. Die beiden anderen Baumgattungen sind eine kleine Bergtanne und – man verzeihe den allzu ungenügenden Ausdruck – ein Baum mit weißem Holz und großen grünen Blättern.

---

[1] Alte Maßeinheit, die zur Zeit der Handlung je nach Land und Region meist zwischen 2,5 und 3,3 Zentimeter maß. Aufgrund der Nationalität des Autors kann man wohl von französischen Fuß *(pouce)* ausgehen, also 1 Zoll ca. 2,707 cm. *(Anm. d. Hrsg.)*

[2] Schwer zu passierende Stellen, bei denen eine hohe Unfallgefahr besteht. *(Anm. d. Hrsg.)*

Dann streckten wir uns auf einige Bretter nieder.

Nachdem meine Kameraden das ganze Dickicht durchforscht, wählten sie eine von der Vegetation weniger überwucherte Stelle und machten sie vollends frei. Sie hatten Sorge getragen, aus dem Schiffe zwei Spitzhacken, zwei eiserne Schaufeln, zwei Beile, sowie einen Bohrer und einen Hammer mit herüber zu schaffen. Dies waren unsere ganzen Werkzeuge. Als der Platz freigemacht und geebnet war, schlug man das Zelt auf.

Ich hatte während dieser Zeit zu meinem Amt als Feuerhüter auch das des Kochs gesellt. Ich bereitete das Mittagsmahl, welches allerdings von meiner Seite kein großes Küchentalent erforderte, da es aus weiter nichts als aus einem Stück gesottenen Pökelfleisches, aus etwas Schiffszwieback und Tee bestand.

Nach der Mahlzeit gab mir Musgrave den Arm und führte mich nach unserer neuen Wohnung, wohin auch unser Proviant geschafft ward. Vor dem Eingange loderte ein großes Feuer, welches wir, einer den anderen ablösend, in der Nacht unterhalten sollten. Dann streckten wir uns auf einige Bretter nieder und versuchten, ein wenig zu ruhen.

Es war noch nicht so spät am Abend und die Gegenstände der Umgebung ließen sich noch einigermaßen deutlich erkennen. Meine ermüdeten Kameraden schlummerten bereits. Ich aber starrte schlaflos hinaus ins Dämmergrau, als ein verworrenes, ungewohntes Geräusch meine Aufmerksamkeit erregte. Es waren die Seelöwen. Sie verließen offenbar das Wasser der Bai, um für die Nacht in dem Dickicht ein Lager zu suchen. Mit den Stimmen der Weibchen, die ihre Jungen zusammenriefen, mischte sich von Zeit zu Zeit das tiefe Gebrüll eines Männchens, und es dauerte nicht lange, so erhob sich rings umher ein Rauschen und Schnaufen im Grase, das mit jeder Minute näher herankam.

Plötzlich wurden diese Laute von einem noch stärkeren Geräusch übertönt. Zerbrechende Äste knackten, und dazwischen ließen sich rasch aufeinander folgende Schläge vernehmen, als ob man den feuchten Boden mit Peitschen schlage.

Meine Kameraden fuhren aus dem Schlaf empor. Alick, der zuerst auf den Füßen war, ergriff das Beil. Die anderen stürzten, mit Knütteln bewaffnet, ebenfalls zum Zelt hinaus. Von Neugier verlockt, folgte ich ihnen.

Einige Schritte von unserem Lager kämpften zwei Seelöwen miteinander; aber ohne sich durch unser Erscheinen irgendwie stören zu lassen, setzten sie ihren Zweikampf mit steigender Erbitterung fort.

Jeder von ihnen konnte acht Fuß in der Länge und an den Schultern etwa sechs Fuß im Umfang messen. Von dort an immer schmaler werdend, endete die seltsam walzenförmige, übrigens von dichtem, glänzendglatten Haar bedeckte Gestalt in zwei Flossen, denen zwei sehr entwickelte Vorderflossen entsprachen. Etwa fünfzehn bis sechzehn Zoll lang, waren dieselben auf der Oberfläche mit einem zarten, goldgelben oder braunen Pelz, auf der unteren dagegen mit einer schwarzen, runzligen Haut versehen und mittels eines kurzen Armes in die Schultern eingelenkt. Diese letzteren endlich waren ebenso wie der Hals und der hintere Teil des Kopfes mit einer buschigen, eisengrauen Mähne bedeckt, welche sich während des Kampfes emporsträubte oder auch in grimmer Wut geschüttelt ward.

Hoch aufgerichtet, mit funkelnden Augen und schnaubenden Nüstern standen diese Wildlinge des Meeres einander gegenüber, indem sie den fürchterlichen, mit langem borstenartigen Bart besetzten Rachen aufsperrten und die scharfen Zähne zeigten. Dann aber stürzten sie aufeinander los und verbissen sich derart, dass sie sich große Fetzen Fleisch ausrissen und das Blut in Strömen aus den Wunden hervorschoss. Dabei entwickelten sie eine Kühnheit und eine Kraft, die sie wohl berechtigte, mit dem Könige der afrikanischen Wüsten den gleichen Namen zu teilen.

Nachdem wir eine Zeit lang Zeugen des Schauspiels gewesen, beschlossen wir, dem tobenden Kampfe, der uns jeden Schlaf unmöglich gemacht haben würde, ein Ende zu bereiten. George und Harry schlugen vor, Feuerbrände zu holen und dieselben unter die Kämpfenden zu werfen. Dieses Mittel hatte auch vollständigen Erfolg. Vor dem unbekannten Feinde prallten die Robben mit Gebrüll zurück und flohen, jede nach einer anderen Richtung, in das Dickicht hinein. – Wie es jedoch schien, hatten sie ihre Wut noch immer nicht erschöpft; denn wir hörten bald darauf ihre herausfordernden Stimmen von Neuem, obschon sie jetzt zu weit entfernt waren, um uns zu belästigen.

Die Nacht verging ohne weiteres Ereignis. Dennoch fanden wir auf unserem harten, feuchten Bretterlager nur wenig Schlaf, und wenn wir wirklich eingeschlummert waren, peinigten uns beunruhigende Träume, sodass wir uns am anderen Morgen fieberhafter und ermatteter fühlten, als wir am Abend vorher gewesen.

Inzwischen hatten Wind und Regen aufgehört; die Wolken öffneten sich stellenweise und ließen hier und da den blauen Himmel hervortreten.

Rings um unser Zelt sahen wir Spuren von Seelöwen. Einige derselben waren noch völlig frisch, die Tiere selbst aber in ihr Element zurückgekehrt.

Dennoch verriet, eben als wir unser Zelt wieder aufsuchen wollten, ein leichtes Rascheln in dem nahen Dickicht die Anwesenheit eines Verspäteten, der sich anschickte, ebenfalls den Strand zu gewinnen. Neugierig, das Fleisch dieser Tiere – welches bald unsere einzige Nahrung werden sollte – kennenzulernen, setzten ihm meine Kameraden alsbald mit Beil und Knütteln nach. Allein, in dem unentwirrbaren Netz der uns umgebenden Vegetation hatte das Tier natürlich einen großen Vorteil vor seinen Verfolgern voraus. Während diese sich bei jedem Schritte von dem hohen Grase gehemmt sahen und stets befürchten mussten, in eine der verborgenen Erdspalten zu stürzen, während sie nur mit Mühe über die hie und da am Boden hinkriechenden Wurzeln und Baumstämme hinwegkletterten, wand sich die Robbe leicht und schnell durch das Gestrüpp und kam dem Strande immer näher. Ich hörte die Jäger mehrmals einander fragen, nach welcher Seite hin der Flüchtling verschwunden sei; dann blieben sie wohl eine Weile ruhig stehen, um zu horchen, bis sie auf irgendein neues Anzeichen hin die Fährte wieder auffanden. Dies dauerte beinahe eine halbe Stunde; das Tier lockte seine Verfolger so weit weg, dass weder das Geräusch ihrer Tritte, noch der Klang ihrer Stimmen zu mir drang. Endlich aber vernahm ich wiederholte laute Rufe und sagte mir nun, dass meine Kameraden sich doch des Flüchtlings bemächtigt hatten.

In der Tat sah ich sie bald darauf zurückkommen, indem sie vereint die Last ihrer Beute trugen.

Allein, ganz ohne Schwierigkeit war es auch jetzt nicht abgegangen. Meine Kameraden hatten ihren Rückweg längs des Strandes gewählt, um sich nicht noch einmal durch das Dickicht hindurcharbeiten zu müssen. Dabei aber hatten sie sich genötigt gesehen, bald bis an den Gürtel durchs Wasser zu waten, bald mit ihrer schweren Ladung an Klippen und Felsen emporzuklettern, sodass sie der doppelten Gefahr ausgesetzt waren, entweder von der Strömung mit fortgerissen zu werden, oder in irgendeinen Abgrund zu stürzen. Zum Glück geschah weder das eine noch das andere. Sie kamen wohlbehalten an, aber keuchend unter ihrer Bürde, triefend von Seewasser und bespritzt von dem noch immer rinnenden Blut der Robbe.

Nachdem sie sich in dem klaren Wasser des Bachs gereinigt und am Feuer getrocknet hatten, genossen sie die Mahlzeit, die ich ihnen bereitet. Dann benutzten Musgrave, George und Alick den tiefen Wasserstand, um an Bord des »Grafton« zu gehen und die auf dem Deck niedergelegten Gegenstände zu holen, welche wir nicht hatten mitnehmen können.

Harry und ich beschäftigten uns einstweilen mit der Hauswirtschaft. Wir trugen unseren Proviant, unsere Werkzeuge und was sonst irgend vom Meerwasser oder vom Regen nass geworden, vor allem aber auch die Bretter, auf welchen wir schliefen, hinaus, damit Luft und Sonne sie trockene. Dann zündeten wir in der Mitte des Zeltes ein großes Feuer an, um auch den Boden zu säubern und unsere Wohnung so gesund wie möglich zu machen.

Sechstes Kapitel

Die blauen Fliegen – Unsere Vögel – Erster Robbenbraten – Vorschlag, ein Haus zu bauen – Das gemeinschaftliche Gebet

Es gibt auf den Aucklandinseln eine unglaubliche Menge großer blauer Fliegen. Weniger empfindlich als unsere europäischen Arten, erfüllen sie in jeder Jahreszeit die Luft. Selbst während des Winters pflanzen sie sich fort; ja es scheint, dass sie ihre Eier zumeist bei starkem Regen und kaltem Nebel legen, und da auf den Aucklandinseln Nebel und Regen entschieden vorherrschen, so ist hier recht eigentlich das Reich dieser Insekten. Ein Stück faules Holz, das Mark eines verwesenden Farnkrautes, ein geknickter Halm, ein verwitterndes Blatt genügt ihnen zur Brutstätte. Ganz besonders aber lieben sie die Lagerplätze der Seelöwen, die daher stets von ihnen umschwärmt sind.

Man begreift, dass diese Tiere uns sehr bald zu schwerer Plage wurden, und dass wir alle nur erdenklichen Vorsichtsmaßregeln gegen sie in Anwendung brachten. Massenweise waren sie in unser Zelt eingedrungen. Sobald Harry irgendeinen Gegenstand aufhob, um ihn von der Stelle zu rücken oder hinauszutragen, flogen ganze Wolken auf, und es gab an den inneren Zeltwänden kaum eine Stelle, die sie nicht bedeckten.

Erst nachdem ein größeres Feuer angezündet war, verließen sie unter betäubendem Gesumm die raucherfüllte Behausung.

»Wer weiß, wozu es gut ist!«, sagt ein altes Volkswort. In der Tat lockten eben diese Fliegen, die uns so lästig waren, einige höchst anmutige Vögel herbei, die uns bald durch ihre bloße Nähe, noch mehr aber durch ihren zarten Gesang erfreuten. Da sie niemals scheu gemacht worden, so umflatterten sie uns und setzten sich vertraulich vor uns auf die Zweige des Gesträuches.

Das erste Vögelchen, welches uns besuchte, war eine Art Rotkehlchen mit grauer Brust und einem roten Flecken in der Mitte derselben. Es hatte eine helle, silberreine, aber nicht sehr laute Stimme. Bald versammelten sich mehrere seinesgleichen am Eingange oder an den Seiten des Zeltes, indem sie die kleinen schwarzen Augen neugierig-klug auf uns hefteten und mit der reizendsten Bewegung des Köpfchens jede unserer Gebärden verfolgten. Sie fraßen sehr gern Fliegen, die sie selbst erjagten, aber auch zwischen unseren

Fingern herausnahmen, wenn wir sie ihnen hinhielten, oder von unseren Kleidern pickten, wenn wir uns ganz ruhig verhielten.

Wir hatten in dem Gebüsch auch kleine grüne Papageien mit roten Köpfen zu Nachbarn, deren Anwesenheit uns bei dem kalten, feuchten Klima der Insel in nicht geringe Verwunderung setzte. Denn gewöhnlich halten sich diese Vögel nur unter den Wendekreisen oder in den angrenzenden subtropischen Erdstrichen auf. Die Unsrigen schienen sich jedoch sehr wohl und völlig heimisch zu fühlen. Ich halte es nicht für unmöglich, dass irgendwann einmal ein von Norden wehender Orkan mehrere derselben von Neuseeland herüber verschlagen hat. Hier aber, wo es weder an immergrünenden Gesträuchen, noch an Körnerfrüchten fehlt, konnten sie sich sehr leicht akklimatisieren.

Die am häufigsten vorkommende und gleichzeitig interessanteste Gattung dieser Insel ist ein Vogel von braungrüner, unten hellgelblicher Farbe, der, ebenso wie das Rotkehlchen, Insekten und ganz besonders gern Fliegen frisst. Er hat beinahe die Größe des Kanarienvogels und ist, wie dieser, stets heiter und lebendig. Mag das Wetter mild, mag es rau sein, gleichviel: Immer singt er aus voller Kehle. Wenn wir durch das Dickicht gingen, umschwirrten uns stets eine Menge dieser Vögel, und ihr vereinter Gesang bildete ein wahres Konzert. Ihr Gefieder blähend und sich einander zuwendend, wie um sich gegenseitig anzuspornen, ließen sie ihre kräftigen melodischen Töne um die Wette erschallen. Zuweilen machte ich es mir zum Vergnügen, ihnen selbst etwas vorzupfeifen. Dann sangen sie sofort alle auf einmal, und man konnte sich in eine Art Vogelkapelle versetzt glauben.

Ebenso sahen wir zuweilen, obschon seltener, einen schwarzen Vogel von der Größe einer Drossel. Seine langen Halsfedern bilden einen Kragen wie den des Hahns und glänzen in metallischem Schimmer. Sein merkwürdigster Schmuck aber besteht in zwei weißen, leichten Federn, welche vorn über die Brust herabfliegen und fast aussehen wie die sogenannten »Beschen[1]« der protestantischen und anglikanischen Geistlichen.

Aber gegen all diese harmlosen, graziösen Tiere führt der Falke der Aucklands einen unaufhörlichen Vertilgungskrieg. Wie oft sahen wir den Räuber einzeln oder paarweise auf den abgestorbenen Stäm-

[1] Ein kleiner Besen. *(Anm. d. Hrsg.)*

Ich zündete ein großes Feuer darunter an und wendete den Braten.

men des Strandes sitzen! Unbeweglich, stumm, den Kopf zwischen die Schultern zurückgezogen, durchmaßen sie mit dem großen starren Auge den Raum, bis sie plötzlich herabstießen oder sich stolz kreisend in die Luft erhoben.

Als es mithilfe des Rauches gelungen war, das Zelt für eine Weile von den eingedrungenen Fliegenschwärmen zu säubern, beschäftigten wir uns mit der von den Kameraden erlegten Robbe. Es war ein etwa ein Jahr altes, etwa zwei Zentner schweres Weibchen. Die Haut, welche Musgrave geholt hatte, war mit einem glatten, braunfarbigen, aber fast silberspiegelnden Haar bedeckt. Harry löste ein Tauende auseinander und hing mittels der auf diese Weise gewonnenen Schnur ein Viertel des Tieres an einem Baumaste auf; ich zündete ein großes Feuer darunter an und wendete das Prachtstück, indem ich es von Zeit zu Zeit mit einem Stäbchen berührte, um mich zu vergewissern, dass es regelrecht, das heißt von allen Seiten durchbriet.

Gegen Mittag kehrten unsere Kameraden ins Lager zurück und brachten den Kompass des Schiffes mit, welchen Musgrave auseinandergenommen, ferner einige Segel, einiges Küchen- und Tischgeschirr, eine große eiserne Pfanne und unsere Koffer. Auch hatten sie sämtliche leere Fässer ans Land befördert, sie jedoch an einer gesicherten, von der Flut nicht erreichbaren Stelle des Strandes zurückgelassen.

Einige Augenblicke später saßen wir auf unseren Brettern vor dem Eingang des Zeltes und prüften unseren Seelöwenbraten. Es war ein schwarzes, zähes, traniges Fleisch, welches den Geruchsinn ebenso wenig ansprach wie den Geschmack: ein armseliger, widriger Schmaus. Dennoch hatten wir uns daran zu gewöhnen; denn wenn bereits das Fleisch des jungen Tieres uns widerstand, was sollte werden, falls wir genötigt waren, das der alten zu essen? Und es war mehr als wahrscheinlich, dass wir nicht immer in der Lage sein würden, unser Wild zu wählen.

Nachdem wir unseren Hunger notdürftig gestillt, öffneten wir die Koffer, um die darin enthaltenen Gegenstände herauszunehmen und zu trocknen.

Zum Glück war das Pulver, welches sich in dem meinigen befand, nicht nass geworden. Es war in Blechbüchsen verpackt, die jede ein Pfund fassten und vollkommen schlossen. Musgraves Chronometer, geschützt durch ein ausgepolstertes Gehäuse, war ebenfalls unversehrt und trotz der vielfachen Stöße nicht einmal stehen geblieben. Die kleine physikalische Apparatur bestand aus unseren Sextanten, einem metallenen Barometer und einem Fahrenheitschen Thermometer. Alles Übrige, die Seekarten, die wenigen Bücher, die wir mitgenommen, und unsere Kleider – mit denen wir uns noch ungenügender versorgt hatten – alles war durchnässt.

Auf meiner Flinte lag der Rost, und während ich versuchte, sie zu reinigen, hingen und breiteten meine Kameraden die Kleider über den Ästen der Bäume auf, unter denen sie alsbald mehrere große Feuer anzündeten.

Gegen Abend ward alles wieder im Zelt geborgen, sodass wir, in trockene Decken gehüllt, jetzt eine behaglichere Ruhe genießen konnten.

Da indessen während der Nacht der Regen wieder begonnen hatte, so empfanden wir sehr bald die Unzulänglichkeit unseres Leinwandobdaches und beschlossen, uns mit Tagesanbruch eine bessere Wohnung, eine kleine hölzerne Hütte zu bauen.

Obschon noch immer schwach, fühlte ich doch die allmähliche Wiederkehr der Kräfte und folgte meinen Kameraden bis an die Mündung des kleinen Baches, der an dem Zelte vorbei floss. Er ergoss sich in die Bai, dem Wrack unseres Schiffes fast gerade gegenüber. Dicht daneben befand sich ein kleiner, mit Geröll und Felstrümmern bedeckter Platz. Wir suchten ihn einigermaßen frei zu machen, sodass wir unser Boot ans Land ziehen und dem Bereiche der Flut und der Wellen entrücken konnten. Unweit desselben befand sich ein etwa dreißig Fuß hoher Hügel, der, ebenso wie der übrige Strand, mit dichter Vegetation bedeckt war. Da wir uns von unserem Schiffe so wenig wie möglich zu entfernen wünschten, so erschien dieser Platz besonders geeignet, umso mehr als seine verhältnismäßig hohe Lage uns gestattete, uns vor Feuchtigkeit zu schützen. Wir beschlossen daher, hier unser Obdach zu errichten.

Drei Tage lang waren Musgrave, George und Alick beschäftigt, Bäume zu fällen, in Stücke zu schneiden und an einem der Abhänge in Haufen zu schichten. Harry besorgte nach wie vor die Küche und half von Zeit zu Zeit unseren Kameraden. Was mich betraf, so besserte ich, da ich noch zu keiner anstrengenderen Arbeit fähig war, unsere zerrissenen Kleider aus.

Als ein hinreichend großer Platz frei geworden war, verwendete man einen Tag auf dessen Einebnung, und nun hätte der eigentliche Bau beginnen können. Da aber die Bäume der Insel nur verkrümmtes, für unsere Zwecke wenig taugliches Holz lieferten, so mussten die weiter erforderlichen Baumaterialien dem Wrack des »Grafton« entnommen werden. Meine Kameraden lösten daher die Rahen und die leichteren Stangen ab, welche wir für das Gerüst unseres Gebäudes bestimmten.

Während dieser Tage war fast ununterbrochen schlechtes Wetter. Wir hatten einen Sturm von einer Wildheit, welche uns die ganzen Schrecken unseres Schiffbruchs von Neuem nachempfinden ließ. Als endlich Regen und Wind aufhörten, blieb der Himmel doch mit schwarzen Wolken bedeckt, sodass uns auch um die Mittagsstunde nur eine graue, melancholische Dämmerung umhüllte. Und doch standen wir jetzt in der Mitte des Sommers!

Ich schlage mein Journal auf und lese darin die folgenden Notizen:

Heute, Sonntag, hat eine von Westen kommende leichte Brise die Wolken verjagt. Man sieht endlich den Himmel, sein reines Blau leuchtet über unseren Häuptern. Die Natur um uns her, die während des Orkans nur das Bild der rauesten Öde gab, erhebt sich gleichsam in heiterer, lächelnder Verklärung. Dürfen wir dies als eine glückliche Vorbedeutung, als eine Verheißung der Erlösung betrachten?

Oder will der ewige Herr des Himmels und der Erde uns durch diese sanfte Ansprache daran erinnern, dass wir seiner vergessen haben?

Wir gehören verschiedenen Religionsbekenntnissen an, aber wir bekennen in gleicher Demut ihn, den Unendlichen und Allmächtigen, in dem wir alle leben, weben und sind.

Musgrave besaß eine Bibel. Er hatte sie im Koffer gefunden: Dank der frommen Sorge seiner Frau, welche sie, ohne ihm davon zu sagen, vor seiner Abreise von Sydney dort sicher geborgen hatte. Wir waren in ihn gedrungen, uns vor dem Zelte einen Abschnitt aus dem neuen Testamente vorzulesen, und im Kreise um ihn herumstehend, hatten wir ihm mit tiefer Andacht zugehört.

Wie tröstlich und doch wie ergreifend klangen uns die Worte: »Kommet her zu mir alle, die ihr mühselig und beladen seid: Ich will euch erquicken!« Wie traten uns bei der Mahnung, »Liebet euch untereinander!«, die Tränen in die Augen!

Wir alle kannten diese Stellen seit Langem: Wir hatten sie in den Tagen der Kindheit und Jugend, wir hatten sie als Männer gehört und gelesen, niemals aber hatten wir die Tiefe ihrer Wahrheit und die Fülle ihres Segens so mächtig empfunden wie jetzt. Ja, es war uns, als seien jene Worte unmittelbar zu uns und für uns gesprochen.

Nachdem Musgrave geendet, knieten wir nieder, und einer von uns sprach laut ein kurzes, inniges Gebet.

Siebentes Kapitel

Erbauung des Zimmerwerks und des Rauchfangs der Hütte – Besuch auf der westlichen Küste und auf der Monumentinsel

Die zu dem Hausbau notwendigen Materialien besaßen wir jetzt, und es handelte sich nun darum, sie aufs zweckmäßigste zu verwerten. Da ich in dieser Beziehung nicht ohne Erfahrung war, vermochte ich einige Dienste zu leisten. Während der letzten Jahre meines Aufenthalts in Australien pflegte ich, sobald ich längere Zeit an einem Orte verweilen wollte, das vorerst aufgeschlagene Zelt sehr bald durch eine festere Wohnung zu ersetzen. Ich errichtete dann eine Hütte von Baumstämmen, deren Rinde ich zum Decken des Daches verwendete, und fügte meist noch einen von Kieseln und Tonerde erbauten Schornstein hinzu.

Solange ich noch zu schwach war, selbst mit Hand anzulegen, sah ich mich darauf beschränkt, meinen Kameraden, welche in dieser Art von Arbeit Neulinge waren, mit Rat und Weisung zur Seite zu gehen. Nach Verlauf einiger Tage jedoch konnte auch ich mich an dem gemeinsamen Werke beteiligen. Ich war gleichzeitig Architekt und Maurer. Ehe eine Woche um war, hatten wir das Gerüst unseres kleinen Hauses in folgender Weise errichtet:

Man denke sich ein Rechteck von einundzwanzig Fuß Länge und fünfzehn Fuß Breite. An den vier Ecken desselben wurden vier starke, aus dem Mastbaum geschnittene Pfähle etwa anderthalb Ellen[1] tief in den Boden getrieben und noch durch besondere Vorrichtungen befestigt. Jeder dieser Pfeiler ragte etwas über sechs Fuß empor und hatte an seinem oberen Ende zwei Einschnitte. Denn hier mussten die (aus den Segelstangen gefertigten) Querbalken eingefügt werden, wiewohl wir dieselben auch noch zusätzlich mit Tauen verschnürten.

In der Mitte der beiden schmaleren Seiten des Vierecks, einander gegenüber, hatten wir ferner zwei stärkere und höhere Pfähle gleichsam als Giebelbäume aufgepflanzt. Hierzu hatten wir die größte Rah der Goélette verwendet, indem wir sie in zwei gleich lange Stücke geschnitten. Beide Säulen überragten die Höhe der Querbalken um etwas mehr als sechs Fuß und trugen eine waagerecht über sie hingelegte Stange, welche somit den First des Daches bildete.

Von ihm gingen, paarweise aufgelegt und mit einem Tauende zusammengebunden, achtundzwanzig Sparren – auf jeder Seite vierzehn – in schräger Richtung auf die Querbalken der beiden Langseiten herab, wo sie mit dem anderen Ende ebenfalls befestigt wurden. Nägel hatten wir nicht; das Strick- und Seilwerk der Goélette vertrat die Stelle derselben.

[1] Alte Maßeinheit, die zur Zeit der Handlung je nach Land und Region unterschiedliche Längen maß. Aufgrund der Nationalität des Autors kann man wohl von Pariser Ellen *(aune usuelle)* ausgehen, also 1 Elle ca. 1,2 m. *(Anm. d. Hrsg.)*

Die Dachsparren lieferte uns ein Wäldchen der kleinen, früher erwähnten Bergtanne. Da wir jedoch darauf achten mussten, möglichst gerades Holz zu erhalten, so hatten wir hier, wo aller Baumwuchs sich unter dem Druck der Stürme krümmte, viele Zeit auf das Suchen zu verwenden.

Ich fahre in der Beschreibung unseres Hauses fort. In der Mitte der landeinwärts gekehrten Front desselben hatten wir zwei starke Pfosten aufgerichtet, welche, während sie zugleich das Dach tragen halfen, den Rahmen der Tür darstellten. Wir brachten den Eingang absichtlich auf dieser Seite an, da wir dadurch mehr vor dem Seewinde geschützt waren. Doch wurden auf der anderen, dem Strande zugewandten Seite zwei ähnliche Pfosten aufgestellt. Denn hier sollte der Schornstein seine Stelle haben, dessen Bau uns innerhalb der ganzen folgenden Woche beschäftigte.

Ich gestehe, dass das Werk nur langsam vonstatten ging, aber welche Hindernisse hatten wir zu überwinden! Abgesehen von dem ungünstigen Wetter, welches unsere Tätigkeit vielfach hemmte, und abgesehen von der Mangelhaftigkeit unserer Mittel und Werkzeuge, drängte uns auch die Not, neue Jagd auf die Seelöwen zu machen, die nun einmal unsere Hauptnahrung bilden mussten, wenn wir nicht den geringen Proviantvorrat, den wir besaßen, in wenigen Wochen erschöpfen wollten. Zu all dem kam endlich noch eine Menge häuslicher, immerhin zeitraubender Geschäfte: das Sammeln von Reisig, die Unterhaltung des Feuers, die Reinigung der Hütte usw.

Der Bau des Schornsteins war übrigens keine einfache Aufgabe. An der Stelle, die der Herd einnehmen sollte, mussten wir ein tiefes Loch graben und mit Kieseln ausfüllen, um das Anbrennen des Bodens zu verhüten. Die Außenwände des Schlots wurden durch senkrecht eingetriebene Pfähle und mit ihnen verbundene Querhölzer hergestellt. Was das Innere betraf, so konnten wir dazu selbstverständlich kein Holz, sondern nur Stein und Lehm verwenden. Wir wählten deshalb unter den am Strande aufgehäuften Felstrümmern die flachsten aus, und nachdem wir sie nicht ohne Mühe auf die Anhöhe geschafft, bauten wir damit sowohl den Herd, als auch die Innenwände und den Boden.

Inzwischen fehlte uns der unentbehrliche Kalk. Nirgends auch war Lehm- oder Tonerde aufzufinden. Es galt daher, auf ein anderes Bindemittel Bedacht zu nehmen, und glücklicherweise bot uns auch für dieses Bedürfnis der Strand mit seinen zahlreichen Muscheln eine

Bis an den Gürtel im Wasser stehend, hatten sie die Kupferbedeckung des Schiffes abgelöst.

Hilfe. Wir sammelten die zum Teil sehr schön geformten Schalen in Säcken, in welchen sich früher Salz befunden, und nachdem wir sie während der Nacht gebrannt, gewannen wir ein kleines Häuflein Kalk, der, mit feinem Sande vermischt, einen ganz vortrefflichen Mörtel lieferte. Nun hinderte mich nichts mehr, meine Probe als Maurer zu tun. Sie gelang leidlich, nur dass meine Hand, obschon ich mich eines Brettchens als Kelle bedient, bis in die Fingerspitzen hinauf wund war. Der Kalk hatte mir die Haut hinweggeätzt.

Das gab heftige Schmerzen, und Musgraves komische Bewunderung meiner vermeintlichen Kunstfertigkeit konnte mich zwar auf Augenblicke erheitern, aber doch nicht vergessen lassen, dass möglicherweise eine gefährliche Entzündung mich von Neuem lähmen werde. Inzwischen tat ich das Meinige, es dahin nicht kommen zu lassen. Wiederholte Waschungen mit reinem Wasser und Einreibungen mit Robbentran heilten die Brandwunden sehr bald.

Nun handelte es sich darum, das Rohr des Kamines herzustellen. Vier Stangen von zwölf Fuß Länge wurden auf die Mauern aufgesetzt, senkrecht, aber leicht gegeneinander geneigt, sodass sie eine Art abgestumpfter Pyramide bildeten. Eine Anzahl Querhölzer diente, gleich den Sprossen einer Leiter, zur weiteren Verbindung und Befestigung derselben. Über das ganze Gerüst endlich ward innen und außen eine von Kupferplatten gefertigte Doppelwand aufgenagelt.

Das Metall aber hatten unsere beiden Matrosen Alick und George unter allerhand Mühen und Gefahren von der Bekleidung des »Grafton« abgelöst. Durch einige sehr tiefe Ebben begünstigt – es war die Zeit des Vollmonds[1] – hatten sie das Wrack erreicht und, bis an den Gürtel im Wasser stehend, die Kupferhaut losgerissen, die den Bauch des Schiffes bedeckte. Sie bedienten sich zu diesem Zwecke einer eisernen Zange, die ich aus einem Beschlag des Besanmastes herstellte, indem ich das Ende flach schlug, ein wenig spaltete und krumm bog. Während nun der eine mit der Zange die Platten emporhob, sammelte der andere sorgfältig die darin steckenden kleinen Bolzen und Nägel[2]. Denn diese mussten uns dazu dienen, die Kupferplatten auf dem Zimmerwerk zu befestigen.

Obschon die Wiederkehr der Flut George und Alick hinderte, länger als zwei Stunden zu arbeiten, so hatten sie doch während dreier Ebben so viel Metall abgelöst, dass wir unsere Schlotröhren fertig machen konnten.

Sonntag, 17. Januar. Der Wind kommt aus Norden, der Himmel ist mit schwerem Gewölk bedeckt, das Barometer fällt.

Während der vergangenen Tage war die Temperatur mild gewesen; wir haben aber dieses kurze Erscheinen des Sommers teuer bezahlen müssen. Die Hitze hat unzählbare Schwärme kleiner Fliegen ausgebrütet, die uns bis auf die Anhöhe verfolgen.

Der Stich dieser Insekten ist fast ebenso schmerzhaft wie der

[1] Die Flut steigt am höchsten und die Ebbe sinkt am tiefsten zur Zeit des Neumonds und des Vollmonds, wenn Sonne und Mond, einander gegenüberstehend, ihre anziehenden Kräfte vereinigt auf die zwischen ihnen befindliche Erde wirken lassen.

[2] Der Kupferbeschlag der Schiffe, seit 1788 allgemein eingeführt, schützt dieselben insbesondere vor den Zerstörungen des berüchtigten Bohrwurmes *(Teredo navalis)*, der das Holz nach allen Richtungen hin durchlöchert und zerwühlt. (Daher von Linné *Calamitas navium* genannt.) Die Platten sind natürlich verhältnismäßig dünn und werden nicht durch eiserne, sondern durch kupferne Bolzen und Nägel festgehalten.

der Moskitos, und Gesicht und Hände schwellen von der ätzenden Schärfe desselben bis zur Unförmlichkeit an.

Selbst die Kleider gewähren keinen Schutz gegen ihre Angriffe, denn sie kriechen allenthalben hinein. Haben sie sich einmal auf die Haut gesetzt, so lassen sie sich durch nichts vertreiben. Du magst die Arme bewegen, wie du willst, oder mit der ganzen Kraft der Lunge auf den schwarzen Blutsauger blasen, umsonst! Sie lassen sich nicht stören; höchstens ducken sie sich, drücken die Flügel an und fahren fort, zu stechen und zu schwelgen. So blieb eben nichts, als sie sofort an Ort und Stelle zu zerquetschen, und wir brachten einen guten Teil unserer Zeit mit diesem Verteidigungskriege zu. Ja, oft war das Jucken und Brennen so unerträglich, dass wir verzweifelt Arbeit und Werkzeug von uns warfen, um uns vor den Legionen dieser Peiniger durch ein Bad kurze Sicherheit zu verschaffen.

Der Strand war ihr eigentliches Reich, denn hier legten sie ihre Eier in ungeheurer Menge auf den von den Wellen ausgeworfenen, in der Sonne vermodernden Tang. Wenn wir bei diesen Pflanzen stehen blieben oder sie im Vorübergehen mit dem Fuße streiften, so stiegen ganze Wolken von Fliegen daraus empor und zwangen uns zu augenblicklicher Flucht.

Montag, 18. Wir alle sind im Dickicht beschäftigt gewesen, um für die Wände unseres Hauses möglichst gerade Holzstücke auszuschneiden und auf den Hügel zu schaffen. Da dieselben nicht so lang zu sein brauchten wie die Sparren des Daches, so kostete es uns etwas weniger Mühe, sie zu finden.

Dienstag, 19. Der Himmel ist noch immer bedeckt, aber weniger drohend. Im Gegenteil steigt das Barometer, und eine leichte, von Osten kommende Brise verlockt uns, auf den Gewässern der Bai einen Ausflug zu machen und den westlichen Arm derselben zu besuchen.

Nach dem Morgenimbiss rüsten wir unser Boot mit Mast, Segel und Ruder. Unsere Knüttel und meine Flinte werden hineingelegt. Jeder nimmt sein großes Messer, und mit Senkblei, Kompass und einem kleinen Notizbuch zur Aufzeichnung unserer Beobachtungen versehen, schiffen wir uns ein.

Der Halbinsel Musgrave gegenüber, am Eingange der westlichen Bai, liegt eine Insel oder vielmehr ein riesiger Felsen, dessen Gipfel mit dichter Vegetation bedeckt ist. Er hat die Form eines Keils und wendet die breiteste Seite der Bai zu. Wir haben dieser Insel den

Namen der »maskierten« gegeben, weil sie vom Lande nur durch eine schmale Durchfahrt und mehrere Riffketten getrennt ist, welche fast bis an den Wasserspiegel heranreichen und bei tiefer Ebbe gänzlich bloßliegen, sodass dann hier in der Tat die Verbindung mit der Hauptinsel eine ziemlich vollständige ist. Dies gilt jedoch nur von dem nördlichen Eingange der Durchfahrt. Denn am entgegengesetzten Ende derselben hat das Meer eine Tiefe von zwanzig Meter. Im Ganzen ist die Bucht geborgen genug und nur dem Südwinde offen, der freilich mit großer Heftigkeit hereinbläst. Bei jedem anderen Winde aber kann ein Schiff hier Schutz finden. Der Grund besteht aus Sand und mit Schlamm gemischten Muscheltrümmern, sodass der Anker tief und sicher eingreift.

Unsere Magnetnadel zeigte hier übrigens eine bedeutende Abweichung, augenscheinlich in Folge der Einwirkung mächtiger eisenhaltiger Kieselkonglomerate, die wir auf der kleinen Insel und auf der benachbarten Küste bemerkten.

Nachdem wir die betreffenden Beobachtungen im Tagebuch verzeichnet, setzten wir die Fahrt weiter westwärts fort.

Die Wasserfläche, welche dieser Richtung folgt, ist je nach den Krümmungen des Strandes ein bis zwei Meilen breit und ungefähr fünf Meilen lang. Überall stießen wir auf zahlreiche Trupps von Robben, ohne dass wir Jagd auf sie gemacht hätten. Denn inzwischen fesselte ein Bild von wildromantischer, ja majestätischer Schönheit unsere Blicke.

Man denke sich ein gigantisches Felsentor, eine Felsengasse: rechts und links die schroffen schwarzen Wände acht- bis zwölfhundert Fuß emporstarrend und zwischen ihnen das Meer zur Enge eines Stromes zusammengezwängt. Allenthalben hatte die Brandung Grotten und Schlünde in das Gestein gewühlt, und allenthalben zurückgeworfen, brach sich der Schwall der Wasser mit einem Getöse, das im donnernden Widerhall jedes Ohr betäubte. Diese schmale Meerespforte war offenbar nichts anderes, als eine ungeheure Felsenspalte, ein Werk derselben vulkanischen Gewalten, welche einst die Gruppe der Aucklandinseln vom Boden des Ozeans emporhoben und die Insel Adam von der Hauptinsel losrissen. Aber der von Westen hereinströmenden Flut sperrt plötzlich noch eine dritte Mauer den Weg. Denn am Ende des Kanals ragt eine mächtige, inselartige Klippe auf, um ihn abermals in zwei noch engere, höchst gefährliche Pässe zu teilen. Der nördlich hinziehende ist fast seicht zu nennen,

Die Monumentinsel.

während dagegen in dem ungefähr hundert Meter breiten Südkanal das Wasser eine sehr bedeutende Tiefe hat. Doch ist die Strömung hier so rasch und gewaltig, dass ein Segelschiff nicht gegen sie anzukämpfen vermag. Nur ein Dampfschiff könnte die Durchfahrt mit einiger Aussicht auf Erfolg versuchen[1].

Wir gaben der zuletzt erwähnten Felsenmasse wegen ihrer merkwürdigen Form den Namen der »Monumentinsel«. Am Fuße fast quadratisch, steigt sie pyramidenartig an und wird von einem ebenfalls viereckigen kolossalen Block gekrönt, als hätten Zyklopen und Riesen den fabelhaften Bau getürmt.

[1] Die Kolonialdampfkorvette »Victoria« ist das einzige Schiff, welches bis jetzt diesen Kanal passiert hat. Es lief dabei große Gefahr und verdankte seine Rettung allein der Kraft seiner Maschine. Nur sehr langsam und mit Aufbietung aller Kraft gelang es ihm, die reißende Strömung zu überwinden.

Die Seelöwen sind hier außerordentlich zahlreich. Sobald sie das Boot gewahrten, eilten sie uns entgegen, und in einem Augenblick war unser Fahrzeug von ihnen umringt. Sie waren diesmal viel dreister als am Tage unserer Ankunft im Hafen von Carnley. Die größeren versuchten, das Ende unserer Ruder, deren wir uns gegen ihr Andringen bedienen mussten, mit den Zähnen zu packen. Ja, eines dieser Tiere sprang aus dem Wasser auf uns los und schlug seine Fangzähne mit solcher Gewalt in den Bug des Bootes, dass es beinahe umgeworfen ward. Durch einen kräftig geführten Hieb mit der Ruderstange befreite Alick uns von dem wütenden Feinde, der dann laut brüllend in den Fluten verschwand, während die Spuren seines Gebisses noch wochenlang am Rande des Bootes sichtbar blieben. Einige weitere, rechts und links geführte Ruderschläge hielten jetzt auch die übrigen Tiere von uns fern.

Da wir am Strande eine günstige Furt fanden, so stiegen wir aus und schickten uns an, unsere Mahlzeit einzunehmen.

Nicht weit von uns, auf einer langen, nur wenig über das Wasser hervorragenden Felsenspitze, verfolgte ein mächtiger Seelöwe, auf seine Vorderflossen gestützt, den Kopf emporgerichtet, alle unsere Bewegungen mit aufmerksamem, aber ruhigem Blick. Seine Haltung, wiewohl fast der eines sitzenden Hundes gleichend, hatte doch etwas Imposantes. Seine nach vorn emporgesträubte Mähne zeigte die Spuren eines eben stattgefundenen Kampfes.

Als wir mit unserem Mahle fertig waren, bestiegen wir eine kleine Anhöhe dicht neben dem Eingang des Engpasses, um die großartige Szene in ihrem ganzen Umfange zu überschauen.

Beim Hinabsteigen erlegten wir zwei Seelöwen, die neben einem Baumstamme eingeschlafen waren. Sie waren noch sehr jung, denn keiner derselben wog mehr als etwa achtzig Pfund. Wir nahmen sie in unserem Boot mit fort. Als wir sie am nächsten Tage zubereiteten, fanden wir, dass ihr Fleisch weit besser schmeckte, als das der anderen jungen Tiere, welche nicht mehr gesäugt werden, sondern schon angefangen haben, sich von Fischen zu nähren.

Des Segels konnten wir uns auf der Rückfahrt nicht bedienen, da der Wind uns jetzt entgegenkam, und wir mussten daher die ganze Strecke von fast neun Meilen zurückrudern. Erst am Abend langten wir tief ermüdet in unserem Lager an.

Achtes Kapitel

Vollendung unseres Hauses – Ein Versuch, Seife zu machen – Von der Höhe des Berges – Errichtung eines Signals – Die Seeraben

Am nächstfolgenden Tage begaben wir uns wieder an den Bau unseres Hauses.

Die Pfähle, welche wir in dem Walde abgeschnitten, wurden auf den vier Seiten des kleinen Gebäudes, in Zwischenräumen von etwa fünf Viertelzoll, in die Erde getrieben und oben an den Querbalken des Zimmerwerkes befestigt. Dann durchflochten wir die ganze Fläche dieser Palisadenwand mit starken Ruten und verfuhren genau in derselben Weise mit den Sparren des Daches, sodass es nur noch darauf ankam, die Lücken und Fugen mit Stroh oder etwas Ähnlichem zu verstopfen.

Zu diesem Zwecke diente uns eine lange starke Grasart, welche in dichten Büscheln an feuchten Stellen des Strandes und in den Spalten der Klippen wächst. Wir allesamt gingen, mit Stricken versehen, am Morgen aus, um so viel wie möglich davon einzusammeln, und im Laufe des Tages brachte jeder von uns drei bis vier gewaltige Bündel nach Hause. Nur dass diese Arbeit, welche dem Leser vielleicht wie ein idyllisch-ländliches Vergnügen erscheinen möchte, gleichwohl in Wirklichkeit eine der mühevollsten war.

Denn unter den frischgrünen Gräsern standen allenthalben verdorrte Halme mit den schärfsten, schneidigsten Rändern. Nun aber mussten auch sie mit voller Hand gefasst und umso fester gehalten werden, als unsere Messer nur schwer die zähen Fasern zu durchschneiden vermochten. Wir schnitten nicht, sondern wir sägten gleichsam Büschel um Büschel ab. Was Wunder, dass abends bei der Rückkehr unsere Hände mit Rissen überdeckt und förmlich zerfetzt waren, und dass diese kleinen Wunden, denen wir keine Zeit ließen, sich zu schließen, uns die brennendsten Schmerzen verursachten!

Als wir endlich eine genügende Menge Gras beisammen hatten, brachten wir mehrere Tage damit zu, sie mit Fäden zu Bündeln etwa von der Stärke eines Armes zusammenzuschnüren. Sobald ein solches Gebinde fertig war, legte ich es auf einen Block und hieb mit einem Beile die allzu weit hervorragenden Halme ab, und nun war es sozusagen baugerecht.

Wir brauchten zum Ausfüllen der Wände und des Daches nicht weniger als neuntausend Stück dieser kleinen Garben. Die Verwendung derselben geschah auf folgende Weise.

Mit dem untersten Teile des Zimmerwerkes anfangend, banden wir sie in lückenloser Reihe nebeneinander an die Ruten. Als diese Reihe fertig war, legten wir die zweite auf, sodass sie die erste zum Teil überdeckte, dann über die zweite die dritte und so fort bis zum Giebel des Daches. Die Garben hatten ungefähr eine Länge von einem Meter und bildeten eine Verkleidung von reichlich einem Fuß Dicke.

Um unsere Wände gegen die Gewalt des Windes zu schützen, brachten wir außen mehrere zaunartige Einfassungen von starken Ruten an und verfestigten sie an dem inneren Geflecht durch Schnüre, die wir mittels einer hölzernen Nadel von der Größe einer Säbelklinge durch das Stroh hindurchzogen. Oben an unseren Wänden hatten wir drei kleine Öffnungen frei gelassen. In diese passten wir die unversehrt gebliebenen Glasscheiben aus der Kajüte des »Grafton« ein. Sie stellten unsere Fenster dar.

Mittlerweile nötigten uns die durch das scharfe Gras aufs neue verwundeten Hände, die missliche Arbeit für einige Tage ruhen zu lassen.

Wir nutzten diese Zeit zur Ausbesserung unserer Kleider, welche einer solchen in hohem Grade bedurften. Wir konnten uns nie im Dickicht bewegen, ohne hier und da hängen zu bleiben, und überdies gestattete schon ein so blutiges Handwerk, wie die Jagd und das Zerlegen der Robben, nicht die genügende Sauberhaltung. Allerdings hatte jeder von uns sich noch ein Kostüm aus Segelleinwand gefertigt, das wir, sobald wir als Jäger oder Fleischer fungierten, über unsere anderen Kleider zogen; dennoch vermochten wir nicht, uns auf diese Weise vollständig zu schützen, und ebenso wenig genügte das Wasser des Baches, die mit jedem Tage vermehrten Spuren unserer traurigen Beschäftigung zu beseitigen. Wir mussten somit befürchten, bald genug in unseren eigenen Augen ein Gegenstand des Ekels und des Widerwillens zu werden.

Ich kam deshalb auf den Gedanken, einen Versuch zur Bereitung von Seife zu machen. Als ich aber meinen Kameraden davon erzählte, hörten sie mir mit spöttischer Verwunderung zu. Sie begriffen nicht, wie ich mir anders als durch Zauberei die unumgänglich notwendigen Hilfsmittel verschaffen wollte. Ich schwieg und behielt mir vor, sie durch die Ergebnisse des Experiments, welches ich mit dem nächsten Morgen anzustellen beschloss, zu überzeugen.

Es war Abend. Nachdem ich die Notizen über den heutigen Tag eingetragen, streckte ich mich neben den Genossen auf das harte Brettlager hin.

Hierbei muss ich nachträglich erwähnen, dass sich unter den aus dem Schiffbruch geretteten Gegenständen ein Fläschchen Tinte vorgefunden hatte: für mich ein ganz besonderer Schatz. Alle Abende vor dem Schlafengehen machte ich die herkömmlichen Aufzeichnungen in das Schiffsjournal, welches ich vermöge meines Amtes als erster Maat[1] in Bezug auf meteorologische Beobachtungen und andere Vorkommnisse zu führen hatte. Daran schloss sich immer noch ein bündiger Bericht über unsere Abenteuer und unser Tun, und je zuweilen eine rein persönliche Bemerkung.

Musgrave seinerseits verwendete regelmäßig einige Sonntagsstunden dazu, die kurze Geschichte unseres Lebens in sein besonderes Tagebuch niederzuschreiben.

Es war verabredet worden, dass, falls uns keine Erlösung käme und wir endlich der Not und den Entbehrungen erliegen müssten, der letzte Überlebende von uns diese beiden Tagebücher in eine Blechkapsel legen und unter einem Haufen Kiesel vor der Tür unseres Hauses vergraben sollte. Kam dann später einmal die Mannschaft irgendeines Schiffes zur Stelle, so fand sie wenigstens dieses Vermächtnis, und unsere Landsleute – leider vielleicht nicht unsere Zeitgenossen – erhielten Kunde von dem Schicksale, dem wir zum Opfer gefallen.

Freitag, 5. Februar. – Seit dem 20. Januar haben wir einige starke Brisen aus West und zahlreiche Regengüsse gehabt. Vorgestern und ganz besonders gestern war der Wind sehr heftig. Heute Morgen lässt sich das Wetter hell und mild an.

Musgrave, George und Harry haben sich soeben aufgemacht, um womöglich den Gipfel des Berges zu ersteigen, an dessen Fuße sich unser Lager befindet. Wie gern wäre ich mitgegangen! Aber noch fühle ich mich zu schwach für ein so beschwerliches Unternehmen. Was Alick betrifft, so ist der arme Bursche seit einigen Tagen nicht recht wohl; er bedarf der Ruhe und bleibt bei mir.

[1] Maat (das ist Genosse) ein ursprünglich holländischer Ausdruck, der die Glieder der eigentlichen Schiffsmannschaft bezeichnet. Raynal nennt sich erster Maat, da er den Rang des Obersteuermanns einnimmt und das Logbuch führt.

Ohne Zweifel hat unser wackerer, sich nie genug tuender Norweger seine Kräfte während der letzten Zeit allzu sehr angestrengt, und das Unwohlsein, welches er empfindet, ist die Folge davon. Möge ihm denn bald die alte Rüstigkeit wiederkehren!

Seit ich selbst so schwer erkrankte, beschleicht mich nicht selten bei der geringsten Unpässlichkeit eines Kameraden die Furcht, dass sie einen tödlichen Ausgang nehmen könne. Ich bin überzeugt, dass der Tod eines von uns unter diesen Umständen auf den Mut der anderen eine verhängnisvolle Wirkung ausüben würde, und schon deshalb ist es mein tägliches Gebet, Gott wolle uns in unserem Elend mit dieser Prüfung gnädig verschonen.

Sobald meine Kameraden sich auf den Weg begeben hatten, traf ich Anstalten zur Bereitung einer Seife. Ich schnitt zu diesem Zwecke Holz ab und bildete einen Scheiterhaufen von etwa einem Meter Höhe. Dann sammelte ich mehrere Bündel trockenen Seegrases und eine ausreichende Menge zerbrochener Muscheln, freilich nicht ohne von den kleinen schwarzen Strandfliegen empfindlich gepeinigt zu werden. Beides – die Muscheln und das Gras – warf ich auf den Scheiterhaufen und zündete denselben am Abend an. Er brannte die ganze Nacht hindurch.

Am nächstfolgenden Morgen fand ich einen Haufen Asche. Sofort schüttete ich sie in ein Fass, welches ich auf zwei große Holzblöcke stellte und in dessen Boden ich mittels eines Bohrers kleine Löcher angebracht hatte. Dann goss ich Wasser aus, und es fand nun derselbe Vorgang statt, den wohl schon jeder meiner Leser in dem Kaffeetrichter am häuslichen Herde vor sich gehen sah. Das Wasser floss ab, aber es war nicht mehr bloßes Wasser, sondern es enthielt Soda, Natron und einigen Kalk in aufgelöstem Zustande. Dieser Flüssigkeit setzte ich einen Teil Robbentran zu, ließ die Mischung sieden und erhielt endlich auf diese Weise eine in der Tat völlig brauchbare Seife, welche für uns in Bezug auf Wohlbefinden wie auf Reinlichkeit von hohem Werte war.

Abends vorher waren meine Kameraden, aufs Äußerste ermüdet, von ihrem Ausfluge zurückgekehrt. Der kalte Robbenbraten, den ich ihnen auftrug und der für gewöhnlich unsere Abendtafel bildete, ward mit dem Ungestüm und zugleich mit dem Hochgenusse des Hungers verzehrt. Wenigstens erklärten sie ihn für ganz vortrefflich. Und nicht geringeres Lob spendeten sie der Fleischbrühe. Natürlich war dieselbe ebenfalls von der Robbe gewonnen. Wir hatten sie aber

Sie begannen durch Schlamm und Sumpf und Dorn hindurchzukriechen.

seit einigen Tagen zu unserem Tischgetränk gemacht, da wir es geraten fanden, den geringen Vorrat von Tee, den wir noch besaßen, für etwaige Krankheitsfälle aufzusparen.

Meine Kameraden sprachen mit großer Lebhaftigkeit von den Eindrücken ihrer Wanderung, und Musgrave entwarf alsbald eine ausführliche Schilderung.

Als sie am Morgen nach einem längeren und mühsamen Emporsteigen über die Grenze des höheren Baumwuchses hinausgelangt waren, hatten sie sich anderen und noch erheblicheren Schwierigkeiten gegenüber gesehen. Der Boden ward feuchter, schlüpfriger und verwandelte sich bald in einen wirklichen Morast, den ein Chaos von Buschwerk, abgestorbenen Stämmen und Schlingpflanzen in undurchdringlicher Dichte bedeckte. Die Wanderer suchten sich vergeblich einen Weg durch die festverstrickte Masse zu brechen; sie waren in der Tat von allen Seiten eingeschlossen, bis sie endlich unmittelbar am Boden einen Schlupfgang, eine Art Tunnel bemerkten, welcher augenscheinlich von einem Seelöwen herrührte. Selbst dieses Tier hatte sich jedoch wohl nur mit Mühe hindurchzwängen können. Aber was blieb meinen Kameraden weiter übrig, als eben diesen Weg zu versuchen? Sie bückten sich daher, ja sie warfen sich platt zur Erde nieder und begannen, auf die Gefahr hin, plötzlich einem Seelöwen zu begegnen, durch Schlamm und Sumpf und Dorn hindurchzukriechen. Es währte lange genug, bevor sie aus dieser Grubenfahrt wieder zu Licht und Luft emporgelangten und wieder aufrecht einherschreiten konnten.

Aber jetzt veränderte sich die Vegetation von Neuem, indem das Gestrüpp einem Grase Platz machte, welches in großen Büscheln wie das Strandgras wuchs, ohne sich doch zu jenen scharfschneidenden Lanzetten zuzuspitzen, welche wir so fürchteten. Der Boden stieg inzwischen immer mehr an, die Grasdecke selbst ward allmählich dünner und verschwand ganz, sodass endlich die Felsen der Bergkuppe nackt und schwarz emporstarrten.

Das Erklimmen derselben war die gefährlichste Arbeit des Tages. Meine Kameraden mussten sich an Vorsprünge klammern, um einzelne Spitzen schwingen und zuweilen einer den anderen hinaufziehen, während der Fuß vielleicht nur auf einem unsicheren Geröll oder einer schmalen Felsleiste ruhte. Endlich erreichten sie den Gipfel, und vor ihnen entrollte sich, alle Anstrengungen vergessen lassend, ein großartiges Bild.

Ringsum kühne Felsentürme, mächtige Vorsprünge, jähe Abhänge. Hie und da in der Sonne blitzend das Eisgewölbe eines Gletschers oder ein Firnfeld[1]; aber nirgends die Spur eines Lebens. Kein Laut unterbrach die erhabene Stille; nur zuweilen trug der Wind das Rauschen eines jener hundert kleinen Bäche her, welche von den ewigen Nebeln dieser Berggipfel genährt, gleich silbernen Bändern hinabzogen.

Nachdem die Wanderer sich orientiert hatten, erkannten sie südwärts am Horizont die Adamsinsel, die höchste der Gruppe. Westlich erstreckte sich eine lange Reihe zackiger Felsmassen; jeder Zacken die Wand eines Abgrundes. Weiter gegen Norden stießen mehrere von der Hauptkette sich abzweigende und vorstehende Ausläufer an die Strandhöhen der Küste. Sie zerklüfteten die Insel gleichsam in große Spalten und Furchen, in welche das Meer offenbar in tiefen Busen eindringen musste, wenn schon dem Auge nichts sichtbar ward. Einer dieser Ausläufer, und zwar der nächste, war von zwei Gipfeln gekrönt, die in einer und derselben Linie nebeneinander emporragten: der »Pik[2]« und das »Riesengrabmal«. Noch näher

---

[1] Ein flaches Becken in Gletschernähe in dem sich der Schnee sammelt, der mindestens ein Jahr alt ist (Firnschnee). *(Anm. d. Hrsg.)*

[2] Piz oder Pik: Bergspitze, Gipfel *(Anm. d. Hrsg.)*

nach Osten endlich ragte ein alleinstehender Felsen mit einer grottenähnlichen Kuppe auf.

Jenseits aller dieser Ketten und Spitzen, am nördlichen Ende von Auckland, erkannte man ziemlich deutlich mehrere andere Inseln. Die größte derselben, ein flach gestrecktes Eiland, musste Enderby sein.

Gegen Nordost brach sich das Meer an zahlreichen Riffen, und die von ihnen aufgeworfenen weißen Schaumlinien ließen sich mindestens gegen zehn Seemeilen weit verfolgen.

Darüber hinaus dehnte sich in endloser Gleichförmigkeit die Meeresferne. Wohin das suchende Auge sich wenden mochte, nirgends auch nur ein Punkt, der die unabsehbare Fläche unterbrochen hätte! Nirgends ein Segel!

»Der Anblick dieser Wasserwüste«, so schloss Musgrave seinen Bericht, »ist mir wahrlich nichts Neues; aber nie hat er mich so bewegt wie jetzt.«

Er schwieg, und wer von uns hätte die schmerzlichen Gedanken nicht erraten, die sich hinter seinem Schweigen bargen?

»Gewiss«, hob er nach einigen Augenblicken wieder an, indem er das Wort zunächst an mich richtete, »gewiss glaube ich ebenso wie du, dass das Auge der Vorsehung auch über uns wacht. Aber sie vertraut die Menschen einander gegenseitig selbst an; sie will, dass wir vor allem für diejenigen schaffen und sorgen, welche sie unseren Herzen zunächst gestellt hat. Aber was kann ich hier für die Meinigen tun, und was soll aus ihnen werden?«

»Du wirst sie wiedersehen!«, rief ich im Tone der festesten Zuversicht. »Sei es früher oder später – die Stunde der Erlösung wird uns allen kommen!«

»Wohlan«, sagte er nach einer Pause, »so wollen wir wenigstens nichts versäumen, was zu unserer Rettung beitragen kann. Nur über das Meer her kann uns die Hilfe kommen; aber noch fehlt jedes Zeichen, welches unsere Anwesenheit verkündete. Ein Schiff könnte hart an diesen Küsten vorübersegeln, ohne dass unser Aufenthalt nur geahnt würde. Wir müssen deshalb vor allen Dingen ein Signal aufstellen.«

Von der Notwendigkeit dieser Vorsichtsmaßregel überzeugt, kamen wir sofort überein, schon am nächsten Tag an die Ausführung zu gehen.

Wir hatten eine leere Flasche. Musgrave schrieb, bevor er sich schlafen legte, einige Zeilen nieder, welche die nötigen Angaben enthielten, und steckte sie in die Flasche; dann verschloss er sie mit ein wenig Teer, den er von den Planken des »Grafton« abgeschabt hatte.

Samstag, 6. Februar. Bedeckter, drohender Himmel; der Wind kommt von Norden und weht mit wachsender Heftigkeit. Das Barometer ist über Nacht gefallen; es würde jetzt nicht geraten sein, sich mit dem Boot hinauszuwagen.

Während ich mich eifrigst meiner Seifenfabrik widme, ist Musgrave mit den Anderen an Bord des Wracks gegangen, um Bretter zu holen.

Mit der eisernen Zange haben sie den Verschlag losgerissen, welcher die Kajüte vom Raume trennte, und dabei zugleich eine Menge Nägel gewonnen, die uns bei Anfertigung der Möbel für unsere Wohnung von großem Nutzen sein werden. Auch haben sie alles weggenommen, was noch von schmalen und langen Brettern an der Schanzverkleidung der Goélette übrig war, um damit den Fußboden unserer Wohnung zu dielen und den Aufenthalt in derselben gesünder zu machen.

Sonntag, 7. Leichte Brise von Westen, heller Himmel, das Barometer steigt. Heute Morgen bei guter Zeit haben wir das Boot flott gemacht und auf der Halbinsel Musgrave, dem Haupteingange des Hafens von Carnley gegenüber, ein Signal errichtet. Alick ist wieder genesen und hat uns begleiten können.

Auf einer der Spitzen der Halbinsel, beinahe in der Mitte der Straße, haben wir auf der Strandhöhe einen freien wohlgeeigneten Platz gefunden. Dort haben wir tief in die Moorerde hinein eine lange, starke Stange mit einer Fahne von Segeltuch gepflanzt und durch vier Stricke befestigt, die wir nach verschiedenen Richtungen hin an Pflöcke gebunden haben. Unter der Fahne ist die Flasche mit den von Musgrave niedergeschriebenen Angaben aufgehängt worden.

Bei diesem Ausflug wäre letzterem beinahe ein schwerer Unfall begegnet. Als wir nämlich das Gehölz durchsuchten, um einen jungen Baum ausfindig zu machen, der uns als Fahnenstange dienen könnte, stießen wir auf einen schlafenden Seelöwen. Es war ein sehr junges Tier. Aber durch das Geräusch unserer Tritte aufgeschreckt, ergriff es eiligst die Flucht, während wir es sofort zu verfolgen begannen.

Das Signal.

Wir bedurften dazu keiner weiteren Waffe, doch hatte ausnahmsweise Musgrave für heute mein Gewehr mitgenommen.

Als er jetzt bei der Verfolgung des Seelöwen diesem nahe genug gekommen war, gab er aus dem einen Lauf der Doppelflinte Feuer; da dieser Lauf aber bloß mit Schrot geladen war, so zeigte der Schuss keine Wirkung. Musgrave wollte nun sofort auch den zweiten abfeuern, doch auch dieser versagte. Nachdem Musgrave vergeblich drei Zündhütchen nacheinander angebrannt hatte, setzte er die Flinte ab, um den ersten Lauf wieder zu laden, als sie sich plötzlich entlud. Die Kugel fuhr durch die Krempe seines Hutes, dicht an der Stirn vorbei. Mit vom Pulver geschwärztem Gesicht und verstörten Zügen prallte Musgrave zurück, das Gewehr entfiel seiner Hand; er selbst lehnte einen Augenblick wie bewusstlos an einem Baumstamm. Wir glaubten ihn verwundet und stürzten, die Jagd aufgebend, auf ihn zu. Das von uns verfolgte Tier aber benutzte diesen Zwischenfall, indem es die See gewann und sich auf diese Weise der weiteren Verfolgung entzog.

Als unser Signal aufgepflanzt war, machten wir einige Beobachtungen; denn so oft Musgrave und ich die Bai besuchten, pflegten wir einen Teil des Hafens zu vermessen und aufzunehmen. Wir gingen dabei mithilfe der Bussole[1] nach einem gewissen trigonometrischen System zu Werke. Auch vergaßen wir nie, unser Senkblei mitzunehmen, um möglichst überall die Tiefe des Wassers kennenzulernen.

Auf dem Rückwege kamen wir an einer Landspitze vorbei, wo wir eine große Menge Kormorane oder Seeraben *(Carbo cormoranus)* sahen. Diese Vögel, vorzügliche Schwimmer und Taucher, werden auf den Aucklandinseln sehr häufig angetroffen. Sie haben etwa den Umriss einer Ente, aber der lange dünne Hals, der pfriemförmige Schnabel und das listig funkelnde Auge lassen sofort ihr räuberisches Gewerbe erkennen. Meist sitzen sie in dichten Scharen auf den niedrigeren in die Bai hinausragenden Banken oder streichen dicht über den Wasserspiegel hin, um Sardinen zu fangen, welche ihre Lieblingsnahrung sind[2].

Von dem Wunsch getrieben, einige Abwechslung in unseren einförmigen Speisezettel zu bringen, feuerte ich mehrere Schüsse auf die Seeraben ab. Ich erlegte deren sechsundzwanzig und freute mich besonders des prächtig schwarzen, bronzeschillernden Gefieders. Auch war ihr Fleisch, obschon es ebenfalls tranig schmeckte, immerhin genießbarer als das der Seelöwen.

Während wir mit unserem Boote den Krümmungen des Strandes weiter folgten, hatten wir Gelegenheit, die Zusammensetzung des Bodens zu beachten. Die Hauptbestandteile desselben schienen uns Basalt, Trapp, eine grauschwarze vulkanische Schlacke und, hie und da eingesprengt, eine mir unbekannte grünliche Steinart. Unmittelbar an der Wasserlinie fanden wir Agglomerationen[3] von Kieseln, die untereinander durch eine Art Lava verkittet waren, welche auf den Bruchflächen eine lebhaft ins Violette spielende Pupurfarbe

---

[1] Kompass. *(Anm. d. Hrsg.)*

[2] Wir selbst hatten mehr als einmal die Absicht, Sardinen zu fischen und uns zu diesem Zwecke aus den Fäden des Segeltuchs Netze zu machen. Indessen standen wir von unserem Vorhaben wieder ab, da wir uns sagen mussten, dass die Seelöwen, welche diesem Fische ebenfalls nachstellen, die Netze ohne Zweifel zerrissen haben würden.

[3] Anhäufungen, Ansammlungen. *(Anm. d. Hrsg.)*

Ich erlegte deren sechsundzwanzig.

zeigte. Dagegen haben wir während unseres ganzen Aufenthaltes auf den Aucklandinseln weder Sandstein, noch Schiefer, noch Kreide gefunden.

An der nördlichen Küste der Halbinsel Musgrave bemerkte ich einige Schichten eines graugelben, grobkörnigen Granits. Dieselben waren ungefähr zwei Meter stark und neigten sich in einem starken Winkel gegen Südost.

Ein wenig weiter, jenseits der Landenge, welche die Halbinsel mit der Hauptinsel verbindet, nahmen die Bergmassen stumpfere Formen an, und die Küste beschrieb einen Bogen, in dessen Mitte die Strandfelsen dreihundert Fuß Höhe haben konnten. Man sah hier in ziemlicher Ausdehnung die frischen Spuren eines Erdsturzes, welcher offenbar durch die letzten starken Regengüsse herbeigeführt worden war.

Von dieser Stelle an nötigte uns der inzwischen immer heftiger gewordene Westwind, das Segel zu reffen. Nur unter beständigem Rudern konnten wir spät nachmittags in die Bai des Schiffbruchs zurückgelangen.

Nachdem wir hier der von Harry bereiteten Mahlzeit tüchtig zugesprochen, verwendeten wir die übrigen Stunden auf das Rupfen unserer Seeraben, die wir dann paarweise an die höchsten Zweige der Bäume hingen, um sie vor den Fliegen zu bewahren. Denn wir hatten bemerkt, dass die letzteren überhaupt (wahrscheinlich wegen des Windes) niemals sehr hoch flogen. Auch bewährte sich in dieser Beziehung das von uns eingeschlagene Verfahren; es dauerte jedoch nicht lange, so trat ein anderer, von uns nicht vorgesehener Übelstand zutage. Das scharfe Auge der Falken hatte sehr bald die Leckerbissen gewahrt, die ganz besonders für sie aufgehängt zu sein schienen, und so versammelte sich denn in wenigen Minuten eine Schar dieser Vögel. Auf mehrere Bäume postiert, betrachteten sie unser Wildbret mit gierigem Blick, und wir mussten uns daher beeilen, dasselbe in Sicherheit zu bringen.

Bei der Annäherung der Falken waren jene kleinen Singvögel, welche unsere Arbeit und unsere Einsamkeit so vertraulich erheiterten, wie mit einem Schlage verschwunden. Sie hatten sich in das tiefste Dickicht geflüchtet und stießen nur einzelne kurze, gellende Rufe aus, wie um sich gegenseitig vor der Anwesenheit ihrer Feinde zu warnen. Sie waren es auch, welche uns zuerst auf die Nähe derselben aufmerksam machten.

Neuntes Kapitel

Wildenten und Seelöwen – Unser Hausgerät – Einführung von Gesetzen – Die Abendschule – Die Spiele

Montag, 8. Wir haben während des Morgens die Stämme, welche den Fußboden unseres Hauses dielen sollen, gefällt und auf den Hügel geschafft. Mittags begann ein strömender Regen und hielt ohne Unterbrechung bis zum Abend an. Dies würde uns nun noch vor Kurzem zu völliger Untätigkeit verurteilt haben; seitdem aber unser Dach fertig ist, können wir unter diesem Schutze fast jede Arbeit ungestört fortsetzen.

Der Rest des Tages gestattete uns eben noch, die behauenen

Die Hütte der Schiffbrüchigen.

Querbalken regelrecht auf den Boden zu legen und die von der Schanzverkleidung des »Grafton« entnommenen Bretter daraufzunageln. – Gegen acht Uhr hörte der Regen auf; das allmählich klar werdende Wetter schien einen heiteren, wenigstens einen ruhigen Tag zu versprechen.

Dienstag, 9. Der Himmel ist nebelig, die Berge stehen bis zum Fuß in Wolken gehüllt. Bald fängt der Regen wieder an, zwar nur fein, aber umso anhaltender und durchdringender. Es ist so recht ein Wetter für die fruchtbaren Triebe der Fliegen, deren Scharen unser Haus von Neuem mit unerträglichem Gesumm erfüllen.

Freitag, 12. Wir haben ein großes Feuer angezündet, und nun sind die lästigen Schwärme verschwunden. Aber auch draußen ist es anders geworden: Der Wind hat die Wolken hinweggefegt, der Himmel leuchtet im reinsten Blau. Während Musgrave mir behilflich ist, eine Tür zu fertigen, und Harry unsere Mahlzeit bereitet, werfen Alick und George rings um das Haus her einen Graben auf, um die Feuchtigkeit dorthin abzuleiten. Da dieser Graben aber andererseits das Fundament des Hauses gefährdet, so errichten wir an den vier Ecken, sowie rechts und links neben der Tür, starke Strebepfeiler und Stützen, die wir möglichst tief in den weichen Erdboden hinein trieben.

Freilich muss ich gestehen, dass trotz Palisaden und Graben unsere Pfahlburg gebrechlich genug aussah. Sie blieb eben immer, was sie war – eine Hütte, eine Baracke, und wenn sie auch vermochte, uns gegen Regen und Kälte zu schützen, so schien es doch sehr fraglich, ob sie den hier so häufig losbrechenden Stürmen dauernd widerstehen werde.

Samstag Nachmittag gingen wir mit unserer gewöhnlichen Armatur nach der Höhe der Bai die nördliche Küste hinauf, bis wir uns in gleicher Linie mit einer kleinen Insel befanden, die wir bisher noch nicht besucht hatten, da uns teils die notwendigste Arbeit, teils aber auch das vielfach ungünstige Wetter von derartigen Streifzügen zurückhielt.

Wir fanden hier eine freundliche, fast rechtwinklig gestaltete Bucht, aus deren Hintergrund zwei starke Bäche in die Bai traten. Auf den Gewässern spielten Gruppen wilder Enten: zierliche Tiere, aber im Vergleich zu der Furchtlosigkeit aller übrigen Vögel der Insel auffällig schüchtern. Wir schlossen daraus, dass sie irgendwelche Feinde haben müssten, und unsere nächste Vermutung fiel auf die Seelöwen. Indessen erkannten wir bald unseren Irrtum, denn wir sahen Robben und Enten auf das Friedlichste untereinander verkehren. Es war also nur unsere Annäherung, welche die letzteren sofort verscheucht hatte.

Wir hielten uns eine Weile versteckt, in der Erwartung, die Vögel sich wieder mehr in unserer Nähe niederlassen zu sehen. Sie kehrten auch wirklich nach Verlauf einiger Minuten an die Mündung eines jener Bäche zurück und wühlten eifrig suchend im Schlamm herum.

Ich nahm mein Gewehr von der Schulter, schlich mich leise hinzu und gab, als ich in Schussweite war, Feuer. Es fielen drei Stück; aber nun, da ich die Beute in der Hand wog, zeigte sich, dass sie kaum nennenswert war, denn die Enten gehörten einer sehr kleinen Gattung an. Ich nahm mir deshalb vor, meinen geringen Pulvervorrat fortan für bessere Gelegenheiten aufzusparen.

Nachdem wir den Bach durchschritten, was uns bei der eben eingetretenen Ebbe sehr leicht ward, gelangten wir auf eine vom Triebsand[1] bedeckte und von den anspülenden Wellen festgeschlagene Strecke, die erste dieser Art, auf welche wir bis jetzt gestoßen

[1] Treibsand in der Seemannssprache. Sehr feiner, lockerer Sand. *(Anm. d. Hrsg.)*

Der erstaunte Seelöwe dreht sich herum.

waren. Sie zieht sich von einem Winkel der Bai bis zum anderen und mag eine Länge von zweihundert Metern haben.

Seit unserem Schiffbruch hatten wir, so oft wir einen Fuß ins Freie setzten, aus- oder absteigen, hatten Felsen überklettern, Baumwurzeln und Gebüsch überspringen oder durchkriechen müssen. Hier endlich konnten wir uns doch einmal bequem und ohne Anstrengung bewegen, mit einem Worte, wirklich gehen. Ich kann gar nicht sagen, welches Vergnügen es uns machte, mit festem, regelmäßigem Schritt auf dieser ebenen Tenne einherzuwandeln. Solchen Reiz vermag Entbehrung selbst den einfachsten und natürlichsten Dingen zu verleihen!

Als wir am Ende der Strecke anlangen, taucht plötzlich ein gewaltiger Seelöwe aus dem Wasser auf und kommt laut brüllend auf uns zu. Wir weichen auseinander, und das Tier hält inne, als zweifle es, auf welchen von uns es sich stürzen solle. George, der ihm am nächsten ist, benutzt einen Augenblick, da es den Kopf nach mir wendet, um ihm einen Hieb zu versetzen. Rasch wirft sich die Robbe ihrem Angreifer entgegen, aber gleichzeitig führt dieser mit seinem Knüttel einen so gewandten wie kräftigen Streich auf den Schädel derselben, dass sie betäubt auf den Kies darniederfällt. Sie schlägt noch einige Sekunden lang mit den großen Flossen um sich und bleibt dann unbeweglich liegen. Sie ist tot.

Um eine Robbe zu erlegen, ist es übrigens, wie wir später lernten, nicht nötig, dass man einen besonders starken Schlag führe. Vielmehr kommt es bloß darauf an, die eigentlich verwundbare Stelle, das heißt die zwischen und über den Augen gelegene Stirngegend zu treffen, wie George es auch geschickterweise getan.

Eine den Naturkundigen wohlbekannte Tatsache, die uns dagegen anfänglich sehr befremdlich erschien, ist die außerordentliche Fülle und Wärme des Blutes dieser Tiere[1]. Als wir dem uns zu Füßen liegenden Seelöwen noch einen letzten Messerstich gaben, sprang aus der Wunde ein dunkler Strom hervor, der sich rauchend über den Strand hin ergoss und selbst das Wasser der Bai noch bis auf eine sehr beträchtliche Entfernung rötete.

Kaum war das Ausweiden unserer Beute beendet, als wir drei Weibchen, ebenfalls außerhalb des Wassers, herankommen sahen. Sie stießen ein langgedehntes Blöken aus, welches sofort von mehreren schwächeren Stimmen aus dem nahen Dickicht beantwortet ward. Wir ließen unsere Robbe liegen, drangen in das Gebüsch und entdeckten, durch das Geschrei geleitet, sehr bald drei Junge, die unter einem dicken, krummen Baumstamme beieinander lagen. Eines derselben hatte sich fast ganz aus seinem Schlupfwinkel hervorgewagt. Es beantwortete den Ruf der Weibchen mit aller Kraft, während die beiden anderen ihm über die Schultern lugten. Alle drei aber zogen sich bei unserem Anblicke eiligst unter ihren Baumstamm zurück; dann aber kamen sie, wohl begreifend, dass wir Feinde waren, rasch hervor und ergriffen mit aller Schnelligkeit, deren sie fähig waren, die Flucht. Dessen ungeachtet holten wir sie bald ein, da das Dickicht uns hier nicht eben beengte. Niemals werde ich die klägliche, rührende Miene dieser Tiere vergessen. Unsere Absicht erratend, hatten sie

[1] Die Wärme des Blutes dürfte auch bei den Robben nicht merklich höher steigen als bei den übrigen Säugetieren, das heißt auf etwa 28 Grad Réaumur. Dagegen ist die Menge desselben allerdings eine sehr reichliche, und seine Röte tiefdunkel, fast schwärzlich.

am Fuße eines Baumes dicht nebeneinander haltgemacht und sahen uns mit Blicken an, welche auf die beredteste und ergreifendste Weise um Erbarmen flehten. Wir schwankten einige Augenblicke lang unentschlossen; unser Gewerbe erschien uns auf einmal wie roher Mord, bis wir uns entschieden, die armen Geschöpfe am Leben zu lassen, die zu töten uns jetzt noch keine Notwendigkeit zwang.

Montag, 22. Der Wind kommt aus Nordwest. Gestern hatten wir einen Sturm, der von ungemein heftigen Stößen begleitet war. Auch heute ist der Himmel teilweise noch bedeckt; aber die Wolken ziehen weniger schnell, und mit eisigem Regen wechseln Hagelschauer ab.

Als die Unsrigen neulich an Bord des »Grafton« gegangen waren, um Bretter zu holen, hatten sie aus der Kajüte zugleich einen großen viereckigen Kasten mitgebracht. Derselbe war inwendig ganz mit Blech ausgeschlagen und in zwei Abteilungen geschieden, worin wir zuweilen Mehl oder Zwieback aufbewahrt hatten, um diese Vorräte vor der Gier unserer Reisegefährten, der Ratten, zu sichern. Zwei mit Scharnieren auf dem Scheidebrette befestigte Deckel, welche etwas größer waren als der Kasten selbst, konnten, sobald sie niedergeschlagen und mit Wachsleinwand bedeckt wurden, einen ganz vortrefflichen Tisch für die Kajüte bilden.

In der Tat wurde derselbe in unserer Wohnung unter einer der kleinen Fensteröffnungen aufgestellt, um Musgrave und mir als Schreibpult zu dienen. Über demselben erhielten unsere physikalischen Instrumente wie Sextanten, Chronometer usw. ihren Platz, außerdem aber auch die Bibliothek. Eine Bibliothek, fragt befremdet der Leser, und ich muss einräumen, dass dieser Ausdruck für unsere bescheidene Sammlung zu anspruchsvoll klingen mag, da wir – alles in allem – drei oder vier Bände besaßen: eine Bibel, Miltons »Verlorenes Paradies« und ein paar zerlesene englische Romane, zu denen endlich unsere beiden Tagebücher hinzukamen. Unmittelbar neben diesen literarischen Schätzen hing das unentbehrlichste aller Geräte einer sich entwickelnden Zivilisation: der Spiegel. Wenig mehr als handgroß, von einem unzuverlässigen roten Rahmen umgeben und durch einen Spalt entstellt, tat sein Glas uns doch jederzeit genügenden Dienst.

Rechts und links vom Schreibpult, in den Winkeln der Hütte, schlugen Musgrave und ich unsere Betten auf – er das seinige neben der Tür, ich das meinige neben dem Kamin. Sie waren freilich sehr plump, diese Betten, zumindest sehr einfach. Denn sie bestanden, kurz gesagt, aus zwei schmalen Kästen, die auf vier hölzerne Klötze gestellt und innen mit trockenem Moose gefüllt waren, welches wir von Zeit zu Zeit erneuerten. Empfing uns ein solches Lager zwar nicht mit der schwellenden Weiche eines Federbettes, so gewährte es den ermüdeten Gliedern doch immer eine willkommenere Ruhestatt, als jene Brettstücke, auf denen wir im Zelte so oft den Schlaf vergeblich gesucht hatten.

Alick, George und Harry hatten sich uns gegenüber am anderen Ende des Gemaches gebettet.

Die Mitte desselben nahm ein Tisch ein, das heißt ein Gestell aus einigen glatteren, weniger rissigen Brettern. Es war sechs Fuß lang und drei Fuß breit; zwei dazugehörige Bänke waren in derselben Weise gefertigt.

Außerdem befand sich neben der Tür noch ein zweiter kleinerer Tisch, der für die Küchenarbeiten bestimmt war, und über ihm, auf zwei Regalen, prangten unser Speisegeschirr und unsere Lampen. Auch diese letzteren passten zu der Einfachheit unseres Hauses und Lebens. Wir hatten sie aus alten Blechbüchsen, in denen früher allerlei Eingemachtes verwahrt war, gefertigt; zusammengedrehte Segeltuchfäden vertraten die Stelle des Dochtes, und das Öl lieferten die Seelöwen.

Um den eigentlichen Wohnraum nicht allzu sehr zu verengen, brachten wir endlich in den vier Ecken kleine schwebende Böden, eine Art Hängematten an, um hier den uns vom »Grafton« gebliebenen Rest der Segel und des Takelwerks zu bergen.

Noch habe ich aber eines anderen Umstandes Erwähnung zu tun. Ehe unsere Lebensmittel vollständig aufgezehrt waren, hatte ich einige Pfund Mehl zurückbehalten, damit wir dasselbe in Krankheitsfällen als Arznei verwenden könnten. Dieses und ein kleiner Vorrat von Senf bildeten unsere Apotheke. Da ich mich selbst zum Wächter derselben ernannt hatte, so hing ich die beiden »Medikamentenbeutel« an einem Holzpflock über meinem Bett auf.

All diese kleinen Hauseinrichtungen wurden Samstag, den 5. März, während der Morgenstunden beendet. Im weiteren Verlaufe des Tages brachen wir das Zelt ab und zogen in unsere neue Wohnung ein, in der wir, nachdem ein tüchtiges Feuer angezündet worden war, noch denselben Abend zum ersten Male schliefen.

Es war jedoch nicht genug, für die Bedürfnisse des äußeren Lebens zu sorgen; und auch wir erfuhren das Wort der Schrift, dass der Mensch nicht vom Brot allein lebt. Allerdings hatten wir seit unserem Schiffbruch in Frieden und Eintracht, ja ich kann sagen, in wirklicher Brüderlichkeit miteinander gelebt; dennoch war es zuweilen bald dem einen, bald dem anderen begegnet, dass er sich in augenblicklicher Aufwallung ein unfreundliches Wort hatte entschlüpfen lassen, welches dann natürlich meistens in gleicher Weise erwidert ward. Wenn aber dergleichen Stimmungen und Gewöhnungen erst zu herrschen begannen, so konnten, so mussten die beklagenswertesten Folgen entstehen. Wir bedurften ja einer des anderen unaufhörlich! Hatte dies nicht der Bau unseres kleinen Hauses bewiesen, zu dem ein jeder nach Fähigkeit und Kräften und mit redlichem Eifer beigetragen? Es war klar, dass unsere Stärke nur in der Einigkeit lag, und dass Zwist und Streit unser Verderben sein würden. Aber – wie der Mensch nun einmal ist – weder die Weisungen des Verstandes, noch das Gefühl der inneren Ehre, noch die so mächtige Rücksicht auf Gewinn und Nutzen sind allein mächtig genug, ihn zur Erfüllung seiner Pflicht anzuhalten. Es muss vielmehr daneben auch eine äußere Gewalt und Regel, eine gewisse Schranke der Zucht geben, welche ihn gegen die Schwächen seines eigenen Willens schützt.

Diese Gedanken beschäftigten mich einen Teil der Nacht hindurch. Schon am nächstfolgenden Morgen teilte ich sie den Gefährten zugleich mit dem Plane mit, den ich entworfen, um Ordnung und Frieden in unserer kleinen Gemeinde aufrecht zu erhalten. Meine Absicht ging dahin, aus unserer Mitte nicht einen Herrn oder einen Vorgesetzten, wohl aber ein Familienhaupt zu wählen und auf diese Weise die gesetzliche, unbestreitbare Autorität des Beamten gleichsam durch die Würde des Vaters oder vielmehr durch die Erfahrung eines älteren Bruders zu mildern und zugleich zu stärken.

Die Pflichten dieses Familienhauptes sollten darin bestehen, mit Freundlichkeit, aber auch mit Entschiedenheit die Ordnung im häuslichen Leben zu erhalten und durch wohlerwogene Leitung jedem Anlass zu Streitigkeiten vorzubeugen.

Wenn sich erhebliche Meinungsverschiedenheiten ergäben, so sollten die Parteien ihm die Sache unverweilt vortragen. Dann sollte er, unterstützt vom Rat der Unbeteiligten, die Entscheidung und demjenigen, der unrecht hatte, einen Verweis geben. Würde dann der Betroffene immer noch auf seinem Unrecht bestehen, so sollte er aus der Gemeinschaft ausgestoßen und verurteilt werden, während eines längeren oder kürzeren Zeitraumes, je nach der Schwere seines Vergehens, allein an einem anderen Orte der Insel zu leben.

Das Familienoberhaupt sollte ferner die Jagdzüge ebenso wie die anderen Unternehmungen und Arbeiten leiten. Es sollte jedem seine Aufgabe stellen und in Bezug auf Lösung der seinigen mit gutem Beispiele vorangehen.

In wichtigen Fällen sollte es nicht anders, als mit Zustimmung aller oder wenigstens der Mehrzahl entscheiden.

Dies war die »Regel«, die ich entworfen. Sie ward von meinen Genossen angenommen, da sie ebenso wie ich das Bedürfnis fühlten, unser kleines Gemeinwesen geordnet und sichergestellt zu sehen. Doch erklärten sich dieselben erst dann insgesamt damit einverstanden, als noch der folgende Zusatz beigefügt worden war:

Die Gesellschaft behält sich das Recht vor, das Haupt des Hauses seiner Würde zu entheben und dieselbe auf ein anderes Mitglied zu übertragen, sobald es seine Autorität missbraucht oder dieselbe zu eigennützigen Zwecken geltend macht.

Diese letzte Bestimmung war eine weise Vorbeugungsmaßregel gegen die herrschsüchtigen Gelüste, welche eine aus freiem Vertrauen verliehene Macht so oft selbst in edleren Gemütern erzeugt. Sie war leicht anzuwenden und folglich sicher wirksam, da ja der Präsident unseres kleinen Freistaates kein stehendes Heer besaß, mit dessen Hilfe er seine ehrgeizigen Absichten hätte durchführen können. Übrigens muss ich bemerken, dass wir während der ganzen Zeit unseres ferneren Zusammenlebens niemals Grund hatten, diese Bestimmung in Anwendung zu bringen.

Ohne Zögern wurde unsere Verfassungsurkunde auf eines der weißen Blätter geschrieben, welche dem Titelblatt der Bibel vorgeheftet waren. Sie sollte alle Sonntage vor dem Gebete vorgelesen werden. Dann schwuren wir, die Hand auf das heilige Buch legend, dem von uns selbst anerkannten Gesetze jederzeit Achtung und Gehorsam zu leisten. Wir taten dies mit Ernst und Überzeugung. Es war keine leere Form, noch weniger ein kindisches oder frevles Spiel, sondern es lag für uns etwas Feierliches in dieser freiwilligen Verpflichtung unseres Gewissens, bei der wir Gott zum Zeugen anriefen.

Zunächst handelte es sich nun darum, unser Haupt zu wählen. Ich schlug Musgrave, als den Ältesten, vor, und alle stimmten bei.

Von diesem Augenblicke an führte er bei Tische den Vorsitz und war von den Küchenarbeiten befreit. Wir anderen teilten uns in die letzteren derart, dass wir uns anheischig machten, sie abwechselnd jeder eine Woche lang zu versehen.

Um einen Beweis guten Willens zu geben und mit dem Beispiele der Unterwürfigkeit unter unsere neue Ordnung voranzugehen, übernahm ich sofort die erste Woche der Wirtschaftsführung. Meine Kameraden bewaffneten sich, Musgrave mit der Flinte, die anderen mit ihren dicken Stöcken und Messern, und gingen auf die Jagd. Ich begann, da man eben gefrühstückt, den Tisch zu reinigen und das Geschirr zu waschen.

Ja, das Geschirr zu waschen, und – mag der Leser auch lächeln – ich setze hinzu, dass ich mich meines Geschäftes mit der ernstesten Aufmerksamkeit und nicht ohne ein Gefühl seiner Wichtigkeit entledigte. Man wird dies aber vielleicht weniger wunderbar finden, wenn man bedenkt, dass wir nur fünf Porzellanteller besaßen, von denen einer obendrein geborsten war und deshalb gewöhnlich demjenigen zukam, der die Küche besorgte. Der Verlust eines dieser Teller wäre für uns eine wirkliche Entbehrung gewesen. Daher mag kaum je ein kostbares Meißner oder Sévres-Service mit so viel Vorsicht gehandhabt worden sein wie diese Teller einer Matrosenküche, und ich empfinde eine gewisse Genugtuung, sagen zu können, dass vier Männer abwechselnd unser Geschirr neunzehn und einen halben Monat hindurch dreimal täglich waschen konnten, ohne das geringste davon zu zerbrechen.

Dass wir auch den übrigen Teil unseres armseligen Wirtschaftsgerätes nicht beschädigten, darf ich uns weniger zum Verdienst anrechnen, denn es bestand aus eisernen Löffeln und Gabeln, drei eisernen Kochtöpfen, mit Einschluss jenes größeren pfannenähnlichen, von welchem ich schon gesprochen, ferner aus einigen Tassen von lackiertem Blech, aus einem kleinen Bratofen und einem Handkessel. Selbstverständlich konnten wir uns den Luxus eines Tischtuches nicht gönnen; aber dank der fleißigen Anwendung von Wasser und Seife befand sich unser Tisch stets im Zustande tadellosester Sauberkeit.

Als ich unser Hauswesen besorgt, kam ich auf den Gedanken, im Strandwasser zu angeln, um glücklichen Falls die Zahl unserer Gerichte durch ein neues zu vermehren. Denn unter allen Umständen lag mir daran, dass meine Kameraden mit dem Eifer ihres Koches zufrieden seien. Ich hatte in meinem Koffer fünf oder sechs verrostete Angelhaken und eine Schnur gefunden, deren ich mich zuweilen früher in meinen Mußestunden bedient hatte. Ich nahm sie jetzt, versah mich mit einem Sacke und begab mich nach einer nicht allzu weit von unserem Lager entfernten Felsenspitze, welche ich später sehr oft in gleicher Absicht besuchte. Meine Kameraden gaben ihr aus diesem Grunde den Namen der Raynal-Spitze.

Da der Ort ziemlich bequem und die Jahreszeit günstig war, so gelang es mir, mehrere Fische, hauptsächlich Schellfische zu fangen, die vor den Nachstellungen der Robben unter den überhängenden Felsen Schutz suchten. Außerdem brachte ich einige hundert Muscheln heim.

Die Jäger waren bei ihrer Rückkehr aufs Freudigste überrascht, eine so reich besetzte leckere Tafel vorzufinden. Gebackener Fisch und gesottene Muscheln! Das war doch einmal etwas anderes und edleres, als der unvermeidliche Robbenbraten; das war ein wirklicher Genuss, und es schmeichelte mir nicht wenig, dass ein Teil dieses festlichen Glanzes auf den Urheber des Schmauses zurückfiel.

Am Abend machte Musgrave scherzend den Vorschlag, unserer neuen Wohnung einen Namen zu geben, und es dauerte nicht lange, so hatten wir, anstatt eines Namens, deren fünf, indem jeder der Unseren sich bemühte, die vorzügliche Angemessenheit des von ihm ersonnenen darzutun. Um dem Streite ein Ende zu machen, kamen wir überein, die fünf Namen auf kleine Zettel zu schreiben, diese in einen Hut zu werfen und einen derselben ziehen zu lassen.Nachdem die Zettel geschrieben und in die improvisierte »Wahlurne« geworfen waren, ward George, als der jüngste von uns, aufgefordert zu ziehen. Als wir den Zettel öffneten, stand der Name »Epigwait« darauf. Es war der von Musgrave vorgeschlagene. »Epigwait« aber, ein von den nordamerikanischen Rothäuten entlehntes Wort, bedeutet so viel wie »am Fluss«, oder vielmehr »am großen Wasser«. Die Bezeichnung war mithin auch völlig zutreffend und wurde allgemein angenommen, als Name des Hauses sowohl, wie der Anhöhe, auf welcher dasselbe erbaut war.

Aber dieser Abend war fruchtbar auch an weiteren Neuerungen.

Es war vorauszusehen, dass wir fortan öfter genötigt sein würden, halbe und ganze Tage in unserer Hütte zuzubringen, zumal während des Winters, dessen raue Strenge auf diesen Inseln selten einen län-

Es gelang es mir, mehrere Fische zu fangen.

geren Aufenthalt im Freien gestattet. Wir überlegten daher, wie wir in solchen Fällen unsere Zeit nützlich anwenden könnten. Ja, selbst im Sommer mussten uns jeden Abend nach der Verrichtung unserer kleinen häuslichen Arbeiten noch freie Stunden genug bleiben, und auch für sie musste irgendeine Beschäftigung umso erwünschter sein, je früher wir genötigt waren, in unserem Gemache, das durch die Fenster nur ungenügend erhellt wurde, die Lampen anzuzünden und die Türe zu schließen. Unter diesen Überlegungen kam mir ein eigentümlicher Gedanke. Wie, wenn wir eine Abendschule, einen wirklichen gegenseitigen Unterricht einführten? Harry und Alick konnten weder lesen noch schreiben, und wir anderen sie sonach hierin unterweisen. Sie dagegen konnten die uns völlig unbekannten Sprachen ihrer Heimat lehren. George, der schon einigen Schulunterricht genossen hatte, bedurfte nur gelegentlicher Anleitung, um selbständig das Studium der Mathematik fortzusetzen; ich meinerseits konnte Lektionen im Französischen geben. Das war mein Vorschlag. Hatte ich ihn allerdings nicht ohne ein gewisses Bedenken mitgeteilt, so ward er doch mit solcher Begeisterung aufgenommen, dass er sofort ausgeführt werden musste.In der Tat waren wir von jetzt an jeden Abend wechselseitig Lehrer und Schüler, und diese neuen Beziehungen konnten uns einander nur noch näher bringen. Indem sie uns abwechselnd einander gebend und empfangend gegenüberstellten, schufen sie unter uns eine wirklich brüderliche Gleichheit.

Wir wollten aber mit dem Nützlichen auch das Angenehme verbinden. Einige aufheiternde Zerstreuungen waren in unserem armen, öden Leben sicherlich ein Bedürfnis, und wir nahmen uns daher vor, Spiele zu verfertigen, was wir an den nächstfolgenden Abenden auch wirklich taten.

Musgrave bohrte in ein Brettchen eine Menge Löcher, schnitzte eine entsprechende Anzahl Holzstifte, und stellte auf diese Weise ein »Einsiedler- oder Geduldspiel« her. Ich meinerseits zeichnete auf ein anderes größeres Brettstück die Vierecke eines Damebrettes, die ich dann felderweise schwarz oder weiß malte. Als Färbstoff verwendete ich teils Kalk, teils Talg, in etwas Robbentran aufgelöst. Dann schnitt ich mit meinem Taschenmesser die dazu gehörigen flachen Scheiben aus zwei dünnen Latten.

Mit meinem Taschenmesser! Man erlaube mir, ein wenig von diesem zu sprechen. Denn der alte treue Begleiter hat mir der Dienste gar viele geleistet. Während meines ganzen Lebens als Goldgräber habe ich ihn mit mir geführt, und einen großen Teil des australischen Kontinents hat er mit mir durchwandert. Eines Tages fand ich ihn ganz verrostet in meinem Koffer, wo er seit unserer Abreise von Sydney vergessen liegen geblieben war. Ha! Künftig hat der Rost nicht mehr Zeit, sich daran festzusetzen; denn es vergeht kein Tag, ja ich möchte sagen keine Stunde, da ich diesem Messer nicht Arbeit liefere, und was für Arbeit! Es ist mit einer kleinen Säge versehen, und auch diese hat nicht gefeiert. Beim Erbauen unseres Hauses, bei Anfertigung unserer »Betten« und unserer anderen »Möbel« hat sie Bretter geschnitten, und obwohl der ehrliche Schmied, aus dessen Händen sie hervorgegangen, sie dafür sicherlich nicht bestimmt hatte, ist sie dennoch mit ihnen fertig geworden, ohne einen Zahn zu verlieren. Und welche anderen

Hilfsleistungen habe ich dieser tapferen kleinen Schneide zu verdanken! Es hat mir als Faschinenmesser[1], als Nickfänger[2], als Meißel, als Feile, als Pfriem[3] und wer weiß wozu sonst noch gedient. Es hat sich – Stein und Metalle ausgenommen – mit allen möglichen harten Substanzen gemessen und sich allen überlegen gezeigt, dieses unbesiegbare kleine Stück Eisen! – Jetzt hat es sein Asyl, wie es jeder gute altgewordene Diener haben soll. Es ruht in einem Schubkasten meines Sekretärs, neben mehreren anderen Zeichen der Erinnerung aus meinem langen Wanderleben. Von Zeit zu Zeit nehme ich es hervor, und ich habe dann, wie ein Knabe, meine Freude daran, es zu handhaben und die Klinge auf- und zuzuklappen. Gewiss, und wenn man es mir zehn, ja zwanzigmal mit Gold aufwiegen wollte, ich würde mich nicht wieder davon trennen.

Zehntes Kapitel

Ein Schleifstein – Die Karten – Eine Versuchung – Besuch auf der Insel Acht – Der Patriarch der Robben

Wenn ich in der ersten Woche meine Kameraden jeden Morgen um sechs Uhr weckte, murrten sie wohl unbehaglich über die Zudringlichkeit meines Eifers, standen aber dennoch auf. Es dauerte nicht lange, so ward dies zu einer guten Gewohnheit.

Während ich das Frühstück bereitete, gingen sie hinaus und schnitten in der Nähe des Hauses das für den Tag nötige Holz, um es dann hereinzuschaffen. Wir bedurften dessen sehr viel, denn in unserem Kamine loderte allezeit ein tüchtiges Feuer, entweder um das Zimmer während der Nacht warm zu erhalten, oder um das Fleisch der Seelöwen zu kochen.

Wir bedienten uns vorzugsweise zu diesem Zwecke des schon erwähnten Eisenholzes. Einen besseren Brennstoff kenne ich kaum. Grün oder trocken entzündet es sich sehr leicht und erzeugt bei starker Hitze wenig Rauch. Die zurückbleibende Asche enthält eine große Menge Soda ebenso wie kieselige Stoffe, welche sich verglasen

[1] Breitklingige Messer, die vor allem beim Militär des späten 18. bis frühen 20. Jahrhunderts verbreitet waren und je nach Waffengattung unterschiedlich ausgeformte Klingen hatten. Ein wenig vergleichbar mit sogenannten Survival-Messern der heutigen Zeit, doch meist mit sehr viel längerer Klinge. *(Anm. d. Hrsg.)*

[2] Einseitig geschliffenes Jagdmesser. *(Anm. d. Hrsg.)*

[3] Ahle. Ein Werkzeug zum Stechen von Löchern. *(Anm. d. Hrsg.)*

und Klumpen bilden, die in abgekühltem Zustande schwer zu zerschlagen sind.

Unser Beil war beim Hacken dieses außerordentlich harten Holzes so abgestumpft, dass es uns fast nutzlos ward und wir selbst bei angestrengtester Arbeit wenig förderten. Hier musste daher durchaus Abhilfe geschafft werden.

Nachdem ich unter dem Geröll des Strandes vergebens nach einem Kiesel gesucht, welcher die Stelle eines Wetz- oder Schleifsteines hätte vertreten können, besann ich mich plötzlich auf die Sandsteinblöcke, die wir vor der Abfahrt von Sydney als Ballast in den untersten Raum unseres Schiffes gebracht hatten. Ich benutzte einen Augenblick des tiefsten Wasserstandes, um an Bord des gescheiterten Schiffes zu gehen, und ließ mich mittels einer Leine aus der großen Luke in den Raum hinunter. Hier bis an den Gürtel im Wasser stehend, tastete ich lange vergeblich herum; denn die in das Innere des Schiffes dringende Ebbe und Flut hatte auf dem Grunde eine Schlammschicht abgesetzt, welche das Suchen sehr erschwerte.

Endlich gelang es mir, einen leidlich geeigneten Stein zu entdecken. Ich band ihn an die Leine, hisste ihn, nachdem ich selbst wieder emporgestiegen war, aufs Deck, und schleppte ihn von hier an den Strand und nach Hause.

Ehe ich das Wrack verließ, riss ich von einer Planke einen großen eisernen Bolzen los, der schon halb vom Rost zernagt war und nur schwachen Widerstand leistete. Nachdem ich ihn im Feuer unseres Kamins glühend gemacht, gab ich ihm an dem einen Ende die Form eines Meißels und bediente mich dann dieses Werkzeugs und des Hammers, um meinen Stein möglichst regelrecht zu behauen. Der schwierigste, aber zugleich unerlässlichste Teil der Aufgabe war die Durchbohrung desselben. Ich musste in der Mitte ein Loch hindurchschlagen und durch dieses eine hölzerne Achse treiben, an welcher ich eine kleine Kurbel befestigt hatte. Aber andererseits durfte ich meinen Meißel nur mit der äußersten Vorsicht ansetzen, durfte mit dem Hammer nur ganz leichte Schläge tun, wenn ich den Stein nicht sprengen und die Arbeit von mehreren Tagen in einem einzigen Augenblick vernichten wollte. Endlich waren alle Schwierigkeiten überwunden. Ich schob die Achse durch den Stein, befestigte sie und legte dann das rohe Kunstwerk in die Gabeln zweier nahe beisammenstehender junger Bäume. Nun hatten wir einen Schleifstein;

wir konnten also nicht bloß unser Beil, sondern auch Meißel, Messer und ähnliche Werkzeuge scharf machen.

Immer darauf bedacht, unser Exil durch eine bestimmte Haus- und Lebensordnung erträglicher zu machen, beschlossen wir, jedes Mal am Montag Vormittag die nötigen Wäschen vorzunehmen. Die Kleider sollten dagegen erforderlichen Falls täglich nach der Rückkehr von der Jagd ausgebessert werden, und es kam nur selten vor, dass wir nicht irgendeine derartige Reparatur zu bewirken gehabt hätten.

Der ursprüngliche Kleiderstoff war somit unter der Menge der Flicken, welche ihn bedeckten oder ergänzten, allmählich verschwunden. Unsere Toilette bot eine Musterkarte von Geweben aller Art und aller Farben; größtenteils aber bestanden jene Flicken aus Segeltuch. Inzwischen waren wir sehr bald genötigt, das letztere zu schonen, denn wir konnten dessen vielleicht später zur Anfertigung eines Segels bedürfen.

Übrigens suchte jeder von uns seine Erfindungsgabe im Dienste des Gemeinwesens zu betätigen. Zu dem Geduldspiel und dem Damebrett gesellten wir ein Domino, und dann – wenn der Mensch den Weg des Luxus und des Vergnügens einmal betreten hat, weiß er sich so selten Stillstand zu gebieten – dann fertigte ich Spielkarten, ohne zu bedenken, dass sie auch unter uns, wie sonst überall, gar leicht ein Anlass der Zwietracht werden könnten. Es wäre dies in der Tat beinahe geschehen. Es ergab sich nämlich sehr bald, dass Musgrave trotz seiner vortrefflichen Eigenschaften als Seemann ein schlechter Spieler war, während er seltsamerweise vermeinte, auch in dieser zweifelhaften Kunst ein Meister zu sein; und obschon ausgemacht war, dass wir ohne Einsatz spielten – freilich eine sehr überflüssige Regel, da wir ohnehin nichts hatten – so machte ihn doch selbst der bloße Scheinverlust verdrießlich und wohl gar zur Schikane geneigt.

Ich hatte das Übel angerichtet, und mir fiel folglich auch die Aufgabe zu, es wieder zu beseitigen. Eines Abends, als Musgrave und ich beim Spiel abermals einige unfreundliche Worte gewechselt hatten, wartete ich nur das Ende der Partie ab, und warf dann ruhig und ohne ein Wort zu sprechen die Karten ins Feuer. Ich hatte sie aus den Blättern eines alten Schiffsjournals mit Hilfe von Mehlkleister gefertigt.

Hierbei fällt mir ein, dass ich den noch im Topf übrig gebliebenen Kleister mit Musgrave teilte und nie in meinem Leben etwas Delikateres gegessen zu haben glaubte. Es schmeckte beinahe wie Brot.

Indessen ward ich für meine Leckerhaftigkeit bestraft, denn da meine Zunge den Eindruck dieses ausgezeichneten Geschmacks mehrere Tage lang bewahrte, so hatte ich beim Anblick des zu Häupten meines Bettes hängenden kleinen Mehlvorrats wirkliche Tantalusqualen zu erdulden. Es kostete mich die größte Überwindung, nicht Brot oder Brei daraus zu machen und mich einmal recht zu erquicken. Doch sagte ich mir wohl, dass dies ein allen gleichmäßig zugehöriges, mir nur anvertrautes Gut sei, und ich wusste es zu achten. Hätte ich meiner Schwäche nachgegeben, so hätten beklagenswerte Folgen daraus entstehen können. Ich wäre dann unfehlbar der Achtung meiner Kameraden verlustig gegangen, und das Beispiel des Egoismus und der Lüsternheit, welches ich gegeben, würde vielleicht doch zu Ausschreitungen anderer Art, jedenfalls zu Missstimmung und Zwietracht geführt haben.

Als der Samstagabend kam, übergab ich George, meinem Nachfolger, die Wirtschaft im besten Zustande. Alles befand sich an seinem Platz, und die Dielen waren mit Seifenwasser gewaschen. Um aber meine Verwaltung so glänzend wie möglich zu beenden, bot ich meinen Kameraden, ehe sie sich niederlegten, die Wohltat eines warmen Bades, welches ich in mehreren halb durchgeschnittenen Fässern hergerichtet hatte. Es ist keine Prahlerei von mir, wenn ich versichere, dass diese Aufmerksamkeit mit Dank und Freude aufgenommen ward.

Dienstag, 15. März. Das Wetter, welches während der vergangenen Woche ziemlich rau und trüb war, hat sich ein wenig geklärt. Heute Morgen kommt der Wind aus Nordnordwest, jedoch nur schwach. Wir haben das Boot flott gemacht und sind bis zur Insel »Acht« gerudert.

Nachdem wir ans Land gestiegen waren, drangen wir, mit unseren Knütteln bewaffnet, in das Dickicht. Es dauerte nicht lange, so erreichten wir eine Lichtung in der Mitte der Insel und entdeckten hier zu unserer Überraschung die Spuren eines früheren Lagers. Eine Täuschung war nicht möglich. Auch erinnerten wir uns, wohl gehört zu haben, dass der Hafen von Carnley zuweilen von Walfängern besucht werde, und sofort, da die tatsächliche Gewissheit vorlag, ergriff uns alle der Gedanke an die Möglichkeit, früher oder später auf diese Weise gerettet zu werden. Die Mannschaft, welche hier gelagert, hatte ohne Zweifel aus Robbenschlägern bestanden. Noch bezeichnete ein von der Wirkung des Feuers herrührendes Loch im torfigen Boden die Stelle, wo dieselben ihren Herd aufgeschlagen; und nach der Tiefe dieser Aushöhlung zu urteilen, vermuteten wir, dass sie etwa zwei Wochen hier verweilt haben mochten.

Als ich schärfer umherspähte, sah ich zu meinen Füßen einen kleinen rötlichen Gegenstand liegen. Ich hob ihn auf. Es war eine dreieckige, mit einer dicken Lage Rost überzogene Feile – der unwiderleglichste Beweis, dass zivilisierte Menschen hier gewesen waren.

Nachdem ich meinen kostbaren Fund sicher geborgen, gesellte ich mich wieder zu meinen Kameraden, welche in das Dickicht zurückgekehrt waren, um Seelöwen aufzuspüren. Die fernher schallenden Stimmen derselben gaben uns Weg und Richtung an.

Aber erst am äußersten Ende der Insel erblickten wir sie selbst. Unter den vereinzelt stehenden Bäumen spielten ganze Gruppen junger Tiere um ihre Mütter her, während die letzteren beinahe alle beschäftigt waren, die jüngsten zu säugen. Mitten in der Szene reckte ein alter grämlicher Löwe die Glieder und sah mit ruhigem Blick den täppischen Possen der Enkelgeschlechter zu. Er hatte das ehrwürdige Ansehen eines Patriarchen.

Wenn er seinen Rachen öffnete, um schlaf- und sonnentrunken zu gähnen, so sahen wir, dass er bereits fast alle Zähne verloren hatte. Er musste sonach ein außerordentlich hohes Alter erreicht haben. Auch erschien uns sein Blick viel ruhiger als derjenige anderer Männchen; man konnte ihn sogar sanft nennen. Überdies war er noch wegen zweier großer weißer Narben merkwürdig, von welchen sich die eine unten am Halse, die andere auf der rechten Seite befand. Wir gaben ihm den Namen »König Tom«.

Geräuschlos näherten wir uns den Zugängen dieser neuen Waldlichtung und blieben eine Zeit lang unbeweglich stehen, um das unterhaltende Schauspiel zu betrachten.

Jedoch nicht lange, so hob der alte Löwe schnaubend und mit unruhiger Miene den Kopf und begann sich nach allen Seiten umzusehen. Ohne Zweifel hatten seine außerordentlich empfindsamen Nüstern unsere Nähe gewittert.

Sein Auge begann zu funkeln. Sich stolz emporrichtend, ließ er aus seiner gewaltigen Brust ein lautes, lang anhaltendes Knurren hören, welches die Aufmerksamkeit der Weibchen erweckte und die ganze Gruppe in Bewegung brachte. Die Jungen, sofort von ihren Spielen lassend, antworteten durch ein eigentümliches Blöken den heiseren Rufen der Mütter und drängten sich dicht um sie her.

In diesem Augenblicke stürzten wir uns mitten unter die Herde. In der allgemeinen Verwirrung ward es uns leicht, uns der weniger behänden unter den Jungen zu bemächtigen. Es blieben deren sieben auf dem Platze, und wir beeilten uns, sie fortzuschleppen. Musgrave, Alicks und ich fassten, nachdem wir unsere Knüttel an Harry abgegeben, je zwei an den Hinterflossen; Harry selbst mit seiner noch freien Hand das siebente. Es dauerte nicht lange, so hatten wir den Strand erreicht; das Boot ward geholt, die Beute hineingeworfen und der Rückweg nach Epigwait genommen.

Mittlerweile erscholl das wahrhaft herzzerreißende Geschrei der Mütter, in welches sich das Wutgebrüll des alten Löwen mischte. Aus Wald und Fels schien der Wiederhall uns nachzurufen, und ich glaube behaupten zu können, dass keiner unter uns war, der nicht die gebieterische Notwendigkeit beklagte, die uns zwang, in das friedliche Leben dieser Tiere mit so mörderischer Grausamkeit einzugreifen.

Wenige Augenblicke später sahen wir die Weibchen in Begleitung des alten Löwen auf uns zugeschwommen kommen, und obgleich wir unsere Schnelligkeit verdoppelten, umringten sie bald das Boot, welches ihre Jungen davontrug. Durch die Mutterliebe kühn gemacht, sprangen einzelne Tiere von Zeit zu Zeit in die Höhe, wie um sich über Bord zu schwingen; stürzten sie dann zurück, so wurden wir von einer Flut emporspritzenden Wassers überschwemmt.

Inzwischen war es doch erwünscht, von dem bedrohlichen Geleite befreit zu werden, da wir fürchten mussten, dass die unablässig wiederholten Angriffe endlich gelangen und unser Boot umschlug. Ich feuerte deshalb meine Flinte auf das nächste der Tiere ab. Ob der Schuss gefehlt oder getroffen, weiß ich nicht zu sagen; jedenfalls erschreckte der Knall den wilden brüllenden Schwarm in solchem Maße, dass er sofort verstummend die weitere Verfolgung aufgab. Mit günstigem Winde langten wir eine Stunde später wieder in der »Bai des Schiffbruchs« an.

Ich feuerte meine Flinte auf das nächste der Tiere ab.

Elftes Kapitel

Errichtung eines zweiten Signals – Ein neues Gericht – Warum ich auf das Bier verzichte – Unsere Papageien – Hunde auf der Insel

Unsere Jagd war eine ergiebige gewesen, denn wir hatten so viel Wild heimgebracht, dass wir es unmöglich verzehren konnten, bevor es die Frische verlor. Wir gedachten daher die Hälfte der Beute aufzubewahren, umso mehr, als allmählich der Winter nahte und wir dann vielleicht dem Mangel ausgesetzt waren.

Zu diesem Zwecke diente uns ein Teil des glücklich geretteten Salzes, indem wir vier von unseren Seelöwen zerlegten und die einzelnen Stücke mit Salzlagen bedeckten und alles zusammen in einem leeren Fass übereinander schichteten. Als das Fleisch nach einiger Zeit genugsam durchdrungen war, hingen wir diese Robbenschinken im Dachgebälk unseres Hauses auf.

Wir standen jetzt in der herbstlichen Tag- und Nachtgleiche, und das Wetter begann außerordentlich rau zu werden. Sturmartige Windstöße folgten einander fast unaufhörlich, während gleichzeitig ein mit Hagel gemischter Regen fiel. Dann und wann zerrissen grelle Blitze die schwarzen Wolkenmassen; der Donner rollte und krachte;

und mit dem Brausen des Meeres mischte sich das Stürzen der vom Sturme gebrochenen Stämme, das Knarren der Äste und das Rauschen des Laubes, das wie in Wolken zusammengeballt bis auf die Fluten der Bai getragen ward.

Dort aber am Strande tobte die wildeste Brandung, und der Schaum spritzte noch weit über das Dach unserer Hütte. Ja, zuweilen schleuderte der Blitz einen jener halb frei schwebenden Blöcke des Gebirges von seinem luftigen Gipfel herab, dass er wie eine Lawine die Hänge hinunterrollte, alles zerschmetternd und weithin die ungestümen Spuren reißend, bis er endlich an den letzten Felsstufen des Strandes anlangte und hoch aufrauschend ins Meer schlug.

In der Tat, es war, als ob die empörten Elemente endlich doch die morschen Fesseln zersprengt hätten, und die Welt wieder in das alte Chaos zurückstürze.

Acht ganze Tage sahen wir uns in unserer Hütte festgehalten. Diese selbst aber, abgesehen von einigen leichteren Beschädigungen, leistete dem Sturme siegreichen Widerstand; sie konnte es allerdings nur, weil wir auf der dem Meere zugewendeten Seite eine Schutzmauer von Bäumen hatten stehen lassen, durch welche der Anprall des Windes gebrochen ward. Auch die außen an dem Hause angebrachten Stützen erwiesen sich jetzt als sehr zweckmäßig. Nicht minder durften wir uns freuen, dass wir vor dem Ausbruch des Sturmes einen reicheren Vorrat von Lebensmitteln beschafft und zur Erhaltung derselben Sorge getragen hatten, da wir anderenfalls alle Pein des Hungers zu leiden gehabt haben würden.

Da gegen die Mitte der nächstfolgenden Woche wieder ruhigeres Wetter eintrat und wir uns wieder auf das Wasser der Bai wagen durften, so trafen wir Anstalten zu einem Besuch auf der Insel Musgrave, um zu sehen, ob das von uns dort errichtete Signal noch vorhanden sei.

Donnerstag, am 24. März, machten wir früh das Boot flott und spannten die Segel, während unser Norweger, der die Wirtschaft zu führen hatte, daheim blieb. Der Wind war günstig, sodass er uns sehr bald bis zu dem Landungspunkte führte.

Die Stange, welche unsere Fahne getragen, stand – überraschend genug – noch auf der alten Stelle; die Fahne selbst aber war verschwunden; der Sturm hatte sie mit fortgerissen. Einige Schritte entfernt lag die Flasche, fast ganz in den weichen Boden hineingedrückt, aber unversehrt.

In der Voraussetzung, dass entweder ein ganz neues Signal aufzustellen, oder das alte wenigstens zu ergänzen sein würde, hatten wir bereits einige in Form einer Scheibe zusammengefügte Bretter mitgebracht, die wir mit weißer Kalktünche überstrichen hatten. In der Mitte dieser Scheibe stand ein riesiges N. Ich hatte es mit einer aus Tran und Talg gemischten Schwärze gemalt und wollte damit die Richtung andeuten, welche man einzuschlagen habe, um in die Bai des Schiffbruchs zu gelangen.

Diese Scheibe wurde an zwei starken Stangen dem Haupteingang des Hafens von Carnley gegenüber befestigt. Das Gebirge mit seinen Waldmassen bildete einen Hintergrund, gegen dessen Dunkel sie sich scharf abhob, sodass sie vom Meer aus in ziemlich großer Entfernung wahrgenommen werden musste.

Unmittelbar über der Scheibe hingen wir die Flasche auf; dann kehrten wir nach Epigwait zurück.

Da am nächstfolgenden Tage das Wetter immer noch günstig war, beeilten wir uns, einen zweiten Besuch auf der Insel Acht zu machen, um womöglich unsere fast erschöpften Lebensmittelvorräte zu erneuern.

Unsere Jagd war auch diesmal nicht bloß glücklich, sondern insofern auch interessant, als ein komischer Zwischenfall eintrat, der jedoch unter anderen Umständen eine ernstere Wendung hätte nehmen können.

Als wir vorsichtig und geräuschlos bis zu der Lichtung vorgedrungen waren, welche den Bereich des alten Königs Tom bildete, fanden wir wiederum eine große Anzahl junger Robben um einige Weibchen und den alten Monarchen her in spielenden Gruppen versammelt. Aber kaum hatte uns der letztere gewahrt, so wandte er sich uns entgegen und zeigte sein stumpfes lückenhaftes Gebiss, wie um uns zum Kampfe herauszufordern. Weil wir ihn jedoch nicht töten wollten, so begnügten wir uns ihm auszuweichen und richteten, trotz seiner Wut, unter den jungen Robben ein bedeutendes Blutbad an. Nun wiederholten sich die früheren Szenen. Während wir eilten, unsere Opfer an den Strand und in das Boot zu schleppen, wurden wir von dem alten Löwen und seinen Weibchen, die jetzt weniger furchtsam waren als bei unserem ersten Überfall, hart verfolgt, erreichten aber, da die Gegend eine freiere Bewegung gestattete, ungefährdet unser Ziel – bis auf George. Dieser, durch seine schwere Bürde vielfach gehemmt, sah sich plötzlich in einer Schlucht einer großen Löwin gegenüber. Rechts oder links vorbeizuschlüpfen war ihm unmöglich, denn sie versperrte den schmalen Weg vollständig, und zum Umkehren war es zu spät. Unwillkürlich ließ George seine Beute los, packte einen über ihn hinabgekrümmten starken Ast und schwang sich mit einem Satz hinauf – gerade noch rechtzeitig, um dem Biss des wütenden Tieres zu entschlüpfen. Letzteres aber, welches sich durchaus nicht um seine Rache betrügen lassen wollte, setzte sich ruhig unter dem Baume fest, die Augen unverwandt auf seinen Feind gerichtet. So vergingen mehrere Minuten, während welcher die beiden in vollkommener Unbeweglichkeit einander beobachteten. Wer weiß, wie lange der arme George noch auf seinem unbequemen Sitze hätte aushalten müssen, wenn ich nicht mit meiner Flinte hinzugekommen wäre und der Robbe eine Kugel durch den Kopf gejagt hätte!

Zwar verfolgten uns die übrigen größeren Tiere auch diesmal bis an den Strand, doch die hier allenthalben umherliegenden Felsentrümmer hielten sie in ihren Bewegungen allzu sehr auf, sodass wir uns eines eigentlichen Angriffes nicht weiter zu erwehren hatten. Wir warfen die erlegte Beute in das Boot, welches diese kaum fassen konnte, denn es waren nicht weniger als elf Robben.

Bei unserer Rückkehr wurden sofort neun derselben eingesalzen und für die Tage des bevorstehenden Winters aufbewahrt. Die beiden anderen wurden sofort verzehrt.

Die ausschließliche Fleischkost, zu welcher wir uns hier verurteilt sahen, war aber, abgesehen von ihrem ekelerregenden tranigen Geschmack, auch ungesund, wenigstens für uns, die wir von Kindheit auf an eine Nahrung gewöhnt waren, bei welcher das Brot, die mehlhaltigen und die grünen Gemüse, mit einem Worte die Pflanzenstoffe eine nicht weniger wichtige Rolle spielten als das Fleisch. Wir hatten daher in dieser Beziehung bald viel zu leiden. Alle Versuche, einige auf der Insel wachsende Wurzelgewächse mit zu unserer Ernährung zu verwenden, hatten sich fruchtlos gezeigt, da keines von diesen ohne Nachteil essbar war. Wie oft hörte ich Harry den Wunsch aussprechen, nur die Kartoffelschalen zu haben, welche er während der Seefahrt über Bord geworfen!

Immer noch mit dem Gedanken beschäftigt, irgendein genießbares Kraut zu entdecken, hatte ich an einigen sumpfigen Stellen eine Pflanze mit runden, trichterförmigen Blättern bemerkt, welche fast die Größe eines Tellers hatten und sich büschelartig an der Spitze eines langen, röhrenförmigen Stängels entwickelten. Der Unterstock der Pflanze breitete sich übrigens waagerecht, fast kriechend aus und ward durch zahlreiche kleine Wurzeln am Boden festgehalten. Aus der Mitte des Blätterbüschels wuchs im Frühling an einem schlanken Schaft ein dicker Strauß weißer dreiblätteriger Blüten, der sich später in eine dichte Traube kleiner schwarzer Beeren verwandelte. Das Mark des Stockes bestand aus einer fleischigen, anscheinend zuckerartigen Masse. Da dieselbe aber mit holzigen Fasern untermischt war, so musste sie, wenn sie überhaupt essbar werden sollte, zuvor irgendeinem Reinigungsverfahren unterworfen werden. Wir hießen die Pflanze etwas voreilig »Sacchary«.

Ich kam auf den Einfall, von einem Stück Blech, auf welchem die Küchenöfen unseres Schiffes gestanden, ein Reibeisen zu machen. Nachdem ich eine Anzahl kleiner Löcher hineingeschlagen und ihm eine halbrunde Form gegeben, nagelte ich es mit beiden Rändern auf ein Brettchen.

Dann rieben wir mit seiner Hilfe mehrere Stücken Sacchary und buken sie in Robbentran.

Dieses neue Gericht, welches große Ähnlichkeit mit feinen Sägespänen hatte, ward mit einem gewissen Zeremoniell aufgetragen. Leider aber entsprach es unseren Hoffnungen nicht. Erst als wir es mit Fleischbrühe benetzt, konnten wir es bewältigen, nicht ohne von den zahlreichen holzigen Fasern empfindlich belästigt zu werden. Dennoch fuhren mehrere von uns fort, zuweilen von der neuen Speise zu probieren und gewöhnten sich endlich daran. Was mich betraf, so wollte mir dies nie gelingen.

Ich machte nun einen Versuch, die zuckerhaltigen Eigenschaften dieser Pflanze auf andere Weise zu benutzen. Ich rieb zu diesem Zweck eine ziemlich große Menge derselben, schüttete kochendes Wasser darauf und ließ das Ganze gären.

Meine Kameraden, welche diese Anstalten mit großer Neugier verfolgten, fragten mich, was ich machen wolle. Ich schwieg, und erst nach wiederholtem Drängen bekannte ich, dass es meine Absicht sei, ein Getränk herzustellen; »eine Art Tafelbier«, setzte ich halblaut hinzu. Allgemeines Gelächter war die Antwort. Als aber am nächstfolgenden Tage die Flüssigkeit wirklich in Gärung überging, ward ich fast einstimmig aufgefordert, sie zu destillieren und – Branntwein daraus zu machen. Einer der Läufe meiner Flinte sollte die Stelle der sogenannten Schlangenröhre vertreten, indem man ihn an den Hals des Siedekessels anpassen, mit Leinwand umwickeln und fortwährend mit kaltem Wasser begießen wollte. Allerdings würde dieser Destillationsapparat wohl notdürftig genügt haben, doch umso mehr bereute ich nun, überhaupt auf solche Pläne gekommen zu sein. Denn ich konnte mir nicht verbergen, dass, wenn es uns in der Tat gelang, Alkohol zu bereiten, die Gefahren des Missbrauchs auf die Dauer ganz unvermeidlich sein würden. Und sie wären das Entsetzlichste gewesen, was uns treffen konnte.

Um daher solchen Gelüsten und solchen Folgen vorzubeugen, entsagte ich meinem Vorsatz, so eifrig mich derselbe auch beschäftigt hatte. Unter dem Vorgehen, die Gärung sei noch nicht weit genug gediehen, ließ ich den Absud sauer werden, sodass wir ihn fortschütten mussten. Der verfängliche Stoff war nun beseitigt, und als ein paar Tage vergangen waren, durfte ich es wagen, die wahren Gründe meiner Handlungsweise anzudeuten. Auch ward infolge meines ablehnenden Verhaltens das Experiment niemals wieder erneuert.

In einem gleichförmig öden, von Freuden so entblößten Leben wie das unsere, war auch der geringste Vorfall von Wichtigkeit. Deshalb will ich jetzt die Geschichte unserer Papageien erzählen.

Eines Tages, als wir beabsichtigten neue Wurzeln zu suchen, bemerkte Harry einen Papagei, der von Zeit zu Zeit in das Astloch eines Baumes hineinkroch, um beinahe sofort wieder herauszukommen. In der sicheren Voraussetzung, dass der Vogel dort eine junge Brut füttere, benutzte er eine der Zwischenzeiten zu näherer Untersuchung des Nestes. Er hatte sich nicht geirrt. Als er mit der Hand in das Loch des Baumes fuhr, fasste er drei junge, schon völlig befiederte Papageien. Sofort begann er, aus dünnen Reisern, die er sehr geschickt zu flechten verstand, einen kleinen Käfig zu fertigen und brachte darin die jungen Vögel vor Einbruch der Nacht nach Epigwait.

Wir gaben ihnen Saccharybeeren, die wir vorher zerquetscht und mit etwas kleingehacktem gebratenem Robbenfleisch vermischt hatten. Eines der Tiere starb sehr bald. Die beiden anderen dagegen gewöhnten sich an dieses Futter und lebten den ganzen Winter. Es waren ein Männchen und ein Weibchen. Da sie das Gitter ihres Käfigs in kurzer Zeit durchbissen hatten, so ließen wir sie ohne Weiteres im Innern der Hütte herumfliegen, eine Freiheit, welche sie nur umso zutraulicher machte. Übrigens brachten wir ihnen täglich einen frischen, mit Blättern und Beeren versehenen Zweig. Dieser ward am Fuße von Harrys Bett, dicht am Kamin befestigt, sodass er den beiden Vögeln abends zugleich als Schlafstätte diente.

Das Männchen lernte sehr schnell einige Worte Englisch sprechen und begann schon mit Tagesanbruch sein ergötzliches Geplapper.

Regelmäßig um die Stunde des Mittagessens pflegten beide Vögel sich zu baden. Wir hatten ihnen dazu einen alten Blechkasten gegeben, den wir unter den eben erwähnten Zweig stellten. Sie waren in dieser Beziehung höchst wählerisch. Denn das Wasser musste stets hell und frisch geschöpft sein; falls nicht, blieb es unberührt. Wenn sie aus dem Bade kamen, trockneten sie sich am Feuer des Kamins. Auf den Herdstein hinaufkletternd, drehten sie sich bald nach der einen, bald nach der anderen Seite, ohne einen anderen Ausdruck als den des Ernstes, ja der Gravität zu zeigen. Waren sie dann sattsam getrocknet, so hüpften sie, ehe wir noch unsere Mahlzeit geendigt, auf den Tisch, und Boss – so hieß das Männchen – verlangte in mustergültigem Englisch seinen Anteil an dem Braten.

Leider aber sollten wir uns dieser einzigen Aufheiterung in unserer trüben Einsamkeit nicht lange erfreuen. Boss kam auf wahrhaft traurige Weise um, als er eines Tages, zu Harrys Füßen spielend, von diesem unversehens mit einer Flut siedenden Wassers überschüttet wurde. Acht Tage später verloren wir auch das Weibchen; ohne Nahrung zu sich zu nehmen, starb es aus Gram. Wir alle waren tief betrübt über den Tod dieser von uns mit großer Liebe gepflegten Tiere.

Ich finde in meinem Tagebuch unter demselben Datum noch einen zweiten Vorfall erzählt, dessen ich ebenfalls gedenke, da er uns nicht minder, wenn auch in ganz anderer Weise erregte. Wir hatten mehrmals Laute zu hören geglaubt, welche täuschend wie ein fernes Hundegebell klangen. Anfangs hatte sie nur der eine oder der andere, zuletzt jeder von uns vernommen. Aber wie? Gab es denn wirklich Hunde auf dieser Insel? Und wenn es sie gab, auf welche Weise sollten wir ihre Anwesenheit erklären? Gehörten sie vielleicht gar zu einem Schiff, welches in einer der Nachbarbuchten von Carnley oder weit drüben in Port Ross, im nördlichen Teil der Gruppe, vor Anker lag? So tauchten hundert Vermutungen in uns auf; aber keine von allen war verlockender als die zuletzt erwähnte, und in fast fieberhaftem Eifer dachten wir daran, sofort ihre Richtigkeit zu erproben.

Indessen mussten wir uns in dem ersten Augenblicke ruhiger Besinnung zugleich der unzähligen Schwierigkeiten erinnern, welche die Erforschung dieser Inseln, selbst unter den günstigsten Umständen, beinahe unausführbar machten. Wie sollten wir uns auf einem so stürmischen Meere und in einem so gebrechlichen Fahrzeuge wie dem unsrigen soweit fortwagen? Es wäre Verwegenheit, ja es wäre Wahnsinn gewesen! Und so verzichteten wir.

Übrigens sprach die größere Wahrscheinlichkeit dafür, dass die Hunde – ihre Existenz vorausgesetzt – entweder von jenem Walfänger, dessen Spuren wir auf der Insel Acht gefunden, oder auch von den Teilhabern der im Jahre 1850 wieder aufgegebenen Niederlassung »Enderby« zurückgelassen worden waren.

Wenn nun auch die Frage, woher sie gekommen seien, für uns stets ein ungelöstes Rätsel blieb, so ward uns doch wenigstens das Vorhandensein dieser Tiere außer allen Zweifel gesetzt. Denn wir sahen sie.

Da nämlich unser Vorrat an frischem Fleisch beinahe erschöpft war und das wieder rau gewordene Wetter uns nicht erlaubte, uns mit dem Boote nach der Insel Acht, unserer eigentlichen Jagdstation, zu begeben, so beschlossen wir, den Strand in nordwestlicher Richtung entlang zu gehen, und zwar bis an die Stelle, wo ich früher die Enten geschossen. Wir hofften, hier auf einige im Grase des Gestades eingeschlafene Seelöwen zu stoßen.

Alick und Harry, welche zuerst fertig waren, schritten voraus, George sollte in Epigwait zurückbleiben, und wir anderen standen eben im Begriff uns gleichfalls auf den Weg zu machen, als uns Harry ganz außer Atem wieder entgegenstürzte. In höchster Aufregung erzählte er, dass ihm und Alick soeben am Strande zwei Hunde begegnet seien: der eine ein schöner schwarz und weiß gezeichneter Schäferhund mit langem buschigem Schweife; der andere kleiner von Gestalt, ein Mischling von Jagdhund und Bulldogge. Alick sei zurückgeblieben, um die Bewegungen dieser Tiere im Auge zu behalten; er selber aber, Harry, wolle schleunigst ein Stück Fleisch und einen Strick holen, um sie, wenn irgend möglich, anzulocken und einzufangen. Freilich werde das immer ein gutes Stück Arbeit kosten, da die Hunde sehr scheu und wild seien.

Sobald wir uns mit den notwendigen Gegenständen versehen, eilten wir alle drei zum Strande; nach wenigen Augenblicken aber sahen wir Alick auf uns zukommen. Er berichtete, dass er in Abwesenheit seines Begleiters sich langsam den Hunden zu nähern und sie anzulocken versucht habe. Der Ton seiner Stimme habe sie aber anscheinend in großen Schrecken versetzt, und sobald er einen Schritt vorwärts getan, seien sie in das Dickicht, ihm unerreichbar, entflohen.

Da wir uns mittlerweile dem Orte genähert hatten, wo sie verschwunden waren, so sahen wir auf dem weichen Moorboden aufs deutlichste die Fährten beider Tiere.

Umso schmerzlicher freilich empfanden wir jetzt die Enttäuschung. Denn in der Tat hatten wir uns schon im Besitz zweier treuer Begleiter, zweier Genossen geglaubt, die uns hilfreich und zugetan das fernere Leben in dieser Verbannung mit uns teilten!

Zum Glück ging wenigstens der Rest des Tages nicht ganz leer für uns aus. Wir erlegten nämlich eine Robbe und ihr Junges, und da ich mein Gewehr mit mir führte, so gelang es auch noch, ein Dutzend Vögel zu schießen. Wir mussten unsere Beute (mit Ausnahme dieser letzteren) sogleich an Ort und Stelle zerstückeln, um sie fortschaffen zu können, und langten erst spät abends ermüdet in Epigwait an.

Zwölftes Kapitel
Eine Nacht unter freiem Himmel – Ich versuche, Robbenhäute zu gerben

1. Mai. Der Winter rückt heran, die Morgen und Abende sind bitterkalt. Nicht bloß die Vögel, auch die Seelöwen werden immer seltener, und mit düsterer Sorge blicken wir in die Zukunft. Schon taucht drohend das Gespenst des Hungers am Horizont empor; wie nun? Wenn wir hier wirklich noch Monat um Monat harren sollten? Wenn man uns wirklich preisgäbe? Wäre nur die Witterung weniger ungünstig, dann könnten wir doch unsere Nachforschungen weiter fortsetzen. Es ist uns aber nur ausnahmsweise einmal vergönnt, uns auf die Wellen der Bai zu wagen.

Wir lassen Harry, welcher die Wache hat, in Epigwait und rücken zu Fuß schon am frühen Morgen aus, um die südliche, uns noch gänzlich unbekannte Küste zu erforschen. Aber es ist unmöglich, den Strand entlang zu wandern, da er allenthalben mit steilen Felsenwänden ins Meer fällt. Wir müssen uns deshalb mehr auf der Höhe den mühevollen Weg durch das Dickicht bahnen.

Kurz vor Mittag gelangen wir an die kleine Landenge, welche die Hauptinsel mit der Halbinsel Musgrave verbindet. Es war dies das Ziel unseres Ausflugs. Denn da das Terrain hier niedrig und leicht zugänglich war, so hofften wir einige Seelöwen zu finden.

Nachdem wir eine Weile auf einem Baumstamme geruht, durchstreiften wir die ganze Umgebung, ohne irgendeine Stelle undurchsucht zu lassen. Indessen war alle Mühe vergeblich; es war keine einzige Robbe zu finden.

Ermattet und durch den Mangel an Erfolg ebenso entmutigt wie durch die Anstrengung, berieten wir uns, was zu tun sei. Unser aller Meinung ging dahin, ungesäumt nach Epigwait zurückzukehren. Doch wenn wir dies auch sofort und mit möglichster Beschleunigung getan hätten, so durften wir dennoch nicht hoffen, noch vor Einbruch der Nacht wieder in unsere Behausung zu gelangen. Und überdies – was konnte es nützen, wenn wir mit leeren Händen zurückkamen? Nein; da wir einmal so weit gekommen waren, so war es besser, unseren Weg weiter fortzusetzen und die Landenge zu überschreiten, um möglicherweise am entgegengesetzten Strande zu finden, was wir hier vergebens gesucht hatten.

Es währte nicht lange, so öffnete sich eine große, fast kreisrunde Bai vor unseren Blicken. Gewaltige Geröllmassen bedeckten den Strand, ausgenommen gegen die Mitte hin, wo auf einer Strecke von etwa hundert Metern bloßer Kies lagerte. Von der entgegengesetzten Seite, uns gegenüber, ward die Bai durch eine hohe Felsmasse begrenzt, welche den Zugang des Hafens verbarg.

Nur langsam und beschwerlich, über die Steintrümmer hinan klimmend und mit gespannten Sinnen jeden Punkt verfolgend, drangen wir weiter vor, aber ohne auch nur eine Spur von Robben zu entdecken. Endlich erreichten wir die Kiesstrecke, welche uns gestattete, etwas bequemer zu gehen.

Ruhebedürftig und ausgehungert, wie wir waren, setzten wir uns hier am Fuße eines Felsens nieder und warteten, bis die Ebbe tief genug gesunken sein würde, um uns zu gestatten, in das Wasser zu waten und von den Riffen einige Muscheln zu sammeln.

Ungefähr eine Stunde später hatten wir deren eine ziemliche Menge beisammen. Wir verschlangen sie mit wahrer Gier, wiewohl an irgendwelche Zubereitung natürlich nicht zu denken war. Doch musste der arme Musgrave den ungewohnten Genuss schwer büßen, indem er bald darauf von einer überaus heftigen Kolik befallen ward.

Eine Stunde später hatten wir eine ziemliche Menge Muscheln beisammen.

Die Nacht kam – kalt, düster, drohend. Den uns noch so fremden und in der Dunkelheit wahrhaft gefahrvollen Weg nach Epigwait antreten zu wollen, konnte keinem in den Sinn kommen. Wir mussten daher bleiben, wo wir waren, und geduldig den Tag erwarten. Dicht aneinandergedrängt, um uns gegenseitig vor der Kälte zu schützen; an Harry denkend, der uns in Sorgen erwartete; gebrochen an Leib und Seele, und Musgrave krank – so verbrachten wir die Nacht, eine sechzehnstündige Winternacht, unter freiem Himmel. Unser einziger Schutz war der Felsen, hinter welchem wir uns bargen; wenigstens schirmte er uns doch einigermaßen vor der Heftigkeit des Windes.

Endlich, zwischen sieben und acht Uhr morgens, begann sich der erste Schimmer der Dämmerung zu zeigen. Der Wind legte sich, aber nun wälzten sich vom Meere her dichte Nebelschwaden, welchen bald ein feiner, eisiger Regen folgte. Es galt, keinen Augenblick weiter zu verlieren. Durchnässt, erstarrt und vor Hunger der Ohnmacht nahe, verließen wir den Schutz unseres Felsens und benutzten den tiefen Wasserstand, um einige Muscheln zu fischen, die wir aber diesmal mit mehr Mäßigung genossen. Dann setzten wir, wenn auch nur halb gesättigt, unseren Weg weiter fort.

Ich ging mit Musgrave ein wenig voraus; die beiden Matrosen

folgten. Wir sprachen wenig, versagte uns doch in unserer trüben Stimmung fast der gewohnte Laut der Rede. Schon hatten wir die bereits erwähnten Geröllmassen wieder erreicht, als aus dem Dickicht her ein leichtes Geräusch unsere Aufmerksamkeit auf sich zog. Wir waren horchend stehen geblieben, und George und Alick, welche sofort ihren Schritt beschleunigten, holten uns sehr bald ein. Das Geräusch schwieg, sodass wir schon fürchteten, uns getäuscht zu haben; plötzlich aber ließ es sich von Neuem hören. Ich spannte den Hahn meiner Flinte, meine Begleiter fassten ihre Knüttel fester – so warteten wir. Nach wenigen Augenblicken zeigte sich, zwischen Farnkrautbüschen hervorschauend, ein Kopf. Es war eine junge Seelöwin, welche sich anschickte, nach dem Strande hinunterzuklettern. Sie musste während der Nacht ans Land gekommen sein, denn am Abend zuvor hatten wir, wie schon gesagt, keinerlei Spur bemerkt. Bei unserem Anblick zögerte sie, wie unentschlossen, ob sie ihren Weg weiter fortsetzen, oder ob sie umkehren solle. Da uns aber alles daran liegen musste, sie nicht entschlüpfen zu lassen, so gab ich sofort Feuer und zerschmetterte ihr den Kopf.

Etwa eine halbe Stunde später, nachdem wir die Robbe zerlegt hatten, schritten wir, gebückt unter der Last unserer Beute, aber ohne noch Ermüdung zu fühlen, ja frohen Mutes, in der Richtung auf Epigwait zu, wo wir gegen Mittag, nach dreißigstündiger Abwesenheit, ankamen. Als Harry uns wiedersah, stürzten ihm die Tränen aus den Augen. Der arme Bursche hatte eine angstvolle Nacht verbracht und uns fast schon verloren geglaubt.

Inzwischen gestaltete sich unsere Lage mit jedem Tage bedenklicher. Kaum hatten wir dem sich immer erneuernden Bedürfnis der Nahrung genügt, so meldete sich ein anderes, welches nicht minder dringend war. Ich habe schon erwähnt, dass wir bei unserer Abfahrt von Sydney, in der Voraussetzung baldiger Rückkehr, keinen großen Vorrat an Kleidung und namentlich an Schuhwerk mitgenommen hatten.

Meine Genossen waren in dieser Beziehung übler daran als ich. Wenigstens besaß ich außer meinen Schuhen noch ein Paar vortreffliche Stiefel, die ich nicht viel getragen hatte, weil ich lange Zeit krank und unvermögend gewesen war, größere Märsche zu machen. Für meine Kameraden dagegen, die unaufhörlich an den felsigen Küsten umhergeklettert waren, kam sehr bald der Augenblick, in dem das Schuhwerk ihnen geradezu von den Füßen fiel. Was war

Dicht aneinandergedrängt,verbrachten wir die Nacht unter freiem Himmel.

in solcher Not zu tun? Wiederholt hatten sie versucht, aus dem Felle der Robben eine Art Mokassins oder Lederstrümpfe zu fertigen, indessen stets ohne dauernden Erfolg. Diese unbehandelte Tierhaut ward in dem sumpfigen Boden unserer Moore sofort schlaff; sie ließ Wasser durch und zerriss an den scharfen Felsen des Gestades binnen weniger Tage. Eben deshalb musste sie unaufhörlich erneuert werden, und zuletzt reichte die Zahl der Tiere, welche wir erlegten, für diesen Zweck bei Weitem nicht mehr aus.

Ich kam nun auf den Gedanken, diese Häute vor der Verarbeitung zu gerben. Nachdem ich die Rinde verschiedener Bäume und Sträucher der Insel daraufhin untersucht, gewann ich die Überzeugung, dass diejenige des Eisenholzes die geeignetste sei. Ihre in hohem Grade zusammenziehende Kraft ließ auf einen entsprechenden Gehalt an Gerbstoff schließen, obschon das Gewebe der Rinde, wie ich schon früher bemerkt, verhältnismäßig dünn war. Ich verschaffte mir eine genügende Menge derselben, zerhackte und kochte sie, bis die Flüssigkeit sich dunkel bräunte, und goss sie hierauf in ein Fass. In einer anderen Tonne bereitete ich eine Kalklösung aus vorher verkalkten Muschelschalen und legte dann in dieses Bad mehrere Häute, welche zu einem Teile von den stärksten, zum anderen von den jüngsten Tieren herrührten. Ich hatte die Absicht, bevor ich sie gerbte, mittels dieses Alkalis die Fettstoffe zu entfernen, von denen sie durchdrungen waren.

Nachdem die Häute zwei Wochen in dem Kalkwasser gelegen hatten, wurden sie herausgenommen. Unterdessen hatte ich von einigen Brettern eine Art Gerüst gefertigt, um die Felle darauf auszubreiten und sie vollends zu reinigen. Dies ließ sich im Ganzen leicht genug bewerkstelligen. Jedoch enthaarten wir nur die stärksten Häute, während wir den von jüngeren Tieren hergenommenen, aus denen wir später Kleider zu machen gedachten, jene wärmende Bedeckung sorgfältig erhielten. Was die Fettstoffe betraf, so hatten sie in Verbindung mit dem Kalk eine Art Seife gebildet, und wir entledigten uns derselben ohne Mühe, indem wir die Häute mehrere Stunden lang in das fließende Wasser des Baches versenkten. Dann legten wir sie zwischen mehrere mit schweren Steinen belastete Bretter, um den etwa noch darin enthaltenen Rest von Kalk vollständig auszupressen. Nach mehrmaliger Wiederholung dieses letzteren Verfahrens konnte endlich die Haut in das Gerbebad gebracht werden. Doch obschon wir die Flüssigkeit mit aller Sorgfalt von Zeit zu Zeit erneuerten, waren die stärksten Häute erst gegen Ende des Winters, vier Monate später, hinreichend zubereitet.

21. Mai. Während der jüngst vergangenen Wochen sind wir in Bezug auf unsere Nahrung ein wenig besser daran gewesen als früher. Besonders während der tiefen Ebben der letzten Tage haben wir einige Muscheln und unter den Felsen selbst einige Fische fangen können. Überdies haben wir auch drei Robben erlegt, welche in der Nähe von Epigwait ihr Nachtlager aufgeschlagen hatten.

Das Wetter ist veränderlich, meistenteils aber kalt und feucht. Das Thermometer, das nachts regelmäßig unter dem Gefrierpunkt steht, steigt mittags höchstens bis auf drei Grad über Null im Schatten.

Im Schatten sage ich. Als wenn wir nicht immer darin wären! Kaum wird im Laufe einer Woche die Sonne ein- oder zweimal auf einen kurzen Augenblick sichtbar. Dann lugt sie bleich zwischen zwei Wolken hindurch: eine blöde, frierende Wintersonne! Ja, zuweilen kommt sie ganze vierzehn Tage hintereinander nicht zum Vorschein. Welch ein Dasein, stets diesen grauen Schleier, diese schwer herabhängende Nebel- und Wolkendecke über dem Haupte zu haben! Es gibt kein Blau, es gibt keinen Himmel mehr.

Dennoch gibt es etwas, das auf mich, ebenso wie auf meine Kameraden, einen noch peinlicheren, noch schwermütigeren und, fast möchte ich sagen, geradezu aufreibenden Eindruck macht. Das ist das eintönige, hohle Anschlagen der Brandung und mit ihr verbunden das Brausen des Windes in den nahen halbentblätterten Bäumen: das eine wie das andere uns unaufhörlich an unser trauriges Los erinnernd. Dazu kommt die zuweilen fast fieberhafte Aufregung unserer Nerven, der dann wieder die düsterste Melancholie folgt. Ja, ich bin überzeugt, dass wir diesen Anwandlungen dumpfer Mutlosigkeit schon längst erlegen wären, wenn uns nicht die fortwährende Arbeit, welche uns jede Stunde brachte, aufrecht erhalten hätte.

Die Arbeit! O wie habe ich ihren Wert schätzen gelernt! Welch eine Wohltat Gottes ist sie! Welch ein Glück, dass der mit so reichen Kräften des Leibes und der Seele ausgestattete Mensch auch die Arbeit besitzt, welche diesen Kräften Raum und Stoff und Ziel gibt! Auf welche Abwege würde er ohne diesen Trieb und Zügel geraten? Wäre er nicht ohne sie unvermeidlich verurteilt, die Beute entweder einer stumpfen, schimpflichen Erstarrung oder der scheußlichsten Laster zu werden? Man bewundert die harmonischen Gesetze, welche die Welt regieren; ich bewundere ganz besonders jenes nicht weniger harmonische Gesetz der Bedürfnisse, welche die Arbeit herbeirufen, und der Arbeit, welche den Bedürfnissen entspricht, sodass eben aus beiden das wahrhaft gesunde und glückliche Leben des Menschen hervorgeht; ich bewundere es von dem uneigennützigen Standpunkte des Betrachters aus, und ich liebe und segne es, weil es mich gerettet hat.

Dreizehntes Kapitel

Der Schnee – Die Seelöwen ziehen fort – Tod des Königs Tom – Das Südlicht – Ein Erdbeben

Montag, 23. Mai. Ein dichter Schneeteppich bedeckt die Erde. Das immergrüne Laub der australischen Flora verschwindet unter einer Schicht aufgehäufter Flocken; die Bäume, die Sträucher, die Grasbüschel sind ebenso viele weiße Bouquets. Die Natur scheint sich geschmückt zu haben wie zu einem Feste, aber wie zu einem Feste des Todes.

Eine wundersame Ruhe liegt über Land und Meer. Die Wasserfläche der Bai kräuselt sich kaum unter dem leisen Hauch des

Windes. Diese hoch hinwallenden, tieferbrausenden Wogen mit ihren weißen Schaumkronen – sie haben sich zum sanften Spiegel geglättet, der das Bild der seltsam verwandelten Natur getreu zurückgibt: die Strandfelsen und die Bäume der Küste, und über ihnen die in ihre weißen Mäntel eingehüllten Berge, welche in Folge einer optischen Täuschung jetzt niedriger zu sein schienen als zuvor, da kein Schnee auf ihnen lag.

Die Atmosphäre ist von kristallener Durchsichtigkeit, sodass das Auge am fernsten Horizont Punkte unterscheidet, welche sich ihm sonst völlig entziehen. Die Entfernungen erscheinen verkürzt, alle Gegenstände in überraschender Weise zusammengerückt.

Und welch ein feierliches, zauberähnliches Schweigen liegt über diesen Einöden, die bisher nur der Tummelplatz wilder Stürme gewesen! Wohin du auch lauschest: nirgends ein Laut! Nur dann und wann der einsame, schüchterne Ruf eines Vogels oder fernher das dumpfe Gebrüll einer Robbe: das ist alles.

Und diese Veränderung ist eine so plötzliche, so unerwartete und doch so vollständige, das Bild, welches sich uns darbietet, ein so völlig neues, dass wir noch immer in zweifelndem Erstaunen uns fragen, ob nicht ein Traum, eine Täuschung unsere Sinne binde.

Plötzlich zeigt sich eine neue Überraschung. Die eben noch so ruhige Fläche der Bai gerät an mehreren Stellen in Bewegung; wir sehen sie wogen und schäumen, und doch ist kein Lufthauch zu spüren. Wäre ein Windstoß, ein Wirbel vom Gebirge herabgekommen, so hätte er sicherlich Schneemassen von den Gipfeln gelöst oder die Kronen der Bäume bewegt und seine Bahn wäre dadurch sichtbar geworden; wir haben aber nichts gesehen. So sind es vielleicht fabelhafte Riesentiere der Tiefe, die sich dort tummeln?

Allein, während unsere Blicke noch unverwandt das merkwürdige Phänomen zu durchdringen suchen, klärt es sich von selbst auf – es sind Seelöwen. In enggeschlossenen Scharen, und nach Art der Delphine von Zeit zu Zeit aus dem Wasser emporspringend, ziehen sie nicht allzu weit vom Ufer vorüber.

Noch nie hatten wir eine so große Anzahl dieser Tiere erblickt. Ja, in der letzten Zeit waren sie so außerordentlich selten geworden, dass wir ihr gänzliches Verschwinden befürchteten. Diese Furcht schien jetzt mit einem Male beseitigt und wir überließen uns bereits den frohesten Hoffnungen. Aber wir hatten uns bitter getäuscht.

Denn schon nach wenigen Minuten ward es uns wahrscheinlich,

dass die Robben sich bloß versammelten, um die Bai zu verlassen, und diese Vermutung ward zur Gewissheit, als die verschiedenen Scharen, zu einem einzigen Geschwader vereinigt, die Richtung nach dem Haupteingang des Hafens nahmen.

In der Tat, so war es. Die Seelöwen zogen fort! Wird man es glauben, dass uns bei diesem Anblick das Blut in den Adern stockte? Aber noch wollten wir wenigstens einen letzten Versuch machen.

Rasch und von einem gemeinsamen Impuls getrieben, eilten wir nach dem Strande, machten das Boot flott, ergriffen die Ruder und setzten alle Kräfte daran, um die Insel Acht zu erreichen. Dort hofften wir noch einige Nachzügler anzutreffen und so unsere fast erschöpften Vorräte an frischem Fleisch so gut wie möglich zu ergänzen. Allein, alle unsere Nachforschungen blieben vergebens. Der Strand war verödet. Selbst »König Tom« schien mit den übrigen seinen Lieblingsbereich verlassen zu haben. Wir mussten daher mit leeren Händen nach Epigwait zurückkehren.

Sorge und Mutlosigkeit drückten uns nieder. Vor uns lag die Aussicht auf mehrere Monate der Entbehrung und des Mangels. Konnten wir sie wirklich noch zu überdauern hoffen?

Vor allen Dingen mussten wir unsere tägliche Kost sogleich einschränken; denn schon am nächstfolgenden Tage sahen wir uns genötigt, von dem Reste des Salzfleisches zu zehren, welches wir an den Dachsparren unserer Hütte aufgehängt hatten. Salz und Rauch hatten dasselbe zwar hinlänglich gebeizt, aber der Tran, welchen es enthielt, war ranzig geworden und gab ihm einen höchst widrigen, stechenden Geschmack. Jedoch, welche andere Wahl wäre uns geblieben? Wir fuhren daher fort, davon zu genießen, obschon unsere Gesundheit sichtbar darunter litt und wir deshalb die ernstesten Befürchtungen für die Zukunft hegen mussten.

Andererseits bemühten wir uns mehr denn je, unseren Tisch mit Muscheln, Fischen und Seeraben zu versorgen. Leider aber gestattete, wie ich schon bemerkt habe, die Witterung nur selten, auf Fischfang zu gehen. Was die Vögel betraf, so beschlossen wir, sie nur selten zu schießen, um die wenige uns noch gebliebene Munition möglichst aufzusparen, da wir auch den Fall vorsehen mussten, dass die von uns erwartete Hilfe – sofern sie überhaupt kam – sich noch lange verzögern würde. Unsere Lage war in der Tat die elendeste.

Mittwoch, 1. Juni. Es ist kalt. Das Thermometer zeigt zwei Grad unter Null. Seit dem 23. vorigen Monats haben wir fast fortwährend schlechtes Wetter gehabt. Ein starker Nordwestwind hat uns zur Abwechslung mit Regen überschüttet und den Schnee geschmolzen, ausgenommen auf den Höhen, wo der Frost ihn in Firn verwandelt und den Gletschern der Berghalden eine neue Schicht hinzugefügt hat.

Jetzt endlich ist der Himmel ein wenig klarer geworden; die Sonnenscheibe zeigt sich von Zeit zu Zeit zwischen den zarten weißlichen Nebeln, welche um die Bergspitzen schwimmen. Ihr Licht ist bleich; aber sobald es durch die Dunstschicht bricht, blitzt und funkeln alle Gletscher und Gipfel, als sei das Ganze nur eine prachtvolle Phantasmagorie des Winters.

Unsere einzige Nahrung während dieser letzten Tage bestand in etwas ranzigem Robbenfleisch und jener unverdaulichen Pflanze, die wir Sacchary genannt haben. Wir alle sind matt und krank, und jeder neue Tag bringt neues Ungemach.

Heute, da der Wind sich etwas gelegt, benutzten wir diesen Augenblick, um wieder eine Bootfahrt zu machen und zu sehen, ob wir nicht im westlichen Arme der Bai doch noch einem Seelöwen begegneten.

Die Bai, welche wir bis vor Kurzem niemals durchruderten, ohne mehrere dieser Tiere zu sehen, ist jetzt von ihnen gänzlich verlassen. Nur langsam vordringend, erreichten wir den Eingang des Armes und machten an der »maskierten Insel« Halt, um unseren ermüdeten Gliedern eine kurze Ruhe zu gönnen.

Alick war eben beschäftigt, das Boot an einer Felsenspitze festzubinden, als Musgrave, der seit einigen Augenblicken unbeweglich horchend dagestanden, mir plötzlich zurief: »Gib Acht! – Ich höre Robbenstimmen. Ich täusche mich nicht!«

Und tatsächlich konnte uns nichts Glücklicheres begegnen, zumal der kurze Wintertag uns daran erinnerte, dass es bereits hohe Zeit zur Umkehr sei, wenn wir noch vor Abend die westliche Durchfahrt erreichen wollten.

Wirklich lässt sich alsbald ein dumpfes Knurren über uns hören. Musgrave hat sich nicht geirrt.

Wir ergreifen unsere Waffen – Flinte und Knüttel –, springen rasch ans Land und sehen uns nach wenigen Augenblicken drei Robben gegenüber. Es ist unser alter Bekannter, »König Tom«, in Begleitung zweier gleichalter weiblicher Tiere.

Tom ist also nicht mit fortgezogen. Möglich, dass er sich ebenso wie die beiden Löwinnen nicht kräftig genug gefühlt hat, sich der Auswandererschar anzuschließen. Möglich, dass er seiner Herrschaft zugunsten eines Jüngeren entsagt hat, der die friedlichen Geschlechter in Regionen führen wird, wohin sie die Feindschaft des Menschen nicht verfolgt. Er selbst, der gealterte Führer, wird sicher die Stätte nicht verlassen, wo er so lange geherrscht hat, und wird nur dem Tode weichen.

Das mochten die Gedanken sein, welche beim Anblick des alten Robbenkönigs in kürzerer Zeit, als ich bedarf, um sie niederzuschreiben, in mir aufstiegen.

Tom erkennt uns. Er lässt seine beiden Gefährtinnen zurück und kommt uns entgegen, indem er wie gewöhnlich sein herausforderndes Gebrüll ausstößt.

Noch zaudern wir einen Augenblick, die alten, fast wehrlosen Tiere anzugreifen, zumal den von uns immer so sorgsam geschonten Tom. Aber die Not drängt, der Hunger droht, wir können nicht anders. Wenige Minuten später liegen alle drei leblos auf dem Boden unseres Bootes ausgestreckt.

Kurz vor vier Uhr landen wir in Epigwait. Es ist schon Nacht.

Diesen Abend, eben als wir nach Beendigung unseres Unterrichts – denn wir hatten unsere Schule nicht aufgegeben – zu spielen anfangen wollten, kam George, der einen Augenblick hinausgegangen war, eiligst wieder zurück und rief: »Kommt und seht! Kommt, so rasch ihr könnt!«

Wir folgten ihm, um Zeugen eines wunderbaren Schauspiels zu werden.

Ein Südlicht entfaltete sich in seiner ganzen Pracht. Der Wind hatte aufgehört, die weißen Dünste waren verschwunden, der Himmel sternenklar. Aber die Sterne verblichen rasch vor den Feuergarben, welche, Blitzen gleich und im blendendsten Wechsel, vom Horizont bis zum Zenit emporschossen. Es war ein ununterbrochenes Wallen und Flammen, ein funkelndes Meer der entzückendsten Farben; aber den Kern des majestätischen Meteors bildete ein Lichtgewölbe, das den strahlenden Bogen über den ganzen südlichen Himmel hinwegspannte und aus dem eben jene feurigen Schlangen nach allen Richtungen hervorzuckten.

Wir konnten nicht müde werden, zu schauen. Die Kälte der Nacht vergessend, hatten wir seit einer Stunde die über alle Beschreibung herrliche Erscheinung beobachtet. Doch was rede ich von Kälte!

All unser Elend, ja alles um uns her war wie ausgelöscht vor dieser großen Szene, und nur der eine Gedanke an Ihn, der die Himmel wandelt wie ein Gewand, füllte und erhob unsere bewundernde Seele!

Gegen Mitternacht, nachdem wir längst unsere Ruhestätten aufgesucht, folgte diesem Phänomen ein anderes, für uns nicht weniger außerordentliches. Ein heftiger Erdstoß schreckte uns aus dem Schlafe empor. Die Bewegung geschah von Nordnordost nach Südsüdwest. Sie war von einem starken donnerartigen Geräusch begleitet, welches klang, als ob Hunderte von Eisenkarren einen felsigen Abhang hinabrollten. Die Erschütterung dauerte zehn bis fünfzehn Sekunden; unsere Betten, unsere Tische, das ganze Haus schwankte. Starr und stumm vor Entsetzen blickten wir einander an.

Da gleichzeitig einige Feuerbrände von dem Herde auf die Diele herabgefallen waren, so eilten wir alle hinzu, sie wieder an Ort und Stelle zu bringen.

Wir legten uns indessen nicht wieder schlafen, sondern erwarteten, um den Kamin herumsitzend, den Tag. Unwillkürlich nahmen wir die Bibel zur Hand. Es wurden verschiedene Stellen der Psalmen und Propheten gelesen, vor allem jene unvergesslichen, welche von der erbarmenden Liebe und Güte Gottes gegen den Menschen und von seiner Sorge selbst für die armseligsten und geringsten Geschöpfe Zeugnis geben:

> »Barmherzig und gnädig ist der Herr, geduldig und von großer Güte. Er handelt nicht mit uns nach unseren Sünden und vergilt uns nicht nach unserer Missetat. Denn so hoch der Himmel über der Erde ist, lässt er seine Gnade walten über die, so ihn fürchten.«
>
> (Psalm 103; 8, 10, 11.)

> »Kann auch ein Weib ihres Kindleins vergessen, dass sie sich nicht erbarme über den Sohn ihres Leibes? Und ob sie desselbigen vergäße, so will ich doch deiner nicht vergessen.«
>
> (Jesaja 49; 15.)

> »Denn es sollen wohl Berge weichen und Hügel hinfallen, aber meine Gnade soll nicht von dir weichen und der Bund meines Friedens soll nicht hinfallen, spricht der Herr, dein Erbarmer.«
>
> (Jesaia 54; 10.)

Unwillkürlich nahmen wir die Bibel zur Hand.

Diese Worte, die so ganz auf uns und die eben bestandene Gefahr passten, führten wieder Ruhe und Zuversicht in unsere Herzen zurück.

Vierzehntes Kapitel
Ausflug auf den westlichen Arm – Entdeckung eines alten Lagers – Die Schiffstrümmer

Wir stehen jetzt fast in den kürzesten Tagen des Jahres. Die Sonne geht morgens halb neun Uhr auf und zwischen drei und vier Uhr nachmittags schon wieder unter.

Seit einigen Wochen sind daher in unserer Hausordnung einige Veränderungen eingetreten. Denn während wir bisher regelmäßig um sechs Uhr aufstanden und noch vor dem Frühstück unseren nötigen Vorrat an Brennholz beschafften, verlassen wir jetzt unser Lager erst um halb acht Uhr. Nur derjenige von uns, welcher den Wochendienst zu besorgen hat, steht zeitiger auf, um das Feuer anzuzünden und die erste Mahlzeit zu bereiten.

Montag, 13. Juni. Bei strenger Kälte ein klarer, schöner Morgen und ein ziemlich ruhiges Meer.

Alick ist heute früher erwacht als gewöhnlich und hat schon um fünf Uhr seine Witterungsbeobachtungen angestellt. Dann, nachdem er einige Scheite in die Herdflamme geworfen, hat er Musgrave Bericht über den günstigen Stand der Witterung gemacht, welche die Möglichkeit eines Ausflugs auf die Bai gewährt.

Es ward lebendig in unserer Hütte. Das lustig prasselnde Feuer, die behagliche Wärme, welche es verbreitete, das lebhaftere Gespräch unserer beiden Kameraden, das alles machte auch dem Schlafe der übrigen ein Ende.

»Auf, Kinder!«, sagte Musgrave, nachdem er sich erhoben und einen Blick hinaus getan hatte. »Auf und vorwärts! Das Wetter ist schön; lasst uns das Boot flott machen! Wir fahren nach dem westlichen Arm. Dort werden wir hoffentlich eine leidliche Jagd haben; und ihr wisst, dass es Zeit ist, daran zu denken, wenn wir nicht hungern wollen.«

Von unserem Mooslager herabspringen, die Kleider überwerfen, am Bache Toilette machen und ein wenig gewärmte Robbenbrühe einnehmen, war das Werk einiger Minuten. Dann gingen wir nach dem Strande hinunter.

Alick und George trugen den größten unserer eisernen Töpfe, der mit heißer Asche gefüllt worden war, über welche wir noch einige brennende Scheite gelegt hatten. Als sie ihn in das Boot niedergesetzt, holten sie eins von den Segeln des »Grafton«, um für den Fall, dass wir eine zweite Nacht fern von unserer Wohnung zubringen müssten, ein Zelt daraus zu machen.

Musgrave war es, der den glücklichen Gedanken gehabt hatte, Feuer mitzunehmen. Der Morgen war sehr kalt und dieses kleine Kohlenbecken daher eine große Wohltat für uns.

Ein leichter Nordwind erhebt sich. Er ist willkommen, denn er erlaubt uns, das Segel aufzuspannen, und erspart uns die Mühe des Ruderns.

Etwa um acht Uhr landen wir an der »maskierten Insel« in der Hoffnung, hier noch Seelöwen zu finden. Aber vergebens durchstreifen wir sie nach allen Richtungen. Sie ist vollständig verlassen. Wir müssen weiterziehen.

Inzwischen ist es heller Tag geworden. Wir fahren durch die enge Straße, welche die kleine Insel vom Lande trennt. Dann, nachdem wir eine vorspringende Landspitze umsegelt, wenden wir uns dem westlichen Arm zu.

Bald entdecken wir in zwei Kabellängen[1] Entfernung von der soeben umschifften Landzunge, indem wir längs der nördlichen Küste des Armes hinabfahren, einen kleinen Pass. Wir steuern hinein. Da aber der Wind, der aus diesem Schlunde weht, uns entgegen ist, so reffen wir das Segel. Rudernd gelangen wir so nach Verlauf von zehn Minuten in eine freundliche kleine Bai, die von allen Seiten geschützt ist und zwei, drei Schiffen vollkommene Sicherheit bietet. Am Eingang des Passes beträgt die Tiefe des Wassers sieben Faden über einem sandig schlammigen Boden; dann vermindert sie sich unmittelbar in der Nähe der Küste bis auf drei Faden. Zugleich wird das Wasser klarer, indem zwei kristallreine Bäche hier einmünden.

Wir steigen aus, ziehen das Boot ans Land und finden am Strand, dem Eingange der Bai gegenüber, eine ziemlich große Lichtung, die mit Baumstümpfen bedeckt ist. Aber seltsam! Die letzteren zeigen alle die gleiche Höhe von etwa einem halben Meter. Augenscheinlich kann dies nur das Werk der Axt sein: Es haben Menschen hier geweilt. Begierig steigen wir über die Baumstümpfe hinweg und entdecken in der Mitte des Platzes die Überreste von zwei zusammengestürzten, infolge der Feuchtigkeit bereits zum Teil vermoderten Hütten. Diese Zeugnisse menschlichen Schaffens sind entschieden älter, als jene auf der Insel Acht.

An den Strand zurückgekehrt, folgen wir demselben bis an die Mündung eines der Bäche. Von Robben lässt sich nirgends eine Spur wahrnehmen, wohl aber sehen wir einen Schwarm kleiner Vögel. Sie haben Ähnlichkeit mit Möwen, den Schnabel ausgenommen, welcher dem der Seeraben gleicht. Ein Schuss erlegt deren vier; unser Frühstück ist gesichert.

Während Alick aus dem Boote ein brennendes Scheit herbeiholt, um am Strand Feuer anzuzünden und unsere Vögel zu braten, gehen Musgrave und ich den Bach hinauf.

Kaum sind wir eine Strecke am Ufer desselben entlang geschritten, so stolpert Musgrave. Das Hindernis, welches ihn beinahe zu Falle gebracht, ist ein weißlicher, halb im weichen Moorboden begrabener Gegenstand. Als wir ihn genauer betrachten, erkennen wir einen Backstein. Ein wenig weiter hin liegt noch ein Haufen ähnlicher Backsteine am Fuße eines großen Baumes, aber unter Moorerde und Blättern so tief versteckt, dass wir ihn, ohne in gewisser Weise

[1] Die Länge eines Schiffstaus, gewöhnlich 120 Faden (1 Faden sind ca. 1,83 m) oder Klafter, also 720 Fuß.

bereits aufmerksam gemacht worden zu sein, wohl kaum gesehen haben würden. Wahrscheinlich, dass dieselbe Mannschaft, welche in dem benachbarten Dickicht ihr Lager aufgeschlagen, auch die Backsteine zurückgelassen und hier einen Ofen zum Schmelzen von Robbenfett erbaut hatte. Da diese Steine uns vielleicht irgendwann einmal von Nutzen sein können, so nehmen wir sie mit.

Der Bai aber geben wir den Namen Camp-Cove oder »Lagerbucht«.

Nachdem wir den Möwen, die uns ganz vortrefflich munden, alle Ehre angetan, gehen wir wieder unter Segel und durchschiffen den westlichen Arm. Bis jetzt sind wir noch nirgends auf das erwartete Jagdwild gestoßen; kurz vor der Ankunft auf der Monumentinsel aber erblicken wir eine Robbe, die etwa einige hundert Meter entfernt, der Küste der Insel Adam zusteuert.

Es ist ein altes Männchen, beinahe ebenso alt und grau wie »König Tom«. Aus seinen Bewegungen erkennen wir, dass es eine günstige Stelle sucht, um ans Land zu gehen. Da zunächst alles darauf ankommt, uns dem flinken und vorsichtigen Schwimmer nicht zu verraten, so ziehen wir sofort das Segel ein, und überlassen, ohne zu rudern, unser Fahrzeug dem Zuge der Wellen.

Das Tier steigt aus dem Wasser, schlüpft zwischen zwei Felsen hindurch und nimmt die Richtung nach den Grasflächen, welche den Wald umsäumen und die Grenze des hohen Wasserstandes bezeichnen. Der Strand selbst ist mit Steinen übersät. Der Seelöwe, sichtlich ermüdet, hält dann und wann an, um Atem zu schöpfen. Plötzlich richtet er den Kopf empor, schaut über einen hohen Stein hinweg und gewahrt uns. Er macht eine leichte rückgängige Bewegung. Wird er in sein Element zurückkehren und uns entrinnen?

Ich habe meine Flinte ergriffen und lege an. In gespanntester Erwartung folgen meine Kameraden jedem meiner Blicke. Aber der Löwe scheint unentschlossen zu sein. Bald wendet er den Kopf nach dem Meere, wohin zurückzukehren die Vorsicht ihm gebietet, bald schaut er nach dem Grasteppich, der ihn zur Ruhe einlädt.

»Übereile dich nicht! Nimm ihn sicher aufs Korn!«, flüsterte Musgrave mir zu.

Soll ich schießen? Die Entfernung ist so groß! Und doch kann jeder Augenblick der Zögerung uns die Beute entgehen lassen. Ich gebe Feuer. Der Löwe ist getroffen. Der Schuss hat ihn zwar nicht getötet, aber schwer verwundet. Eine der Kinnladen ist ihm zerschmettert, und er liegt einen Augenblick in todesähnlicher Betäubung. Wir erhalten auf diese Weise Zeit, ans Land zu steigen.

Einige kräftige Ruderschläge tragen uns zum Ziele. Wir springen aus dem Boot, stürzen uns, ehe der Löwe wieder zur Besinnung kommen kann, über ihn her und geben ihm mit unseren Knütteln den Rest.

Nur mit Aufbietung aller unserer Kräfte gelingt es uns, das Tier ins Boot zu schleppen. Ich bin überzeugt, dass es ein Gewicht von mindestens acht Zentnern hat.

Wir wollen diesen Ort nicht verlassen, ohne noch einmal von der Höhe der Felsen das prachtvolle Schauspiel zu betrachten, welches die Meerenge darbietet. Während wir dann wieder zum Strande hinabsteigen, stoßen wir auf ein Wasserhuhn, welches George geschickt durch einen Steinwurf erlegt. Noch mehr aber überrascht uns ein anderer Fund: Mitten unter dem Steingeröll liegen eine zerbrochene Segelstange und eine Stückpforte[1] von Fichtenholz. Woher kommen diese Trümmer?

Sie müssen erst kürzlich durch die Flut angespült worden sein, da wir sie bei unserem ersten Besuche nicht gesehen haben.

Wie, wenn hier, vielleicht in unmittelbarer Nähe ein Unglück stattgefunden hätte? Der Gedanke daran liegt wenigstens nahe genug. Wir zünden in dieser Voraussetzung alsbald ein großes Feuer an, und der Rauch steigt in wirbelnden Wolken empor. Wenn wirklich Schiffbrüchige hier ans Land geworfen sind, so müssen sie ihn sehen. Andere Zeichen stehen uns nicht zu Gebot; denn Signale durch Flintenschüsse zu geben würde vergebliche Mühe sein. Die anstürmende Brandung, die sich allenthalben in den Gewölben und Grotten der Strandfelsen fängt, würde selbst ein stärkeres Gewehrfeuer übertönen. In lebhafter Erregung durchsuchen wir die Umgegend nach allen Richtungen; es ist vergebens; wir finden nichts.

Der Tag vergeht und wir können, ohne eine Unbesonnenheit zu begehen, nicht länger verweilen. Wir brechen daher wieder auf; aber wie sehr wir uns auch beeilen, so gelangen wir doch erst in später Abendstunde nach Epigwait.

Woher rührten die Trümmer, die wir am Strande gefunden? War es ein Schiff, welches durch den Sturm beschädigt worden, oder hatte vielmehr, wie wir anfangs vorausgesetzt, ein vollständiger Schiff-

[1] Stückpforten sind die Türen, mit denen auf Kriegsschiffen die Scharten oder Luken geschlossen werden können, aus denen das Rohr der Geschütze hervorragt.

bruch stattgefunden? Wir haben es niemals erfahren. Gewiss ist, dass gerade in diesen Gewässern Unglücksfälle sich sehr häufig ereignen; denn die zahlreichen Schiffe, welche von Australien nach Europa segeln, führt die Meeresstraße zwar nicht unmittelbar, aber doch fast immer noch in einer dem Auge des Seemanns wohl erreichbaren Ferne an den Aucklandinseln vorüber.

Erwägt man übrigens, dass die Aucklands in der den Stürmen am meisten ausgesetzten Zone des Erdballs liegen, so erscheint meines Erachtens der Wunsch wohl gerechtfertigt, den Kreis jener wohltätigen Sicherungsanstalten, welche den Gefahren der See zu begegnen suchen, auch auf sie ausgedehnt zu sehen. Ein Leuchtturm, eine Rettungsstation für Schiffbrüchige wäre hier, auf diesen von den entfesselten Elementen umtobten Felseneilanden gewiss ein verdienstliches, wahrhaft segensreiches Werk, und ich würde stolz sein, wenn es mir vergönnt wäre, die Aufmerksamkeit der um die Interessen ihres Handels wie um die Sicherheit ihrer Untertanen so besorgten Seemächte auf diesen Punkt zu lenken.

Möchte unser Beispiel, möchte das Beispiel des »Invercauld« und des »General Grant«, die ebenso wie der »Grafton« innerhalb weniger Jahre an den Küsten dieser unwirtlichen Inseln zugrunde gingen, ein solches glückliches Unternehmen herbeiführen helfen!

Wie schwer Not und Leid uns drücken: Sie verlieren ihre Schwere, wenn wir uns sagen können, dass sie nicht unfruchtbar bleiben werden. Wir dulden mit freudigem Mute, wenn wir wissen, dass unser Unglück wohltätige Früchte tragen, und nicht uns allein, sondern auch anderen zum Heile dienen werde.

Fünfzehntes Kapitel

Mangel – Auf dem Boden des Abgrundes – Neuer Überfluss – Ein Augenblick des Glücks

Nach einiger Zeit war der Mangel an Nahrung so groß geworden, dass wir an dem letzten noch bewahrten Rest ranzigen Salzfleisches zehrten, ohne zu wissen, wovon wir am nächsten Morgen unseren Hunger stillen sollten.

Drei ganze Tage lang hatten wir die Umgebung von Epigwait durchstreift, hatten alle Gebüsche durchsucht, um mindestens ein paar Beeren zu finden. Aber umsonst! Ich selbst zwar war mit meiner

Angel nach der »Raynal-Spitze« gegangen, aber auch ich war nicht eben glücklicher gewesen; denn mein ganzer Fang bestand aus zwei oder drei kleinen Kabeljaus. Und auch auf die Muscheln mussten wir verzichten, da der jetzige Wasserstand noch nicht gestattete, sie zu fischen. Wir hatten noch nicht die Zeit der hohen Fluten, und das Meer ging folglich während der Ebbe nicht weit genug zurück.

Wie traurig verging nach solchen Tagen der Abend! Natürlich, dass auch das Lernen nicht mehr ansprach; wir waren zu niedergeschlagen, um einer eigentlichen Aufmerksamkeit fähig zu sein. Zum Spielen hatten wir freilich noch weniger den Mut. Wie soll man auch spielen, wenn man Aussicht hat, zu verhungern! Kaum blieb uns etwas übrig, als so zeitig wie möglich unsere harte Ruhestatt zu suchen, und erschöpft und entkräftet, wie wir waren, fanden wir auch Schlaf. So war uns wenigstens auf ein paar kurze Stunden ein Vergessen unseres Elends gegönnt.

Am Abend des dritten Tages der Hungersnot schickten wir gemeinschaftlich ein inbrünstiges Gebet zum Herrn aller Dinge empor, und nachdem wir demütig und vertrauensvoll unser Schicksal in seine Hände gelegt, schlossen wir die tränenfeuchten Augen wiederum zum Schlaf.

Am nächstfolgenden Tage begab ich mich mit dem frühesten Morgen auf die Jagd. Ich hatte meine Flinte mitgenommen, um vielleicht einige Seeraben zu erlegen. Doch diese Vögel, welche uns kennen und fürchten gelernt hatten, setzten sich nur selten auf die nahegelegenen Felsen, und wenn sie dies taten, flogen sie bei dem ersten Versuch uns zu nähern sofort davon. Dennoch gelang es mir, deren drei zu erlegen, die ich gegen Mittag still auf unseren Küchentisch legte. Sie hatten mich zwei Schüsse gekostet; dies war ein sehr teurer Preis.

Inzwischen fanden wir sie vortrefflich schmeckend, und so spärlich die uns zugemessenen Bissen waren, so hoben wir doch dem abwesenden Alick seinen Anteil gewissenhaft auf.

Alick war ebenfalls schon am frühen Morgen fortgegangen, um die nördliche Seite des Strandes zu erforschen, und kaum war unsere Mahlzeit beendet, als wir ihn über die Strandhöhe herabkommen sahen. Er glitt auf dem Steingeröll der Hänge öfter aus, denn er trug offenbar eine schwere Bürde auf dem Rücken. Wir eilten ihm erwartungsvoll entgegen, und – welche Freude – er hatte gute Beute gemacht! Es war ein junger Seelöwe von sieben oder acht Monaten und ungefähr hundertundfünfzig Pfund Gewicht. Mit dieser Last kam der Norweger die Höhe der Bai herunter und auf welchen Wegen! Ja, er war ein wackerer, zuverlässiger Bursche, und wenn er auch wenig sprach, so verstand er dafür zu handeln.

Er erzählte uns, dass er etwa eine Meile jenseits der »Bai der wilden Enten« auf dem leicht mit Schnee bedeckten Boden eine ganz frische Spur entdeckt habe. Er hatte dieselbe bis ins Dickicht verfolgt und endlich eine alte Seelöwin mit ihrem jungen Tiere angetroffen. Doch war es ihm erst nach einer außerordentlich mühsamen Verfolgung gelungen, die Tiere wirklich einzuholen und zu erlegen. Die Mutter hatte er an Ort und Stelle liegen lassen und brachte nun das Junge.

Wir machten uns sofort auf, um die Löwin zu suchen, und zwar unter Führung Alicks, welcher, obschon sehr ermüdet, sogleich wieder mit uns zurückging. Harry blieb zu Hause; er sollte uns eine gute Mahlzeit für den Abend bereiten.

Musgrave war mit dem Norweger vorausgegangen. Ich folgte ihnen in etwa hundert Meter Entfernung, während George nur vielleicht vierzig, fünfzig Schritte hinter mir herkam.

Ungefähr auf der Hälfte des Weges, kurz vor dem Eingang der »Enten-Bai«, befindet sich eine steil in das Meer hinausragende Klippenwand. Am Fuße derselben liegen ungeheure Felstrümmer durcheinander, welche das höher ansteigende Flutwasser erreicht und mit einer Schicht von Algen und anderen Seepflanzen überdeckt hat.

Da diese schlüpfrigen Massen nur ein sehr mühsames Vordringen zuließen, schlug ich mich in das Dickicht hinein, und George folgte mir. Musgrave und Alick dagegen waren unmittelbar den Biegungen des Küstensaumes nachgegangen.

Auf der anderen Seite der Strandklippe befindet sich ein sumpfiges Becken, welches durch einen in schmaler Felsspalte herabfließenden Gebirgsbach genährt wird. Diese durch die ununterbrochene Strömung in den weichen Stein gerissene Furche oder Rinne ist kurz vor der Ausmündung des Baches in einer Länge von etwa sechzig Fuß gewölbeartig überdeckt, freilich nicht durch den Felsen selbst, sondern durch die Äste und Wurzeln der zu beiden Seiten stehenden Bäume, welche sich gleichsam über die Kluft hinweg den Arm reichen. Hie und da hat sich auf diesem verworrenen Geflecht noch eine dicke Schicht Moorerde gelagert und wieder eine neue Vegetation emporgetrieben. Wir haben diese Stelle die »Brücke« genannt;

die Spalte selbst mag durchschnittlich sechs Fuß breit und dreißig Fuß tief sein.

Ein wenig weiter aufwärts tritt die Schlucht noch enger zusammen; an den Wänden hängt ein Geschling langer, behaarter Wurzeln herab, und oben an den Rändern wuchern eine Menge großblätteriger Pflanzen.

Verfolgt man dann den Wasserlauf in noch größere Höhen, so sieht man die anfangs noch deutlich voneinander abgeschiedenen Vegetationsgruppen in eine einzige Masse zusammenquellen. Die Kluft ist völlig verschwunden. Über ihr breiten Gräser, Farne und Lianen den trügerischen Teppich, während ein dichtes Dach von Büschen und Bäumen jedem Lichtstrahl wehrt. Tief unten im Grunde, nicht bloß dem Auge, sondern selbst dem Ohre unwahrnehmbar, zieht der Bach seine Straße. Es ist dies jedenfalls eine der merkwürdigsten, aber auch der gefährlichsten Stellen der nördlichen Küste.

Von George gefolgt, näherte ich mich jetzt derselben. Über die Baumstämme hinwegsteigend, zwischen dem Farnkraut hindurchschlüpfend, die Lianen und die mit Wassertropfen belasteten Blattschilder des Huflattichs zur Seite biegend, drangen wir so rasch wie möglich vor, um Musgrave und Alick von der anderen Seite der Strandklippe aus einzuholen.

Plötzlich erweckt wenige Schritte vor mir das Geräusch eines fliehenden Tieres meine Aufmerksamkeit. Ich bleibe stehen, aber nur für eine Sekunde. Ich habe das Tier gesehen. Es ist ein Seelöwe, ein junges Männchen von etwa zwei Jahren. Meinen Knüttel in der Hand, verfolge ich es sofort.

Ich lief, so schnell ich konnte. Mehrmals schon war ich der Robbe nahe genug, um einen Schlag gegen sie zu führen, tat mir aber immer wieder Einhalt, da ich fürchtete, in dem Gebüsch, das jede frei ausgreifende Bewegung hemmte, mein Ziel zu verfehlen. Während ich daher wartete, bis ich meiner Sache gewiss wäre, floh das scheue geängstigte Tier mit verdoppelter Schnelligkeit.

Plötzlich hörte ich dicht vor mir den Sturz eines wuchtigen Körpers. Die Robbe war in die hier nicht weniger als fünfzehn Fuß tiefe Schlucht verschwunden. Ich selbst, mitten im vollen Lauf, stürzte nieder und entging dem Fall in die Tiefe nur dadurch, dass ich mich noch an einem am Rande wachsenden Lianenbüschel anklammerte.

Nachdem ich mich schnell wieder aufgerafft, rief ich George zu, er solle die Ausmündung der Schlucht am Strande bewachen, denn der Löwe – auch in diesem engen Flussbett ein schneller Schwimmer – nahm offenbar diese Richtung.

Nach Verlauf von etwa zehn Minuten hörte ich Georges Stimme, welcher mich von seinem Posten aus benachrichtigte, dass bis jetzt noch keine Flosse zum Vorschein gekommen sei. In der Meinung, das Tier habe unter der »Brücke« haltgemacht, beschloss ich, hinabzusteigen und es hervorzutreiben.

Ich schlang den Riemen meines Knüttels um den Hals, fasste mit beiden Händen die Wurzeln und Schlingpflanzen, welche an den Wänden der Schlucht niederhingen, ließ mich daran bis auf wenige Fuß vom Boden hinab und sprang dann in die Tiefe.

Ich befand mich in völliger Dunkelheit. Aber es galt, keinen Augenblick zu versäumen. Vorsichtig an den Felsenmauern hintastend, in eiskaltem Wasser watend, folgte ich der Flucht des Tieres. Bald auch begann ich ein wenig heller zu sehen. Denn in der Nähe der »Brücke« war die Spalte, wie ich schon bemerkt habe, breiter und bedeutend tiefer als an der Stelle, wo ich hinabgestiegen war. Inzwischen sperrte mir ein verschlungenes Gewirr von Ranken und Wurzeln, gleich einem Tor, den Eingang zu dieser Schleuse. Ich bückte mich, um unter dem unzerreißbaren Vorhang hinwegzukriechen, und nachdem ich wiederum einige Schritte vorwärts getan, befand ich mich in einer Grotte, in welche nur ein schwacher Lichtschimmer durch die schmale, niedrige Öffnung fiel, die auf den Sumpf hinaus führte. Übrigens war diese Höhle geräumiger, da die nach oben einander zugeneigten Wände unten weit auseinander wichen. In der Mitte schoss der Bach rauschend hin, als eile er, den Ausgang zu gewinnen; draußen aber, unmittelbar neben der Felsenpforte, erblickte ich den Löwen. Er rührte sich nicht. Ohne Zweifel sah er George, der die Mündung bewachte, und hielt sich im schützenden Dunkel zurück.

Es war gerade hell genug, um die Bewegungen des Löwen zu verfolgen, welcher, sobald er meine Tritte hörte, sich herumwandte und auf mich losstürzte; zum Glück stand ich im tiefen Schatten und war daher dem Tier gegenüber im Vorteil. Andererseits aber wusste ich, dass ich nur einen einzigen Streich führen konnte und diesen richtig führen musste. Denn fehlte ich, so blieb mir sicherlich nicht Zeit zu einem zweiten, und die Folge war ein wirklicher Kampf, der mich in die ernsteste Gefahr bringen konnte.

Ich fasste meine rohe Waffe mit beiden Händen, hob sie bis zur

Ich fasste meine rohe Waffe mit beiden Händen.

Höhe meiner Schulter empor, heftete die Augen unverwandt auf den Löwen und wartete, bis er mir nahe genug käme. Da ist er! Hoch aufgerichtet, mit weit geöffnetem Rachen wirft er sich mir entgegen – mein Knüttel saust herab – das Tier taumelt zurück.

Ich hatte gut gezielt. Mit einem tiefen Seufzer sank die Robbe auf dem Boden der Grotte, den sie einige Augenblicke mit den Flossen schlug, zusammen und lag dann unbeweglich da. Ich machte ihrem Todeskampfe mit einem Messerstich ein Ende und schleppte sie bis an den Ausgang der Schlucht, was keine leichte Arbeit war, da sie sicherlich gegen vier Zentner wog. Ich wälzte das Tier jedoch in den Bach, und die Strömung half mir, dasselbe nun bis zur Mündung zu schaffen, durch welche ich es mit Georges Unterstützung hinausschob.

Noch aber blieb mir das sauerste Stück übrig; denn nun musste ich mich in dem eisigen Wasser des Baches platt niederwerfen und so ans Tageslicht hervorkriechen. Endlich durfte ich mich aufrichten, triefend wie ein Triton[1], vor Frost mit den Zähnen klappernd, während der scharfe Nordwind mir die nassen Kleider fest an den Leib schlug.

Nachdem wir unser Wild aus dem Sumpfe, dessen ruhige Fläche mit einer leichten Eisschicht bedeckt war, emporgezogen, zerlegten wir es unverweilt in vier Teile. Zwei derselben wurden an den Ästen eines Baumes aufgehängt; mit den beiden anderen beladen, kehrten wir nach Epigwait zurück.

Die Nacht war hereingebrochen. Aber unsere Kameraden, Musgrave und Alick, waren noch immer nicht angelangt. Es war kein Zweifel, dass sie auf uns warteten, und dass unser Ausbleiben sie in lebhafte Sorge versetzt hatte. Sobald wir daher die Kleider gewechselt und uns mit einer kleinen Hornlaterne unseres »Grafton« versehen hatten, gingen wir ihnen entgegen, dann und wann stillstehend und horchend. Aber nirgends ließ sich ein Laut vernehmen. Da plötzlich an der »Enten-Bai«, nicht weit von dem ersten Bache, ertönt ein lauter Schrei. Sie sind es; sie haben das wandelnde Lichtlein gesehen! Trotz ihrer Eile hatte die Dunkelheit sie überrascht, und da sie sich weder auf die Strandfelsen noch in das Dickicht gewagt, so hatten sie sich schon darein ergeben, die Nacht unter dem winterlichen Himmel zuzubringen. Sie zeigen uns einen riesigen hohlen Baumstamm, unter dem sie, dicht aneinander gedrängt, sich niedergesetzt, und der sie gegen Regen und Schnee immerhin ein wenig geschützt haben würde.

Da sie vor Kälte erstarrt sind, so haben wir einen Armvoll Gestrüpp angezündet. Dann, nachdem wir uns alle etwas erwärmt haben, begeben wir uns unter Georges Führung wieder auf den Weg nach unserer Wohnung, wo wir erst gegen neun Uhr anlangen.

Wir öffnen die Tür, wir treten ein, welch erfreulicher Anblick! Draußen die Nacht, die kalte, finstere Winternacht und der schneidende Nordwind; hier im Innern Licht und Wärme und Behagen! Ein großes Feuer lodert und prasselt auf unserem Herde; sämtliche Lampen sind angezündet und erfüllen das Innere der Hütte mit erheiterndem Glanze.

Der Tisch ist sorgfältiger gedeckt als gewöhnlich. Unser ärmli-

[1] Meeresgott in der griechischen Mythologie. (Anm. d. Hrsg.)

Wir begaben uns unter Georges Führung wieder auf den Weg.

ches Geschirr glänzt in untadelhafter Sauberkeit. Auf der Mitte des Tisches prangt rauchend ein riesiges Stück von dem heute Morgen durch Alick erlegten jungen Tier, welches Harry, unser Küchenmeister, mit ganz besonderem Fleiß hergerichtet hat.

Der wackere Harry! Offenbar hat er diesem Tage, mit welchem nach so langer Not wieder Überfluss und Sicherheit zurückgekehrt sind, eine festliche Weihe geben wollen, und unsere zufriedenen Blicke schienen ihn glücklich zu machen.

Mittlerweile sind wir nicht gesonnen, untätige Beschauer dieses anziehenden Gemäldes zu bleiben. Wir umringen den Tisch, nehmen Messer und Gabel zur Hand und schicken uns, aller Sorge ledig, zum frohen Mahle an. Nur Musgrave ist ernst, beinahe feierlich stehen geblieben. Wir verstehen ihn, und uns ebenfalls erhebend, schließen wir uns gerührten Herzens den Worten an, in denen er schlicht und innig der über uns waltenden Gnade dankt, die unser Gebet vom vorigen Abend so offenkundig erhört hat. Hätte sie wohl eine schnellere und gütigere Antwort auf unsere Bitte geben können?

Sechzehntes Kapitel

Der Pik – Der Nebel hält uns gefangen. – Besuch im Mittelhafen – Die Johannisbeeren – Eine unausführbare Idee

Drei Tage strenger Kälte, dann drei Tage ununterbrochenen Sturmes, der (zum großen Schaden der Bäume) abwechselnd aus allen Himmelsgegenden losbricht – dies ist die Geschichte der letzten Woche.

Heute Morgen, am 9. August, nachdem das Wetter sich beruhigt und geklärt hatte, wollten Alick und ich versuchen, den hinter unserer Wohnung liegenden Berg zu ersteigen. Die Übrigen hatten diese Ersteigung bereits einmal ausgeführt, wir zwei aber hatten uns nicht dabei beteiligen können.

Unsere Aufgabe war eine in hohem Grade beschwerliche. Indessen belohnte das prachtvolle Schauspiel, welches sich uns endlich auf dem Gipfel des Berges darbot, alle unsere Mühen. Wir fanden in der Tat, dass die Schilderung Musgraves durchaus der Wirklichkeit entsprach. Es war ein wunderbares Chaos von Gipfeln und Zacken, von Schluchten, Felsrissen, Tälern und Abgründen, um die ringsher der Ozean sich unermesslich spannte.

Uns ziemlich nahe gegenüber erhob sich ein spitzer Gipfel, in dessen Inneres eine schwärzliche Grotte zu führen schien. Unsere Kameraden hatten auf ihrem früheren Ausfluge keine Zeit gehabt, die letztere zu besuchen. Wir erreichten sie jetzt nach langer und gefährlicher Wanderung über einen schmalen Kamm des Gebirges und überzeugten uns bei näherer Betrachtung, dass das Ganze ein ehemaliger Krater sei, dessen Wandung zum Teil zusammengestürzt war, während der stehengebliebene Rest den alten Herd des Elementes dachartig gewölbt überragte.

Die Umgebungen sind mit Schlacken und vulkanischen Trümmern übersät, und auf der sanfter abfallenden Seite des Berges unterscheidet man noch deutlich das Bett eines Lavastroms, welcher dem Hafen von Carnley gegenüber in ein tiefes Tal ausmündet.

Unsere Lage war eine höchst bedenkliche.

In das Innere des Schlundes hinabgestiegen, konnten wir denselben mit Muße untersuchen, und fanden hier besonders in dem glasigen Schmelz der Steine ein weiteres unzweifelhaftes Zeugnis für die Wirkungen des Feuers.

Wir befanden uns, unter dem Eindruck all der mannigfaltigen und großartigen Szenen, in freudiger Stimmung und wünschten uns Glück, diesen Ausflug unternommen zu haben; dennoch war unsere Rückkehr weit entfernt, eine ebenso glückliche zu sein. Wir hatten den Krater verlassen und beinahe die Hälfte jenes Weges zurückgelegt, welcher ihn von der zuerst erwähnten Gipfelspitze trennt, als plötzlich ein dichter Nebel eintrat und wir uns wie inmitten einer Wolke befanden. Unsere Lage war eine höchst bedenkliche. Wir wagten keinen Schritt vorwärts zu tun, da der Gebirgskamm sehr schmal war und ein Fehltritt genügen konnte, uns in einen der Abgründe zu stürzen, welche sich in den zerklüfteten Felsen allenthalben öffneten. Andererseits war ein Stillstehen oder gar ein Lagern bei der herrschenden Kälte nicht weniger bedenklich. Wenn die Erstarrung, die sich unser zu bemächtigen begann, uns vollends lähmte, wenn wir in jenen verhängnisvollen Schlaf sanken, welchem alle Anstrengungen der Willenskraft nicht zu widerstehen vermögen, so war uns der Tod auf dieser öden Höhe gewiss. Allerdings würden unsere Kameraden uns aufgesucht und auch gefunden haben, aber wann?

Ungefähr eine Stunde blieben wir in der weißen Finsternis dieser uns umlagernden Dunstmassen und gaben uns, unsere Unvorsichtigkeit beklagend, den düstersten Befürchtungen hin. Alick hatte sich dicht an mich geschmiegt; ich hielt seine eiskalte Hand gefasst, die ich schon nicht mehr zu fühlen begann. Endlich aber erhob sich ein starker Südwestwind.

Er brauste kalt und scharf um die Höhen und drang uns bis ins Mark; aber wir begrüßten ihn mit lautem Freudenruf, als er gleichzeitig die Nebelschwaden zerriss und in Fetzen hinwegtrieb.

Wir waren gerettet! Sobald wir wieder klar sehen konnten, nahmen wir unseren Marsch mit einer Energie wieder auf, welche unseren Gliedern bald neue Wärme und Geschmeidigkeit gab. Das Herabsteigen vom Berge geschah ohne Unfall. Es war Nacht, als wir wieder in unserer Hütte ankamen, wo die Gefährten in Sorge unser warteten.

Am zweiten Tage darauf – den nächstfolgenden hatte es unausgesetzt geregnet – schoben wir unser Boot ins Meer, um nach dem von uns noch nicht besuchten Mittelhafen *(Middle Harbour)* zu steuern.

Es ist dies der kleinste der drei Meeresarme, welche gleichsam ebenso viele Abzweigungen des Hafens von Carnley darstellen. Das Wasser desselben hat im Ganzen die gleiche Tiefe wie in den beiden anderen, ausgenommen am äußersten Ende, wo die Bai eine Biegung nach Süden macht. Hier würden mehrere Schiffe einen ganz vortrefflichen Ankerplatz finden, denn das Senkblei erreicht erst bei zehn Faden Grund, und dieser selbst besteht aus schlammigem, mit Muschelbruchstücken untermengtem Sande.

Auch in diesen kleinen Hafen münden mehrere Gießbäche, und jetzt, nachdem der Regen sie geschwellt, haben sie tiefe Furchen in den Kiesboden des Strandes gerissen. Einer derselben, der südliche, hat seinen Ursprung auf einem benachbarten Pik, welchem wir wegen seiner Ähnlichkeit mit einem in breiten Stufen aufgebauten

Monument kurzweg den Namen des Babylonischen Turms gegeben haben.

Als wir gelandet waren und das Boot geborgen hatten, erforschten wir die Küste. Meine Genossen gingen voran, und ich folgte ihnen in einer Entfernung von einigen Schritten. Da zog plötzlich ein roter Schimmer am Saum des Gehölzes meine Blicke auf sich. Näher hinzu tretend, fand ich einen Strauch, der ungefähr drei Fuß hoch und ringsher mit einer Überfülle roter und anscheinend reifer Beeren bedeckt war. Seine dicht aneinander gedrängten Blätter glichen an Größe und Zähe so ziemlich denen des Buchsbaumes.

Ich war aufs Äußerste verwundert, Früchte, reife Früchte mitten im Winter zu sehen. Ich aß erst eine, dann mehrere; sie schmeckten köstlich: etwa wie unsere Johannisbeeren. Dennoch bildeten sie nicht Traubengehänge wie diese, sondern jede Beere stand einzeln, an einem kurzen Stiel in dem Winkel des Stängels und des Blattes. Dabei waren sie in solcher Menge vorhanden, dass der Strauch von Weitem das Ansehen einer großen roten, mit dunkelgrünen Punkten besprengten Kugel hatte.

Ich wollte meine Entdeckung sofort den Kameraden verkünden und sie auffordern, an dem Schmause teilzunehmen. Ich lief ihnen deshalb mit lautem Zuruf entgegen, tat aber meinen Bewegungen und meiner Stimme Einhalt, um nicht die Szene zu stören, in der ich sie soeben begriffen sah.

Denn auch sie hatten einen Fund gemacht. Als ich vom Strande weg mich in das Gebüsch geschlagen und sie daher meine Tritte nicht mehr gehört, hatten sie sich nach mir umgewendet, aber in demselben Augenblicke in unmittelbarer Nähe des Bootes einen noch ganz von Wasser triefenden Seelöwen bemerkt. Überrascht waren sie stehen geblieben, während die Robbe das Innere des Fahrzeugs mit großer Aufmerksamkeit musterte. Diese jedoch, als ahne sie die Gefahr, hob den Kopf nach allen Seiten, bis sie sich mit lautem Schnauben wieder in das Wasser stürzte.

Mittlerweile hatte Musgrave, fast auf dem Boden kriechend, sich dem Boote genähert. Das war der Moment, in welchem ich vom Saume des Dickichts aus den Auftritt gewahrte: im Hintergrund Alick und George, gespannt des Ausgangs wartend; vorn, dicht hinter dem Fahrzeug, Musgrave unbeweglich niedergeduckt und meine Flinte in der Hand, um rechtzeitig Feuer zu geben.

Statt sich aber dem Lande zu nähern, schien der Seelöwe sich noch weiter davon entfernen zu wollen. Seine Bewegungen waren sehr eigentümlich. Er schwamm hin und her und hielt sich immer dem Boote gegenüber, es mit klugen Augen fassend. Von Zeit zu Zeit richtete er sich sogar halben Leibes aus dem seichten Strandwasser empor, indem er sich auf seine Vorderflossen stützte, um den ihm ungewohnten und offenbar verdächtigen Gegenstand immer von Neuem zu betrachten.

Musgrave, in der Besorgnis, dass die Robbe sich allzu weit abwenden möge, wählte einen Augenblick, in dem der Löwe wieder den Kopf emporhob, legte an und feuerte. Die Kugel traf das Tier in den Schädel: Es verschwand unter dem Wasser.

Eine Sekunde später waren wir alle vier im Boote und setzten die Ruder kräftig ein. Ein großer rötlicher Flecken auf der Fläche des Meeres bezeichnete die Stelle, wo die Robbe sich verblutete. Da das Wasser hier nur drei bis vier Fuß tief war, so hatten wir sie auch bald gefasst. Da wir aber die schwere Masse nicht sofort in das Boot laden konnten, ohne es der Gefahr des Umschlagens auszusetzen, so schleppten wir sie mit vereinten Kräften bis ans Ufer.

Nachdem die Beute in Sicherheit gebracht war, führte ich die Kameraden in das Dickicht und wies ihnen meinen Fund. Auch sie zeigten sich nicht weniger überrascht als ich selbst und labten sich am erquickenden Saft der Beeren, indem sie zugleich mehrere ähnliche Sträucher in der Nachbarschaft entdeckten. Binnen weniger Minuten waren auch diese vollständig geplündert. Noch nie meinten wir etwas so Köstliches genossen zu haben.

Ich nahm einige Beeren dieses Strauches mit, um sie, falls mir eine glückliche Rückkehr ins Vaterland beschieden, der Akklimatisations-Gesellschaft oder dem Vorstande des großen Botanischen Gartens *(Jardin des plantes)* vorzulegen. Denn ich bezweifle nicht, dass dieses Gewächs, unter einigermaßen achtsamer Pflege, die Zahl unserer nützlichen und angenehmen Gartenpflanzen vermehren könnte.

Auf dem Rückwege nach dem Strande erlegte Harry mit seinem Stocke einen jungen Albatros: ein neuer, ganz unverhoffter Jagdgewinn.

Hocherfreut langten wir wieder in Epigwait an. Der Tag war ein glückbringender gewesen.

In dieser Weise, geteilt zwischen verhältnismäßigem Mangel und Überfluss und demzufolge zwischen Entmutigung und Hoffnung,

Musgrave hatte meine Flinte in der Hand, um rechtzeitig Feuer zu geben.

vergingen, Tag für Tag, die nächstfolgenden Wochen. Und auch der September brachte keine Veränderung. Die immer wiederkehrenden Wechselfälle der Jagd und des Fischfangs unterschieden sich nur wenig von den vielleicht schon allzu oft geschilderten der früheren Monate. Doch stellte gerade der September unsere Ausdauer und unseren Mut auf die härteste Probe, indem wir uns, infolge des äußerst rauen Wetters, beinahe zu steter Gefangenschaft in unserer Wohnung und nicht selten auch zu wirklichem Hunger verurteilt sahen. Die Stürme, der Regen, der Hagel, der Nebel, alle Dämonen der Atmosphäre schienen sich eben jetzt, zur Zeit der Tag- und Nachtgleiche, in diesen unwirtlichen Einöden zusammengefunden zu haben, um hier ihre wildesten Chöre zu beginnen.

Endlich kam der Oktober und richtete unseren Mut wieder auf. Der Winter näherte sich seinem Ende. Es war nun die Zeit, von Sydney ein Schiff zu unserer Aufsuchung abzusenden, mochte diese Hilfe nun von unseren Geschäftsgenossen oder von der Regierung kommen.

Unsere Erwartung war aufs Höchste gespannt. Musgrave schlug vor, auf der Halbinsel, welche seinen Namen trägt, eine Wache aufzustellen. Sobald dieselbe das Schiff erblicken würde, solle sie einen auf der vordersten Felsenspitze schon bereit gemachten Scheiterhaufen anzünden. Dieses Feuer müsse unbedingt die Aufmerksamkeit der Mannschaft erregen; man werde sofort ein Boot aussetzen, um den von uns als Wache aufgestellten Kameraden aufzunehmen, der dann das Schiff in die vor jedem Wetter sichere Bucht von Camp Cove zu lotsen habe. Dann solle er nach Epigwait eilen, um den übrigen Kameraden die endliche Rettung zu verkünden.

Am 4. November rüsteten wir, erfüllt von diesem Plane, unser Boot, um einen Ort zu suchen, wo einer von uns sich postieren könnte. Nachdem wir die Halbinsel umschifft und uns überzeugt hatten, dass unser altes Signal noch vorhanden sei, wandten wir uns der dem Eingang des Hafens gegenüberliegenden Seite zu. So erreichten wir, der schärenartig zerschnittenen Küste von Bucht zu Bucht folgend, eine Strandhöhe, welche weit in die Bai hineinragte. Die Lage war wunderschön. Wir erstiegen die Höhe und sahen von dieser aus nicht bloß den Hafen von Carnley, sondern auch, zwischen den beiden Vorgebirgen seiner Einfahrt, in das offene Meer hinaus.

Der gesuchte Ort war somit gefunden. Dennoch stellten sich jetzt, da es galt, unser Vorhaben in Ausführung zu bringen, unüberwindliche Schwierigkeiten heraus, an die wir in unserem Eifer nicht gedacht hatten. Die neue Wachtstation lag von Epigwait sehr entfernt; dem ausstehenden Wächter mussten daher immer reichliche Lebensmittel gebracht werden, und da ohnehin stets einer der Unsrigen im Hause beschäftigt war, so würde den übrigen Drei die Aufgabe zugefallen sein, auf die Jagd und den Fischfang zu gehen und unseren Posten zu verproviantieren. Das aber ging über unsere Kräfte. Und wie, wenn schlechtes Wetter die Schifffahrt unmöglich machte? Oder wenn dem Kameraden dort in seiner Einsamkeit ein Unfall zustieß?

Ferner hätten wir durchaus eine Hütte irgendwelcher Art bauen müssen, um dem Posten ein Obdach zu schaffen, und welch eine schwierige und langwierige Arbeit dies war, hatten wir zur Genüge erfahren. Es würde dazu vielleicht mehrere Wochen lang notwendig gewesen sein, dass wir täglich den weiten Weg von unserer Wohnung hierher machten! Und wer sollte für unseren Lebensunterhalt sorgen, da in dieser Zeit des Mangels selbst unsere vereinigte Anstrengung kaum hinreichte, uns vor dem Hunger zu sichern?

Nein, der Plan war unausführbar. Es war ein in einem Augenblick der Selbsttäuschung lebhaft verfolgtes Wahngebilde – nichts weiter.

Trübe gestimmt kehrten wir zurück. Unser Vertrauen war von Neuem erschüttert. Der Gedanke, dass man uns preisgeben könnte, dass wir, all unserer Mühen und all unseres Hoffens zum Trotz, bestimmt sein könnten, endlich doch dem Elend und der Verzweiflung zu erliegen – dieser Gedanke trat uns abermals mit all seinen Schrecken nahe.

Siebzehntes Kapitel

Meine Probe als Schuhmacherlehrling – Düstere Besorgnisse – Wiederkehr der schönen Jahreszeit – Unsere geographischen Studien

Wie auch unsere Gemütsstimmung sein mochte, so forderten doch die unaufhörlich sich erneuernden Bedürfnisse die ganze Kraft unseres Denkens und nicht weniger die unserer Arme heraus; das aber war, wie ich schon gesagt habe, gerade unsere Rettung.

Im Laufe eben dieses Monats, des Novembers, ward zunächst die vor länger als einem Vierteljahr begonnene Operation des Gerbens zu Ende gebracht. Die mit Gerbstoff gesättigten Häute hatten eine rötliche Farbe angenommen. Infolge der Zusammenziehung, die sie erlitten, waren sie runzlig geworden und in hundert wirre Falten zusammengeschrumpft.

Wir beeilten uns, sie zu verwenden, um die schlaffen, nach Tran dunstenden Mokassins zu ersetzen, auf welche meine Gefährten sich schon seit langer Zeit beschränkt sahen und zu denen ich mich voraussichtlich selbst sehr bald bequemen musste. Es war dies eine höchst mangelhafte Fußbekleidung, da sie weder gegen Nässe noch gegen den scharfen Druck eines überall steinigen Bodens Schutz gewährte.

Die Häute wurden aus dem Bade, in welchem sie erweicht worden, herausgenommen und eine Zeitlang an Baumstämmen aufgehängt, um abzutropfen. Bevor sie noch vollständig trocken waren, trugen wir sie in die Hütte, damit die Herdwärme sie ein wenig geschmeidig machte und uns gestattete, sie mittels kleiner Holzpflöcke an den Wänden aufzuspannen. Einige Tage später waren alle Spuren von Feuchtigkeit verschwunden, die stärksten Falten wieder geglättet und wir somit im Besitz eines ausgezeichneten Leders.

Das Verlangen wächst mit dem Erfolge. Derjenige, welchen wir bis jetzt in unseren industriellen Bestrebungen errungen, übertraf unsere Hoffnungen in solchem Grade, dass er mir den Gedanken eingab, nicht mehr bloße Mokassins, sondern wirkliche Schuhe zu fertigen.

Das erste Erfordernis dazu waren aber Werkzeuge; und da wir diese nicht hatten, bestand die nächste Aufgabe darin, uns dieselben zu beschaffen. Eine Segelnadel mit einem Griff von Eisenholz versehen, der unter keinem Hammerschlage splitterte, wurde unser Pfriem, und damit sollten in die Sohle jene Löcher gebohrt werden, in welche wir dann die zur Befestigung des Oberleders bestimmten Holzstifte einschlagen wollten.

Mehrere Abende hindurch waren wir insgesamt mit der Anfertigung dieser Holzstifte beschäftigt. Ich hatte unter den Trümmern des »Grafton« ein Stück Brett von norwegischer Tanne ausgesucht. Das Holz derselben ist hart, rötlich, harzig, hat gerade, regelmäßige Fasern und lässt sich daher leicht verarbeiten. Mit der kleinen Säge meines Taschenmessers zerschnitt ich das Brett in eine Anzahl Stücke von etwa einem Fuß Länge, und während Alick mithilfe seines großen Weidmessers diese Holzstücke der Länge und der Breite nach in dünne Stäbchen spaltete, gerade als ob er Zündhölzchen herstellen wolle, machten unsere Kameraden die Stifte fertig, indem sie denselben an dem einen Ende eine scharfe vierseitige Spitze anschnitten.

Als alle ausreichend mit Arbeit versorgt waren, versuchte ich ein Paar Leisten zu fertigen. Ich nahm zu diesem Zwecke ein weiches Holz, welches auf der Insel wuchs – eine von den früher erwähnten drei Gattungen – und wählte mir vorzugsweise seit Kurzem abgestorbene Bäume aus, um ein gleichzeitig trockenes und leicht zu bearbeitendes Material zu haben.

Die Anfertigung dieser Leisten kostete jedoch viele Mühe. Erst nachdem ich zwei Paare verdorben, gelang der Versuch; wenigstens glaubte ich es. Die Erfahrung lehrte mich später, dass ich mich geirrt hatte.

Zunächst suchte ich mir nun Pech und Draht zu verschaffen. Ich begab mich daher auf das Wrack und holte trockenen Teer, den ich mit meinem Messer von den Planken abgekratzt hatte. Ich fügte ein wenig Robbenöl hinzu, ließ das Ganze zusammenschmelzen und erhielt ein sehr zufriedenstellendes Pech. Was den Draht betraf, so gewann ich diesen aus aufgefaserten Segeltuchfäden, die ich mehrfach zusammendrehte. An den Enden der einzelnen Fäden brachte

Ich begann wohlgemut mein erstes Paar Schuhe.

ich ein aus einer Robbenmähne genommenes Haar an und verlieh dadurch eben diesen Enden eine Spitze und zugleich eine Steifheit, welche mir die Herstellung der Naht erleichtern musste.

Da der gefertigte Pfriem ziemlich stark und nur für die Durchbohrung der Sohle geeignet war, so machte ich einen zweiten dünneren von einer anderen Segelnadel, die ich auf unserem Schleifsteine abschliff. Dieser neue Pfriem sollte mir beim Festnähen der verschiedenen Oberteile dienen.

Nun waren alle Zurüstungen getroffen, und ich begann wohlgemut mein erstes Paar Schuhe.

Nachdem ich eine Woche lang gearbeitet, hatte ich etwas fertig, das ein Schuhflickerlehrling einem Holzhauer als ein Paar »Schuhe für alles« anbieten konnte, sofern nämlich der betreffende Holzhauer noch die Anspruchslosigkeit eines Naturmenschen besaß. Ich gestehe aber, dass mein Gemächt[1] mir nichtsdestoweniger zu lebhafter Befriedigung gereichte. Es regte sich eine Art Künstlerstolz in mir.

Inzwischen sollte dieser Hochmut bald genug gestraft werden. Als es galt, die Leisten herauszuziehen, konnte ich damit nicht zurechtkommen, und alle meine Anstrengungen waren vergebens. Ich hatte in ungeschicktem Eifer einen großen Teil der Holzstifte durch das Leder hindurch in den Leisten hineingetrieben, sodass sie nun hartnäckig festsaßen. Überdies war auch die Öffnung der Schuhe viel zu eng, als dass der Leisten hindurchgezwängt werden konnte. Ich musste mich daher entschließen, das Oberleder aufzuschneiden. Und so endlich gelang es mir nach vielem Pochen und Zerren, wodurch die Festigkeit meiner Arbeit nicht wenig gefährdet ward, die Leisten herauszubekommen.

Durch die Erfahrung belehrt, trug ich Sorge, diesen Übelstand für die Zukunft zu vermeiden. Ich kam auf den Gedanken, meinen Leisten in zwei Stücke zu zerlegen, sodass ich nun zuerst den hinteren Teil und den daran befindlichen Absatz und dann den Vorderteil herausziehen konnte. Es war dies ohne Zweifel allerdings ein Fortschritt, aber immer nur ein unzureichender. Denn es musste auch ein Mittel ausfindig gemacht werden, um zu verhindern, dass der auf diese Weise geteilte Leisten sich in dem Schuh verrücke. Dies erreichte ich, indem ich oben auf den beiden Teilen des Leistens einc tiefe Fuge anbrachte, in welche ich dann ein genau passendes Querholz hineinstecken konnte. Sobald dies geschah, bildeten die einzelnen Teile ein festes Ganzes; zog ich das Holz heraus, so lösten sie ihre Verbindung und wurden wieder beweglich. Ein Riemen, den ich durch ein in jeden Teil gebohrtes Loch geschlungen, erleichterte mir die Handhabung.

Damit aber die Sohle nicht wieder am Leisten hafte, brauchten wir die Holzstifte nur kürzer zu schneiden.

Infolge dieser allmählichen Vervollkommnungen gelangte ich endlich in den Besitz einer genügenden Hülle, die den Fuß gegen die Schärfe der Kiesel und der Dornen des Waldes und immerhin auch gegen die Nässe schützte. Meine Kameraden säumten nicht, meinem Beispiel zu folgen, und binnen Kurzem waren wir alle neu beschuht.

Ich wage nicht zu behaupten, dass sich unser Werk am Schau-

[1] Eine handwerkliche Arbeit. *(Anm. d. Hrsg.)*

fenster eines Pariser Schuhmachers sonderlich vorteilhaft ausgenommen haben würde; die Eleganz aber war nicht das Problem, welches wir zu lösen hatten.

Ich habe gesagt, dass wir auch einige dünnere Robbenhäute gegerbt hatten, ohne sie ihres Haares zu berauben. Aus diesen fertigten wir uns Kleider, um die bisherigen zu ersetzen, welche, trotz unserer fortwährenden Ausbesserungen, so mürbe und abgenutzt waren, dass sie beim geringsten Anstreifen an einen Baum oder beim Tragen einer Last in Fetzen herabhingen.

Es dauerte nicht lange, so waren die beiden Matrosen und der Koch vom Kopf bis zu den Füßen nur noch in Robbenfell gekleidet. Es waren ziemlich wunderliche Gestalten, und von der Kehrseite angesehen, hätte man sie wohl für Eskimos, Tschuktschen oder irgendwelche andere Polarmenschen halten mögen. Musgrave und ich – von Haus aus besser versorgt – begnügten uns jeder mit einer Art Robbenmantel, den wir beim Regen über unsere anderen Kleider zogen.

Mittlerweile verging Woche um Woche, ohne dass sich das sehnlichst erwartete Schiff gezeigt hätte. Unseren Berechnungen nach hätte es in den ersten Tagen des Oktober, sofort mit dem nach der Herbstnachtgleiche eintretenden ruhigen Wetter, von Sydney abgehen müssen. Allmählich drängten sich uns allen daher Vermutungen auf, welche für uns ebenso beunruhigend, wie der Ehre unserer Geschäftsteilhaber ungünstig waren. Hatten Letztere das Versprechen vergessen, welches sie uns feierlich gegeben und welches sie, wenn nicht aus Freundschaft, doch schon aus bloßer Ehrlichkeit halten mussten? Oder war ihnen die Erfüllung ihrer Pflicht unmöglich gemacht worden? Und hatte die Regierung von Neusüdwales sich mit Verleugnung aller Menschlichkeit geweigert, ihrem Gesuche um ein Schiff zu entsprechen?

Keiner von uns allen ertrug diese quälenden Gedanken mit größerer Ungeduld als Musgrave. »Wenn es sich allein um mich handelte!«, sagte er mehr als hundertmal zu mir. »Aber meine Frau, meine Kinder, deren einzige Stütze ich bin, müssen die Opfer meines Unglücks werden. Jeder Tag der Verzögerung erschwert ihre Leiden, denn mit jedem Tage wird ihnen mein Tod und ihre Verlassenheit gewisser.« Zuweilen geriet er so außer sich, dass der sonst so besonnene, feste Mann die törichtesten Entschlüsse fasste. Er erklärte wohl, er werde die Insel um jeden Preis verlassen, er werde sich ganz allein in dem Boote einschiffen und nach Australien zurückkehren. Als ich ihm hierauf bemerklich machte, dass ein solcher Versuch nichts anderes sein würde als ein Selbstmord, antwortete er bitter: »Und wenn es so wäre, was käme weiter darauf an, da wir doch einmal bestimmt sind, hier zu verhungern? Ist es nicht besser, der Sache sofort ein Ende zu machen? Und wenn wir auch unser Leben kläglich hinfristen, wozu sollen wir leben? Was nützt hier mein Dasein!«

Indessen wichen solche Stimmungen auch wieder anderen, ruhigeren, und dann verschloss sich selbst Musgrave der Hoffnung nicht länger. War es ja doch auch immer möglich, dass man uns wirklich ein Schiff gesendet, dieses aber unterwegs Schaden gelitten hatte! In einem solchen Falle hatte es irgendeinen Hafen, vielleicht in Neuseeland, aufsuchen müssen. – Warum also verzweifeln, da es sich vielleicht nur um eine Verzögerung von einigen Tagen, höchstens einigen Wochen handelte?

Ein glücklicher Umstand forderte uns auf, geduldig zu sein – die Seelöwen kamen wieder. Eines Morgens, in den ersten Tagen des Novembers, sahen wir einen Schwarm von etwa zwanzig dieser Tiere sich in unserer Bai herumtummeln und dann den Weg nach der Insel Acht fortsetzen. Ihnen folgten während der nächsten Woche neue und zahlreichere Scharen, welche sich den Gewässern des Hafens von Carnley und besonders des nördlichen Armes zuwendeten. Jetzt durften wir freier aufatmen. Denn abgesehen davon, dass das Erscheinen der Robben uns fortan gegen die Gefahr einer Hungersnot sicher stellte, bedeutete es für uns auch – ähnlich wie für den Europäer die Schwalben – den rückkehrenden Sommer.

In der Tat begannen mit dem Monat Dezember die schönen Tage, das heißt was man eben in dieser rauen Zone so nennen kann. Die Regengüsse und die Stürme waren weniger häufig. Die dünneren, leichteren Nebel gestatteten uns öfter, den blauen Himmel und die Sonne zu sehen. Nur ereignete es sich zuweilen, dass die ziemlich laue Luft plötzlich erkaltete; dann fiel das Thermometer wohl bis auf Null, um plötzlich wieder ebenso schnell bis zur früheren Höhe zu steigen. Diese anscheinend völlig unvermittelten atmosphärischen Schwankungen haben ihren Grund in ungeheuren Schollen, welche sich zu Anfang des Sommers von den Eisbergen des Südpols ablösen und somit eine winterliche Kälte weit hinauf in wärmere Breiten tragen. Oft genug sahen wir sie, gleich kristallenen, in der Sonne funkelnden Gebirgen, mit dem Zuge der großen Meeresströmungen an unseren Inseln vorüberschwimmen.

Wenn wir so glücklich sein sollten, in die Heimat zurückzukehren, so durfte unser Aufenthalt auf den Aucklands nicht bloß ein persönliches Abenteuer bleiben; wir wünschten vielmehr auch der Wissenschaft einen kleinen Dienst zu leisten. Daher machten wir es uns zur Pflicht, die günstige Witterung zu benutzen, um zuweilen Sonnen- und Mondbeobachtungen anzustellen und dadurch die geographische Lage der Inselgruppe so genau wie möglich zu bestimmen. Der durch die Gebirge der Bai begrenzte natürliche Horizont konnte uns jedoch zu diesem Zwecke nicht genügen, und wir verfielen daher auf das Mittel, durch flüssigen, auf einen Teller gegossenen Teer einen künstlichen Horizont darzustellen, der uns einen vortrefflichen Reflektor abgab, weit besser als das Wasser, welches der Wind auch an den ruhigsten Tagen kräuselnd bewegte. Indem wir den Durchschnitt einer größeren Zahl von nur höchst unbedeutend abweichenden Beobachtungen zogen, erlangten wir das Resultat: Südliche Breite 50° 53' 30"; östliche Länge des Meridians von Paris 163° 55' 21".

Ebenso wurde der Plan des Hafens von Carnley, dessen Aufnahme wir beschlossen hatten, wesentlich vervollständigt. Um die gegenseitige Lage der verschiedenen Punkte an den einzelnen Buchten und Einschnitten, also an der inneren Küste, zu bestimmen, bedienten wir uns, wie schon gesagt, eines mittels des Kompasses durchgeführten trigonometrischen Systems.

Der mir zur Beendigung meiner Karte noch fehlende Umriss der eigentlichen Außenküste ward mir später durch den Kapitän Norman, des Kommandanten der Dampfkorvette »Victoria« und durch seine Offiziere geliefert, welche diese Zeichnung während ihrer Reise nach den Aucklandinseln aufnahmen. Ich werde auf diese Expedition wieder zu sprechen kommen.

Die Beobachtungen, welche mir in Bezug auf die Lage des Hafens von Carnley mitgeteilt wurden, entsprechen – bis auf eine Abweichung von zwei Seemeilen – den unsrigen ganz genau. Ebenso stimmten unsere Messungen aber auch mit den von Sir James Clark Ross (zu Port Ross) im Jahre 1840 angestellten überein. Diesen neuen Ermittlungen zufolge liegt demnach die Gruppe der Aucklandinseln fünfzig Meilen weiter westlich als Laurin, Norie und Findlay in ihren Werken und Karten[1] angeben.

[1] Laurin auf seiner 1853 veröffentlichten Karte, Norie in seiner »Epitome de Navigation«, Findlay in seinem *»Pilote de l'océan Pacifique«*.

Achtzehntes Kapitel
Ein Befreiungsplan – Verfertigung eines Blasebalgs – Jeder widmet sich dem gemeinschaftlichen Werk

Heute haben wir den 25. Dezember – wir haben Weihnachten, das Fest heiliger Freude für alle Christen und seligen Glückes für alles, was Kind heißt!

Aber noch ist mir kein Tag so trübe und schwer aufgegangen wie dieser. Es ist mir fast unmöglich gewesen, irgendeine Arbeit vorzunehmen und meine Gedanken auf sie zu richten. Immer flogen sie weit hinweg, über die Meere hinweg nach der Heimat.

Ich sah die grauen Straßen meiner Vaterstadt und frohe Menschen auf und ab drängend; die Glocken läuteten; aus den Kirchen klangen Orgelschall und frommer Gesang. Ich sah mich selbst als Knaben, wie ich in einem überirdischen Entzücken unter diesen Massen, diesen Chören wandelte, und ihrer verworrenen Harmonie in träumerischer Andacht lauschte.

Dann wieder kam der Abend; feiernd versank die Sonne hinter den ehrwürdigen Türmen, und nun ward es draußen allgemach stiller und leerer, aber nur, damit es drinnen in den Häusern umso lauter und heller werde. Aus jeder Wohnung strahlte kerzenflammend der Christbaum; mit Geschenken beladen prangte der festliche Tisch, und die ganze Familie, vom Großvater bis zu den Enkeln, bewegte sich in heiterem Jubel um ihn her.

Plötzlich aber zerrann diese leuchtende Fata Morgana meiner Kindheit, um einem anderen, desto dunkleren Bilde Platz zu machen. In einem kleinen, einsam düsteren Zimmer saßen zwei gebeugte Gestalten an einem Herde, dessen Feuer sie hatten verlöschen lassen. Es waren meine Eltern. Ihr Haar war weiß, ihr Angesicht verfallen; sie trugen Trauerkleider. Für sie gab es kein Weihnachtsfest, keine Familie mehr. Gesenkten Hauptes saßen sie stumm nebeneinander, und – weinten. Sie beweinten ihren Sohn, den sie tot glaubten.

Um mich endlich diesen quälenden Visionen zu entreißen, schüttelte ich die Erstarrung ab, die auf mir lastete. Die Ellbogen auf die Knie, und den Kopf in die Hände gestützt, hatte ich vielleicht bereits mehrere Stunden auf der Bank gesessen; jetzt erhob ich mich und schaute mich um. Aber auch meine Kameraden saßen wortlos und regungslos neben ihren Betten auf der Erde; denn auch sie kämpften mit ähnlichen bitteren Erinnerungen wie ich.

Ich betrachtete dieses Schauspiel einige Augenblicke lang und dann fühlte ich in weniger Zeit, als ich bedarf um es zu erzählen, in mir eine vollständige Umwälzung vorgehen. Auf die Verzagtheit folgte – ich weiß nicht wie – die freudigste Spannung. Von neuer Kraft erfüllt, mir selber und den Genossen zürnend, rief ich mit lauthallender Stimme: »Nein, das darf so nicht fortgehen; das ist töricht und mehr als töricht, denn es ist feig! Was nützen unsere Klagen? Was nützt unsere Verzweiflung? Haben uns andere verlassen, so wollen wir doch uns selbst nicht verlassen. Ich meinesteils halte es nicht für unmöglich, dass wir mit einem Aufgebot unserer ganzen Energie und Ausdauer uns dennoch aus dieser Gefangenschaft befreien können. Wir müssen es können; wir müssen es auf alle Fälle versuchen. Mut denn und ans Werk!«

Meine Kameraden richteten die Köpfe empor und sahen mich seltsam an; gleichwohl aber zeigte mein Mahnruf keine Wirkung auf sie. Meine Begeisterung erwärmte sie nicht. Kaum, dass sie mich fragten, was ich eigentlich sagen wolle. Ich entwickelte ihnen nun einen Gedanken, welcher in mir entstanden war und sich noch während des Sprechens zum bestimmten Plane gestaltete.

»Ich will nichts anderes sagen«, hob ich wieder an, »als dass wir, da unser Boot für eine längere Fahrt zu klein und zu gebrechlich ist, ein größeres und festeres Fahrzeug bauen müssen, auf welchem wir diese Insel verlassen und nach Neuseeland gelangen können.«

Meine Kameraden gestatteten mir von jeher manches freiere Wort, sie hatten mir von jeher Vertrauen geschenkt, und dies Vertrauen war mit dem Erfolge gewachsen, welcher seit unserem Schiffbruch die meisten meiner kleinen Bemühungen und Vorschläge begleitet hatte. Dennoch nahmen sie meinen Entwurf nicht so auf, wie ich es erwartet hatte. Die einen schwiegen, die anderen wiesen auf die Gefahren eines fast beständig von Stürmen aufgewühlten Meeres und vor allem auf die unübersteiglichen Schwierigkeiten hin, die nach ihrem Dafürhalten sich der bloßen Ausrüstung eines seetüchtigen Bootes entgegenstellten.

Es blieb mir vor der Hand nichts übrig, als mich still zu fügen. Dagegen nahm ich mir vor, ganz allein und unverweilt ans Werk zu gehen, in der Voraussetzung, dass ein einigermaßen gelungener Anfang meine Kameraden am sichersten überzeugen würde.

Am nächstfolgenden Tag stand mein Plan fest. Um ein Boot zu erbauen, mussten wir uns vor allen Dingen mit dem erforderlichen Arbeitsgerät versehen; denn wir besaßen, wie schon erwähnt, weiter nichts als einen Hammer, eine halb abgenutzte Axt, einen Bohrer und ein altes, wenig brauchbares Hohlbeil. Wenn wir aber neue Werkzeuge fertigen wollten, so konnten wir einer Schmiede nicht entbehren. Die Herrichtung einer Schmiede, das heißt eines Herdes, eines Ambosses und eines Blasebalgs, war also meine nächste Aufgabe, und der schwierigste Teil derselben ohne Zweifel das zuletzt genannte Werkzeug. Darum begann ich mit diesem.

Ich begab mich sehr bald auf das Wrack unserer Goélette, nachdem ich es seit langen Wochen nicht betreten. Der obere Teil desselben war mittlerweile von den anstürmenden Wellen gänzlich zerstört, bis auf den geborstenen Rumpf, der noch fest zwischen den Felsen saß. Mit einer Zange löste ich einige Kupferplatten, eine ziemlich große Menge breitköpfiger Nägel und mehrere durch die Wogen schon gelockerte Bretter ab. Ein paar Stunden mochten mir im Eifer der Arbeit vergangen sein, als ein zunehmendes Gefühl von Kälte mich erinnerte, dass die Flut im Steigen begriffen und dass es Zeit sei, zurückzukehren. Daher lud ich meine kostbare Beute auf und ging wieder ans Land.

Ich brauchte nicht ganz acht Tage, um eine Maschine herzustellen, welche so ziemlich einem Blasebalge glich und wirklich auch die Dienste eines solchen leistete. Sie bestand aus drei hölzernen, nach der einen Seite abgerundeten und nach der anderen spitz zulaufenden Teilen. Dieselben waren von schmalen Brettern gefertigt und durch Querhölzer miteinander verbunden, welche ich mit Holznägeln befestigte. Abgesehen von dem jeweiligen Gebrauche des Bohrers hatte ich dies alles lediglich mithilfe der Säge und der Klinge meines Taschenmessers zustande gebracht. Die hie und da klaffenden Fugen wurden mit den Fäden aufgefaserter Taue kalfatert[1].

Von den erwähnten drei Brettstücken war nun dasjenige, welches die Mitte einnehmen sollte, das längste und lief in eine sich verengende Röhre aus. Diese Röhre hatte ich aus einer Kupferplatte gebildet, indem ich sie um die Eisenstange bog, welche mir als Zange diente; die Ränder aber wurden in der Weise zusammengefügt, dass ich sie, wie die Klempner es zu tun pflegen, zweimal um sich selbst bog.

[1] Das Abdichten der Fugen an hölzernen Schiffswänden oder dem Schiffsdeck mit Werg, Baumwolle oder Pech. *(Anm. d. Hrsg.)*

Die beiden anderen etwas kürzeren Brettstücke waren mit dem mittleren durch zwei Scharniere von Robbenhaut verbunden. Auf diese Weise waren sie beweglich und konnten mehr oder weniger dem Mittelteile genähert werden, welcher seinerseits, sobald der Blasebalg erst hinter dem Herde befestigt war, unbeweglich bleiben sollte. In der Mitte der beiden unteren Bretter hatte ich endlich zwei Löcher für die ledernen Ventile angebracht, die zum Ein- und Auslassen der Luft bestimmt waren.

Ich vervollständigte das Instrument dadurch, dass ich es an den Rändern mit Robbenfell beschlug.

Zu Anfang der nächstfolgenden Woche legte ich meinen Kameraden einen wirklichen Schmiedeblasebalg vor. Er hatte zwei Windkammern, und somit eine verdoppelte Kraftwirkung, die bei dem sofort angestellten Versuche meine Erwartungen weit übertraf.

Dieses sichtbare und greifbare Ergebnis sprach für sich selbst. Beredter, als es irgendwelche Gründe vermocht hätten, löste dieser erste Versuch jeden entgegenstehenden Zweifel meiner Genossen, und Hoffnung und Zuversicht kehrten ihnen wieder. Ich benutzte die Gunst des Augenblicks, um zu fragen, wer mir helfen wollte. Ein einstimmiger Zuruf antwortete mir. Alle erboten sich, an dem gemeinschaftlichen Werke zu arbeiten; alle wollten die Zeit wieder einbringen, welche durch ihr mutloses Zaudern verloren gegangen war.

Und in der Tat konnten wir nur dadurch zum Ziele gelangen, dass jeder von uns mit Einsatz aller seiner Kräfte und Fähigkeiten an der Arbeit teilnahm. Damit aber war zugleich eine veränderte Ordnung unserer bisherigen Beschäftigungen geboten.

Wie der Leser sich erinnert, war es uns bei unserem Schiffbruch möglich gewesen, noch einen kleinen Vorrat von Lebensmitteln zu retten, der uns anfangs gestattete, uns dem Bau und der Einrichtung des Hauses mit Fleiß zu widmen, ohne allzu viel Zeit auf die Seelöwenjagd verwenden zu müssen. Später aber hatten wir nur durch unsere vereinten Anstrengungen die nötigen Lebensmittel aufbringen können. Wollten wir nun unser neues Unternehmen durchführen, so mussten mindestens zwei von uns die alleinige Sorge für die Bedürfnisse der Gesamtheit übernehmen. Diese Aufgabe fiel George und Harry zu, den beiden jüngsten von uns. Auf ihnen ruhten fortan ausschließlich die Mühen der Jagd, des Fischfangs, der Dienst der Küche, die Unterhaltung der Wäsche und Kleider, kurz die wirtschaftliche Verwaltung des ganzen Hauswesens. Aber welch ein schwieriges Amt ihnen damit auch aufgebürdet war, so widmeten sich ihm doch unsere beiden Kameraden während der sieben Monate, welche die Erbauung unseres Fahrzeugs kostete, mit wahrhaft selbstverleugnender Geduld und Hingabe. Zwei oder drei Fälle einer unergiebigen Jagd ausgenommen, genügten sie ganz allein einer Leistung, die bisher uns alle fünf beschäftigt hatte.

Alick, der Norweger, war um nichts leichter gestellt. Er musste Holzkohlen für die Schmiede liefern, das heißt zuerst das dazu nötige Holz fällen, schneiden und zu einem Scheiterhaufen von sechs bis acht Kubikmeter aufschichten, dann diesen Bau mit einer Lage Moorerde überdecken, hierauf ihn in der Mitte anzünden und endlich das Verkohlen desselben überwachen. Die größte Schwierigkeit machte dabei die eben erwähnte Überdeckung des Meilers. Ward nämlich die Moorschicht – und andere Erde hatten wir nicht zu unserer Verfügung – zu dick aufgelegt, so entwickelte die eingeschlossene Hitze eine solche Menge Wasserdunst, dass die erdige Hülle erweichte und schlammartig zu einer kompakten Masse zusammenfloss, welche der Luft den Zugang versperrte und zuletzt den Brand gänzlich erstickte. Die Moorschicht durfte daher nur dünn sein; dann aber trocknete sie wiederum sehr bald aus, sie bekam Risse und der allzu stark eindringende Windzug fachte die eben nur glimmende Glut zu heller Flamme an, sodass wir am nächstfolgenden Tage, anstatt der Kohlen, Asche fanden. Zur Vermeidung derartiger Übelstände galt es, den Zustand der Moorkruste unaufhörlich zu beobachten und sobald sich Risse bildeten, dieselben sofort durch einige Schaufeln neuer Erde zu verstopfen.

Das war der schwere Frondienst, welcher dem wackeren Alick zugeteilt wurde. Er hatte den ganzen Tag zu arbeiten und selbst nachts, während die Anderen ungestört ruhten, durfte er gleichsam nur mit einem Auge schlafen und musste wohl zwanzigmal aufstehen. Dennoch verrichtete er sein Amt, ohne sich jemals zu beklagen, mit musterhafter Treue und Sorgsamkeit.

Was Musgrave betraf, so sollte dieser mir sowohl bei den Schmiedearbeiten als auch bei der eigentlichen Erbauung des Bootes helfen.

Wir begannen damit, dass wir beide neben unserem Hause einen Holzschuppen bauten. Wir bedeckten ihn mit einigen alten Kupferplatten der Goélette, und stellten unter diesem Schutzdache den Blasebalg und vor demselben einen großen gemauerten Herd auf, zu

Alick als Kohlenbrenner.

dessen oberer Fläche wir die in Camp Cove gefundenen Backsteine verwendeten.

Es fehlte jetzt nur noch ein Amboss. Zuerst gedachte ich mich eines flachen Steines zu bedienen, wie so oft in Australien, wenn ich, weit ins Innere vorgedrungen und fern von jedem bewohnten Ort, mir meine durch die Minenarbeiten beschädigten Gerätschaften selbst wieder instand setzen musste. Steine pflegen aber der Wucht der Hammerschläge nicht lange zu widerstehen, und die Notwendigkeit, sie immer von Neuem zu ersetzen, würde uns sehr aufgehalten haben. Ich nahm daher abermals meine Zuflucht zum »Grafton«, unserer unerschöpflichen Hilfsquelle, und war so glücklich, unter den im Schiffsraume liegenden Massen alten Eisens einen Block zu finden, welcher etwas über einen Fuß lang, fünf Zoll breit und dick war und überdies vier glatte Flächen hatte. Ich brauchte weiter nichts zu tun, als den Eisenquader auf einem starken Klotz zu befestigen, um einen ganz vortrefflichen Amboss zu haben.

Neunzehntes Kapitel
Verfertigung unseres Arbeitsgerätes – Annahme eines neuen Planes

Am Morgen des 16. Januar arbeitete unsere Schmiede zum ersten Mal. Die Holzkohle loderte und knisterte, und der von Musgrave in Bewegung gesetzte Blasebalg stöhnte und schnaubte auf eine Weise, welche uns die angenehmste Musik dünkte.

Zunächst verlegte ich mich auf die Anfertigung einer flachen Zange in Form einer Schere, um das glühende Eisen, welches ich zu schmieden hatte, halten und auf dem Amboss drehen und wenden zu können. Wieviel Mühe aber kostete es, ehe es gelang, dieses unentbehrlichste der Werkzeuge zustande zu bringen! Mehr als zwanzigmal fing ich damit wieder von vorne an. »Mut!«, sagte Musgrave, als er meine Bestürzung sah. »Unsere Rettung hängt von unserer Ausdauer ab. Versuchen wir es von Neuem. Ich bin des endlichen Erfolges sicher.«

Ich machte wiederum zwei Stücke Eisen glühend; es waren ein paar vom Rost zernagte alte Bolzen. Diesmal vermied ich die bei den bisherigen Versuchen getanen Fehlgriffe, und – nach Verlauf einer Stunde angestrengtester Arbeit hatte ich eine Zange fertig, die nur wenig zu wünschen übrig ließ. »Bravo!«, jubelte Musgrave. »Der Sieg ist unser! Du bist nun Schmiedemeister. Ans Werk! Frisch begonnen ist halb gewonnen!«

Überwältigt, sowohl durch die ungewohnte Anstrengung, als auch durch die innere Aufregung, ließ ich meinen Hammer fallen und lehnte mich an eine der Säulen des Schuppens. Ich schäme mich nicht zu sagen, dass mir die Tränen in die Augen traten; aber es waren Tränen der Freude.

Allmählich ward ich geübter, und bevor noch der Monat zu Ende war, hatte ich drei kleinere Zangen und Hämmer von verschiedener Stärke, ebenso viele Bohrer, eine Form zum Anfertigen von Nägeln, einen Hartmeißel zum Durchschlagen des Eisens, zwei schwere Fausthammer zum Schmieden desselben und eine Menge kleinerer Gegenstände geliefert, deren wir voraussichtlich bedurften.

So von Tag zu Tag lernend, schaffte ich während der ersten Woche des Februar mehr als in der ganzen vorhergegangenen Zeit des

»Bravo! Du bist nun unser Schmiedemeister!«

Januar. Aus den Stahlpicken[1], die wir zur Bergwerksarbeit mitgenommen, machte ich mehrere Meißel; aus dem trefflich gehärteten Blatt einer Schaufel verschiedene Hobeleisen, und aus dem übrigbleibenden Reste die Schneide eines großen und zweier kleinen Beile.

Eiserne Reifen mussten sich in Sägen, Richtscheite und Messstangen verwandeln lassen, und – kurz und gut – mein Arbeitsgerät war allmählich so weit vervollständigt, dass es nur noch an einem Bohrer fehlte, der lang genug war, um die großen Holzstücke zu durchbohren, welche die nicht im Wasser liegenden Teile des Bootes bilden sollten. Auch hatte ich dieses letzte Werkzeug schon eifrig in Arbeit. Als ich aber der Spitze desselben die spiralförmige Drehung geben wollte, mittels derer der Bohrer in das Holz eingreift, war es plötzlich mit meiner Kunst zu Ende.

Zwei ganze Tage wiederholte ich unermüdlich den Versuch von Neuem, aber immer vergebens, da ich jedes Mal das Eisen verbrannte und mein Werk zerstörte, anstatt es zu vollenden.

So musste ich mich einem Hindernisse gegenüber, welches aller meiner Anstrengungen spottete, besiegt bekennen, und man begreift, dass nicht ich allein, sondern auch die Übrigen dieses Missge-

[1] Die Picken und Spitzhacken, deren sich die Steinarbeiter und Bergleute bedienen.

schick lebhaft bedauerten. Indessen hatte dasselbe wichtige, und, wie sich später zeigen wird, ersprießliche Folgen. Denn es trug wesentlich dazu bei, den bisherigen Plan fallen zu lassen und einen neuen zu entwerfen, den ich zuerst mit Musgrave ausführlich besprach.

Nachdem dieser seine Zustimmung gegeben, rief ich die anderen Kameraden herbei, teilte ihnen das Ergebnis unserer Erwägungen mit und forderte sie auf, sich gleichfalls darüber zu beraten. Ich suchte ihnen darzutun, dass mein erster Vorschlag, obschon nicht geradezu unausführbar, dennoch zahlreiche Schwierigkeiten darbiete, deren Größe ich in der Begeisterung des ersten Augenblicks selbst nicht genugsam bemessen. In der Tat erforderte der Bau eines Fahrzeugs von zehn bis fünfzehn Tonnen – kleiner durften wir es nicht machen – eine außerordentliche Masse Materials sowohl an Holz als an Eisen, da wir in diesem Falle genötigt waren, alle Bestandteile selbst herzustellen. Denn die Planken des alten »Grafton« besaßen weder die nötige Festigkeit, noch die erforderliche Geschmeidigkeit, und die Bäume der Insel eigneten sich infolge ihrer Gestaltung nur wenig, dem Mangel abzuhelfen. Um ferner nicht zu reden von der zahllosen Menge Nägel, Bolzen, Stifte und Verschläge, die wir hätten fabrizieren müssen – welch eine Zeit gehörte zu einer solchen Arbeit! Unter den Umständen, in welchen wir uns befanden, durften wir sie auf nicht weniger als anderthalb oder zwei Jahre veranschlagen. Und war es wohl wahrscheinlich, bis dahin all den Entbehrungen und Leiden widerstehen zu können, welche ein zweiter, ja vielleicht ein dritter Winter auf den Aucklandinseln über uns verhängen würde?

Ich beeilte mich, meiner Auseinandersetzung sofort hinzuzufügen, dass ich auf unsere Befreiung keineswegs verzichte, sondern in Übereinstimmung mit Musgrave nur folgende Umgestaltung des früheren Planes vorschlage. Es sei ratsam, uns des kleinen Bootes zu bedienen, welches schon so viele Dienste geleistet habe und deren noch mehr leisten könne, sobald wir es größer gemacht. Es solle daher auf Böcke gesetzt und ihm ein »falscher« Kiel (ein Notkiel) angefügt werden, der uns gestatte, es nach hinten um ein Meter zu verlängern; in gleicher Weise solle es durch Erhöhung des Bordes um wenigstens einen Fuß vertieft und endlich mit einem Decke versehen werden. Diese Arbeit übersteige unsere Kräfte nicht, nach meiner Ansicht könne sie in vier bis fünf Monaten zustande gebracht sein. Soweit war gegen das neue Projekt nichts Erhebliches einzuwenden; aber es hatte ein Bedenken gegen sich, das sich jedem von uns schmerzlich aufdrängen musste. Denn wir waren in diesem Falle gezwungen, den verlockenden Gedanken einer gleichzeitigen gemeinsamen Rückkehr aufzugeben: Auch das verlängerte Fahrzeug konnte nicht mehr als drei von uns auf einmal fassen. Allein, die Sache leidenschaftslos betrachtet, durfte wohl gefragt werden, ob dies wirklich ein Nachteil, und gegen die vorerst Zurückbleibenden eine Grausamkeit sei, oder ob die neue Kombination sich nicht sogar als eine zweckmäßige empfehle? Wenn diejenigen, welche sich einschifften, unterwegs umkamen – und man konnte sich nicht verhehlen, dass sie eben das Äußerste wagten – so blieben wenigstens die Übrigen am Leben und konnten noch immer hoffen, früher oder später von einem Schiffe aufgenommen zu werden. War dagegen die Überfahrt glücklich, gelang es, Neuseeland oder irgendeine andere bewohnte Küste zu erreichen, so war die erste Sorge der Geretteten natürlich die, ihren auf den Aucklands zurückgebliebenen Brüdern sofort Hilfe zu senden.

Meine Kameraden hatten mich mit stummem Erstaunen angehört. Auch jetzt, als ich geendet, standen sie schweigend umher, und wer hätte dieses Schweigen nicht verstehen, wer es nicht natürlich finden sollen! Endlich ergriff Harry das Wort. »Ich dachte mir wohl«, sagte er in einem Tone, aus dem die ganze Bitterkeit der Enttäuschung klang, »dass diese schönen Pläne zu nichts führen würden. Was mich betrifft, so ziehe ich es vor, hier zu bleiben; an Bord dieser Nussschale gehe ich sicherlich nicht.« Die beiden anderen, obschon sie das Aufgeben des ursprünglichen Planes zu bedauern schienen, sahen doch ein, dass der zweite ausführbarer war. Alick besonders erklärte sich offen dafür und sagte, er könne sich, sobald das Boot hergestellt sei, nichts Besseres weiter wünschen, als in See zu stechen. Mein Vorschlag galt daher als gebilligt.

Schon am nächsten Tag nahmen wir unsere Arbeit mit Eifer wieder auf. George und Harry blieben die Lebensmittellieferanten unserer kleinen Gemeinde; Alick fing wieder an Kohlen zu brennen, und Musgrave und ich setzten unser Zimmer- und Schmiedehandwerk weiter fort.

Am Morgen hatten wir, zufolge unseres neuen Übereinkommens, einige Bäume gefällt und die Stämme derselben an den Strand gerollt. Nachdem wir sie hier auf das Gröbste behauen, legten wir sie etwa je zehn Zoll voneinander entfernt wie die Balken zu einem Fußboden zusammen.

Wir errichteten unsere Werft auf der Grenze des Hochwasserstandes, die durch eine Linie vertrockneter Seepflanzen angedeutet ward, und zwar an einer Stelle, deren stark geneigte Bodenfläche dem segelfertigen Fahrzeuge seiner Zeit gestatten musste, leicht bis in das Meer hineinzugleiten.

Von einem der besten Bretter aus den Trümmern des »Grafton« hatten wir zuerst dem Boote einen falschen Kiel angefügt. Derselbe war um einige Meter länger als der alte und mit vier inwendig vernieteten Bolzen ausreichend befestigt. Dann setzten wir das Boot auf die Balken oder Böcke und gaben ihm durch untergeschobene, je nach Bedürfnis verstärkte Keile eine waagerechte Richtung. Sechs Stützen, auf jeder Seite drei, hielten den Rumpf aufrecht und hinderten ihn, zu schwanken.

Eben als wir die letzte Stütze angebracht hatten, fand sich George bei uns ein, um uns zu melden, dass es nach dem Chronometer fast neun Uhr sei. Wirklich brach die Nacht bereits herein, und da somit die Arbeit im Freien aufhören musste, so verließen wir den Zimmerplatz und gingen in die Schmiede, wo wir beim Schein der vom Blasebalg angefachten Kohlenglut noch anderthalb Stunden lang das Eisen schlugen.

Von diesem Augenblick an verdoppelten wir unsere Tätigkeit. Die Hoffnung war der starke Treiber der Kraft, und in der Tat öffnete sich uns bald die wohlbegründete Aussicht, uns noch vor Beginn der schlimmen Wintermonate einschiffen zu können. Um sechs Uhr morgens standen wir auf, machten uns sofort an die Arbeit und verließen sie, mit Ausnahme der kurzen Mahlzeiten und anderen etwa notwendigen Unterbrechungen, nicht eher als zehn oder elf Uhr abends. Während des Tages hatten wir meistenteils am Zimmerwerk unseres Fahrzeuges zu tun; abends dagegen beschäftigte uns die Schmiede, da wir den für den anderen Tag notwendigen Vorrat an Nägeln, Nieten, Bolzen usw. fertigen mussten. Harry oder George lösten zuweilen Musgrave am Blasebalg ab und halfen mir schmieden, indessen Musgrave dann aus der alten Leinwand und Takelage des »Grafton« Segel und Tauwerk für das Boot herrichtete.

Diese echt seemännische Arbeit war sein Triumph. Auf das Zuschneiden und Nähen eines Segels verstand er sich ganz vortrefflich. Handelte es sich jedoch darum, das Beil oder den Hobel zu führen, so fehlte es ihm an Übung und Geschick. Insbesondere begegneten ihm in seiner Eigenschaft als Zimmermann mannigfache Verstöße, über welche ich nicht umhin konnte, herzlich zu lachen.

Ich entsinne mich, dass ich eines Tages allein unter dem Schuppen arbeitete. Ich war beschäftigt, eine Anzahl kleiner Bolzen zu hämmern, welche zur Befestigung der neu gefertigten Bestandteile des Bootes dienen sollten. Musgrave war auf dem Zimmerplatz geblieben, um die zur Aufnahme der Bolzen bestimmten Löcher zu bohren. Plötzlich sah ich ihn die Böschung herauf und auf mich zukommen. Er ging langsam, indem er die eine seiner Hände auf den Rücken gelegt hatte. Sein Gesicht war auffallend verstört.

»Was gibt's?«, fragte ich erschrocken und vermutete, er habe sich einen Schaden getan.

»Ein Verlust! Ein unersetzlicher Verlust!«, antwortete er in klanglosem Tone. »Ich habe den Bohrer zerbrochen!« Und die Hand ausstreckend reichte er mir mit bekümmerter Gebärde das Werkzeug.

Obschon die Erinnerung an den großen Bohrer, an dessen Herstellung alle meine Bemühungen gescheitert waren, mir selbst immer eine unwillkommene blieb, so musste ich jetzt doch laut auflachen.

Aber es kostete viele Mühe, den in seinem Gewissen beunruhigten Freund zu beschwichtigen und ihn von seiner Selbstanklage zu entlasten. Es gelang mir erst dann, als ich ihm nach Besichtigung des Arbeitsgeräts versichern konnte, der Schaden sei kein unverbesserlicher.

In der Tat war eben nur die äußerste Spitze des Bohrers abgebrochen und mithilfe unseres Schleifsteins sehr bald eine neue zugeschärft.

Zwanzigstes Kapitel
Die Barke wird vollendet und vom Stapel gelassen – Die Trennung

Gegen Ende März hatten wir dem hinteren Teil des Bootes ein neues Zimmerwerk angefügt. Ein starkes balkenartiges Holz, der sogenannte Hintersteven[1], der auf dem äußersten Ende des falschen Kiels ruhte, bildete den Ausgang desselben und ragte zwei Fuß hoch

[1] Hinterer Begrenzungsbalken des Schiffsrumpfes, an dem das Steuer befestigt wird. *(Anm. d. Hrsg.)*

über den ehemaligen Bord empor. Er trug ein kurzes starkes Querholz, an welches die Planken des Decks anschließen sollten.

Vier eiserne Bänder, zwei auf jeder Seite des Kiels, verbanden nach unten zu diesen neuen Ansatz mit dem alten Rumpfe und gaben der Barke eine ausreichende Festigkeit, um dem Anprall der Wellen zu widerstehen.

Das Vorderteil ward auf dieselbe Weise umgestaltet. Ein Stück neues Holz von zwei Fuß Höhe ward oberhalb des Vorderstevens[1] oder Wellenbrechers angefügt. Es war von zwei langen Eisenstreifen eingerahmt. Diese trugen, oben zusammengelötet, einen Ring von demselben Metall, durch welchen das Bugspriet[2] hindurchgehen sollte. Dann griffen sie auf beiden Seiten des Bugs hinab bis auf den Notkiel, längs dessen sie sich ziemlich weit erstreckten.

Dass in entsprechender Weise auch die Ränder des Bootes erhöht werden mussten, ist schon gesagt worden, und nachdem dies im Laufe zweier Wochen bewerkstelligt worden war, blieb zunächst nichts weiter zu tun übrig, als die Schanzverkleidung herzurichten.

Beinahe acht Tage lang durchstrich Musgrave mit dem Beil in der Hand das Dickicht der kleinen Bergtannen, um Holz für Bretter ausfindig zu machen. Stämme, wie wir sie brauchten, das heißt gerade Stämme von wenigstens sechs Fuß Höhe und sechs Zoll Durchmesser, waren selten. Stieß er auf einen solchen, so fällte er ihn und schleppte ihn selbst nach dem Strande hinab, wo ich neben dem Zimmerplatz unser Sägewerk errichtet hatte.

Jeder Stamm ward zunächst behauen, dann, je nach seinem Umfange, in drei oder vier schmale Bretter von Zollstärke zersägt. Mit einer Säge, die, wie die unsrige, mehr riss als schnitt und leicht stumpf ward, schritt das Geschäft nur langsam voran. Dazu hatten die Tage bereits wieder merklich abgenommen, sodass wir jetzt höchstens noch acht Stunden täglich auf der Werft arbeiten konnten.

Dafür waren jedoch die Abende desto länger, und wir verbrachten dieselben regelmäßig in der Schmiede mit der Anfertigung von Nägeln. Diese verlangten mehr Sorgfalt, als man vielleicht glaubt, da ein bloßer Eisenstift mit runder Kuppe nicht genügte. Reichlich drei Zoll lang, waren sie nach dem Kopfe zu vierkantig und verdünnten

1 Vorderer Begrenzungsbalken des Schiffsrumpfes, an dem das Bugspriet befestigt wird. *(Anm. d. Hrsg.)*

2 Bug, der Vorderteil der Schiffe; Bugspriet (Boegspriet), der dort befindliche, schräg liegende Mast.

Endlich glaubten wir, das Beschlagen des Fahrzeugs beginnen zu können.

sich dann allmählich bis zur lang und scharf ausgezogenen Spitze. Sie glichen daher gewissermaßen kurzen Metallkeilen. Und wie sie eben dieser Gestaltung wegen sehr fest hafteten, so achteten wir ferner auch darauf, sie stets quer durch die Fasern des Holzes hindurchzutreiben, um jedes Spalten und Platzen desselben zu verhüten.

Unser allabendliches Pensum waren fünfzig Nägel. Wir legten uns nicht früher schlafen, als bis wir diese Zahl erreicht hatten. Ohne Pause dröhnte der Hammer, klirrte das Eisen, sprühten die Funken, und nicht selten war schon Hochmitternacht herangekommen, wenn wir das Feuer auslöschten und die Schmiede verließen, um uns einen kurzen Schlaf zu gönnen.

Endlich, in den ersten Tagen des Mai, glaubten wir einen hinreichenden Vorrat an Materialien beisammen zu haben und das Beschlagen des Fahrzeugs beginnen zu können. Dennoch aber schien uns zuvor noch eine besondere Maßregel notwendig zu sein. Dieselbe bestand darin, unsere Bretter, ehe wir sie auf den Flanken der Barke aufnagelten, der Einwirkung des Wasserdunstes auszusetzen, um sie dadurch gefügiger zu machen. Ein mit siedendem Wasser gefüllter Topf und darüber ein hohes Fass ohne Boden gestellt, bildete den Dampfapparat, in welchem die einzelnen Bretter nach und nach eingeschlossen und so gleichmäßig geschmeidigt wurden.

Erst gegen Mitte des Monats Juni waren Verkleidung und Deck unserer Barke vollendet.

Die Anfertigung des Steuerruders machte mir wenig Mühe. In zwei Tagen kam ich damit zustande. Weit mehr Zeit kostete die Herstellung der Scharniere, welche es fest mit dem Hintersteven verbanden und es doch zugleich gelenkig genug machten, dem leisesten Drucke zu gehorchen.

Nun musste unser Fahrzeug kalfatert werden. Mit einem Schlägel und einem dünnen Meißel trieb ich in jede Ritze das Werg, welches Harry und George zu diesem Zwecke aus altem Tauwerk gezupft hatten, und überstrich schließlich sämtliche Fugen – in Ermangelung des Teers – mit dem früher schon erwähnten Kitt aus Kalk und Robbentran. Mittlerweile war das Ende des Juni herangekommen.

Es fehlte jetzt unserer Barke nichts mehr als die Masten und das Takelwerk. Ein Stück norwegischer Tanne, welche dem großen Segel der Goélette als Rah gedient hatte, lieferte uns einen vortrefflichen Mast. Ein Bugspriet fügten wir noch hinzu. Was das Übrige betraf, so war dies Musgraves Sache, doch konnte ihm Alick, der nun seines Amtes als Kohlenbrenner enthoben war, erfolgreich beistehen.

Ich meinerseits war bedacht, uns mit einer Pumpe zu versehen, denn ohne eine solche sich ins offene Meer zu wagen, wäre geradezu unverantwortlich gewesen. Zum Glück entsann ich mich, auf einer unserer früheren Strandwanderungen unter anderen von den Wellen ausgeworfenen Schiffstrümmern etwas gesehen zu haben, das wohl eine der alten hölzernen Pumpen des »Grafton« sein konnte. Ich irrte mich auch nicht. Die Pumpe fand sich noch an derselben Stelle. Sie war allerdings sehr beschädigt, da sie aber zehn Fuß Länge hatte, so schnitt ich ein etwa vier Fuß langes, noch völlig brauchbares Stück ab. Ich gab ihm, indem ich es mit meinem Beile rund herum ein wenig abhieb, geringeren Umfang, damit es sich leichter handhaben ließe, brachte unten eine Klappe an, und vervollständigte das Fragment überhaupt so weit, dass es nun seinem Zwecke durchaus genügte. Wir passten es sodann unserer Barke ein, und zwar unweit des Mastes.

Außerdem trafen wir noch eine anderweite Vorkehrung, die dem Leser vielleicht überflüssig erscheinen kann, die aber – die Erfahrung bewies es – unumgänglich notwendig war, ja der wir unser Leben verdankten. Auf dem Deck befanden sich zwischen der Pumpe und dem Steuerruder drei kleine Luken, reichlich von der Größe eines Quadratfußes. An dem Rande dieser Luken nagelten wir eine Art Säcke aus Segeltuch an, sodass wir die Füße, unter Umständen aber auch den Oberkörper bis zu den Achselhöhlen in dieselben bergen konnten und die Arme doch immer noch zur Arbeit frei hatten. Zwei kleine, gürtelartig über die Schultern greifende Leinwandstreifen gaben den Hüllen den nötigen Halt. Es war eine doppelte Absicht, welche wir auf diese Weise zu erreichen suchten. Einmal wollten wir uns festbinden, um nicht von den Sturzwellen über Bord gespült zu werden, und zweitens das Eindringen des Wassers in das Innere der Barke nach Möglichkeit verhindern.

Da wir jedoch von Zeit zu Zeit die Plätze wechseln mussten, sei es auch nur, um den ermüdeten Steuermann abzulösen, und da dies in der Nacht bei hochgehender See mit wirklicher Gefahr verknüpft sein konnte, so hatten wir rings um das Deck ein Geländer gezogen. Dasselbe bestand aus acht Pfosten, die einen Fuß hoch und oben mit einem Loch versehen waren, durch welches eine starke Leine lief: Es war somit nur ein Notbehelf, aber immerhin gewährte er einige Sicherheit.

Eine weitere Sorge musste es sein, in dem Schiffsraume einen Behälter mit süßem Wasser anzubringen. Wir wählten hierzu eine Tonne, die durch einen Rahmen von vier Brettern aufrecht erhalten und zugleich befestigt wurde. Der sehr genau eingefugte Deckel verschloss sie, sodass das Wasser bei den Schwankungen der Barke nicht verschüttet werden konnte, während eine in der Mitte desselben befindliche, aber wiederum durch eine Klappe verschließbare Öffnung das Schöpfen mittels einer blechernen Tasse gestattete.

Nachdem endlich das Kompasshäuschen des »Grafton« auf dem Deck in der Nähe des Steuerruders aufgestellt worden war, durfte unser Werk als beendet gelten.

Es bot dem Auge seiner Urheber einen wohlgefälligen, um nicht zu sagen einen imposanten Anblick dar. Und wie sollte es nicht? Es war eine mit Deck versehene Barke von siebzehn Fuß Länge, sechs Fuß Breite und drei Fuß Tiefe; sie fasste zwei und eine halbe Tonne, hatte zwei kleinere Segel und ein großes Marssegel, welches dreimal gerefft werden konnte, mit einem Wort: Sie war so vollständig wie möglich ausgerüstet. Jetzt handelte es sich nur noch darum, sie vom Stapel zu lassen.

Erwägt man die Schwierigkeit gerade dieser Aufgabe, so wird

man begreifen, dass wir sie nicht ohne ein lebhaftes Gefühl der Besorgnis unternahmen. Konnte doch ein einziger Unfall die Frucht siebenmonatiger Anstrengungen und Mühen, alle unsere Hoffnungen und Pläne vereiteln.

Am Abend vor dem Stapellauf, zur Zeit der Ebbe, hatten wir auf dem Strande einen Steg von Brettern gebaut, der in der Mitte furchenartig vertieft und an den Seiten aufsteigend, gleichsam das Gleis für den hinabgleitenden Kiel bilden sollte. Es kam darauf an, dass er sich in dieser Bahn ohne Anstoß fortbewege, bis das Fahrwasser erreicht war.

Es war am 14. Juli, zur Stunde der hohen Flut. Das Wasser warf seine Schaumflocken hoch über unsere Werft hinweg und hatte das eben beschriebene Gerüst völlig überdeckt. Dies war der günstigste Augenblick. Mit starken Stämmen begannen wir den Vorderteil des Fahrzeugs emporzuheben. Die Keile, auf welchen es ruhte, und die Pfähle, welche die Flanken festhielten, wurden herausgezogen; dann stellten Musgrave und Harry sich auf die eine, George und Alick auf die andere Seite der Barke, um sie mit eben diesen Pfählen im Gleichgewicht zu halten und nötigenfalls von Neuem zu stützen, während ich, am hinteren Ende stehend, von Zeit zu Zeit mit einem Hebel einen leichten Druck nach vorn ausübte.

So glitt das Boot langsam in das flüssige Element hinein, von welchem es bald emporgehoben und getragen, aber auch in so bedenklicher Weise geschaukelt ward, dass es sich mit jedem Augenblick auf die Seite zu legen drohte. Es war keine Zeit zu verlieren, wir mussten rasch für Ballast sorgen.

Wir hatten in dieser Voraussicht bereits unmittelbar am Saum der Küste eine ausreichende Masse alten Eisens aufgehäuft. Daher schwang ich mich jetzt, auf meinen Hebel gestützt, über den Rand des Fahrzeugs, erkletterte das Deck und stieg durch eine Luke in den Raum hinab. Meine Kameraden aber wateten sogleich ins Wasser, und indem sie eine Reihe bildeten, reichten sie mir den Ballast zu, den ich von vorn nach hinten gegen den Kiel aufstaute.

Als dessen genug war, überdeckten wir diese Massen mit Brettern, die an den neuen Teilen des Zimmerwerks angenagelt wurden. Außerdem brachten wir in gewissen Entfernungen senkrechte Stützen an, um dadurch zu verhindern, dass der Ballast sich verrücke. Man wird später sehen, wie notwendig diese Vorsichtsmaßregel war.

Stapellauf der Barke.

In solcher Weise belastet, sank das Schiff über zweieinhalb Fuß tief ins Wasser ein. Von dem alten Bootskörper sah man jetzt nichts mehr, denn dieser befand sich vollständig unter Wasser. Nur der neue Bord war oberhalb des Wasserspiegels sichtbar, den er um vierzig Zentimeter überragte.

Zunächst banden wir das Fahrzeug an das Wrack der Goélette und ließen es auf der Landseite liegen, sodass es einigermaßen gegen den Wind geschützt war. Am folgenden Tag aber, als sich ein starker Ostwind erhoben hatte, benutzten wir diese Gelegenheit, um versuchsweise in der Bucht zu kreuzen. Der Versuch fiel vollkommen befriedigend aus; unser neues Fahrzeug war ein guter Segler.

Die letzte uns obliegende Sorge war die genügende Verproviantierung. Wir gingen daher auf die Robbenjagd, um mit einem tüchtigen Fleischvorrat versehen, sofort zur Abreise bereit sein zu können, sobald der Wind, der immer noch von Osten kam, nach Süden umsprang.

Dieser Wechsel ließ nicht lange auf sich warten. Am 19. Juli begann ein scharfer Südwestwind zu wehen, und das winterlich helle und kalte Wetter versprach eine gewisse Dauer. Die Stunde der Erlösung hatte geschlagen. Aber war die Erlösung etwas mehr als eine bloße Hoffnung? Und war diese langersehnte Stunde nicht auch eine

Stunde der Trennung? Einer Trennung von zweien unserer Genossen, welche seit neunzehn Monaten Tag für Tag unsere Kämpfe und Entbehrungen geteilt, mit denen wir wie Brüder gelebt hatten? In der Tat, es lag schwer auf unseren Herzen.

Zum letzten Mal alle fünf in unserem kleinen Hause versammelt, beteten wir gemeinschaftlich zu Gott um Segen und Schutz für die, welche auf einem gebrechlichen Nachen dem stürmischen Meere zu trotzen wagten, und um Segen und Schutz für die, welche auf diesem Felseneiland zurückbleiben und hinfort allein den Druck des Mangels und alle Not der Seele tragen sollten.

Einen Augenblick später umarmten wir uns auf dem Strande, und Musgrave, Alick und ich gingen unter Segel.

Einundzwanzigstes Kapitel

Sturm und Hunger – Land! – Landung in Port Adventure – Weiterreise nach Invercargill

Gegen zehn Uhr morgens konnten wir den letzten Blick auf die hinter uns verschwindenden Höhen der Schiffbruchbai tun. Anderthalb Stunden später befanden wir uns zwischen den beiden Vorgebirgen am Eingange des Hafens von Carnley: Der Stille Ozean lag vor uns. Sobald wir ihn erreichten, füllte ein kalter, in gerader Linie von den Eisfeldern des Pols kommender Wind das Segel der Barke, und sie flog wie eine Möwe auf den gewaltigen Wogen dahin.

So gelangten wir bereits um drei Uhr nachmittags auf die Nordseite der Inselgruppe, indem wir ohne Unfall die Kette von Riffen passierten, welche gerade diesen Teil der Küste gefahrdrohend umgeben. Jetzt aber, da wir uns allmählich aus dem eigentlichen Inselbereiche entfernten, steuerten wir, um nicht von der starken ostwärts treibenden Strömung dieser Gewässer allzu weit aus unserer Bahn verschlagen zu werden, nach Nordnordwest, obschon Neuseeland von unserem damaligen Standpunkt aus gerade nördlich lag.

Wir segelten mit einer Geschwindigkeit von sechs Knoten innerhalb der Stunde. Der Wind war günstig. Mussten wir zwar nach dem Charakter der Jahreszeit darauf rechnen, dass er stärker werde, so hofften wir doch, noch vor dem Eintritt der eigentlichen Sturmperiode am Ort unserer Bestimmung anzukommen.

Einen Augenblick später umarmten wir uns.

Die Entfernung, welche wir zurückzulegen hatten, betrug ungefähr dreihundert englische oder fünfzig geografische Meilen, und wir konnten diese Fahrt glücklichen Falls schon in fünfzig bis sechzig Stunden machen.

Der Leser hat unsere Barke gleichsam vor seinen Augen entstehen sehen und weiß, welchen langen, mühseligen Fleiß wir daran gesetzt. Er weiß auch wohl noch, welche Lobsprüche wir ihr gezollt. Umso mehr ist es an der Zeit zu sagen, dass unsere Hoffnungen nicht betrogen wurden. Wir hatten das Fahrzeug die »Rettung« getauft, und wie gebrechlich es für eine solche Fahrt sein mochte, rechtfertigte es doch seinen Namen. Allerdings drang durch die Fugen mehr Wasser ein, als wir erwartet, sodass fast immer einer von uns an der Pumpe arbeitete, während die beiden anderen beschäftigt waren, das Steuer zu führen oder das Segel zu stellen; doch sonst gab es nichts, das uns jetzt hätte Besorgnis einflößen können.

Unglücklicherweise verschlimmerte sich das Wetter schon gegen Abend. Der Wind wuchs und ward bald zum Sturm, sodass die See sich zu ungeheuren Wogen türmte, die uns auf ihrem Rücken emporhoben und dann hinwegrollend in jähe schäumende Abgründe hinunterstürzten. Unsere Fahrt glich einem unaufhörlichen Wechsel schwindelnder Auf- und Abschleuderungen. Obschon wir alle Seeleute waren, so empfanden wir doch Anwandlungen jener berüchtigten Krankheit, welche, mehr als irgendein anderes Übel, alle Spannkraft des Menschen niederdrückt und nicht bloß das Vermögen des Wollens, sondern selbst des Empfindens auslöscht. Wir konnten nicht daran denken, Nahrung zu uns zu nehmen, sondern begnügten uns mit einigen Schlucken Wassers.

Die Nacht brach ein; der Sturm, statt sich zu legen, steigerte sich zu neuer Wildheit und schüttete ganze Lawinen von Hagel und Schnee über uns aus. Wiewohl wir das Segel bereits zweimal gerefft hatten, mussten wir ihm doch einen noch geringeren Umfang geben.

Wir hatten umsonst auf den nächstfolgenden Tag gehofft. Er war nicht glücklicher und verging unter gleichen Anstrengungen und Gefahren. Inzwischen verlangte die Natur nach dreißigstündigem Fasten gebieterisch ihr Recht. Wir versuchten daher ein wenig zu essen; aber die Stücke gebratenen Robbenfleisches, die wir mitgenommen und die vor mehreren Tagen zubereitet worden, waren in ihren Leinwandsäcken so nass geworden und so vollständig verdorben, dass wir sie über Bord werfen mussten.

Als es Abend geworden, tobte das Meer in einem Aufruhr, der alles Bisherige überbot. Die Wogen, im bergehohen Schwall über uns hinauf- und zusammenschlagend, bedeckten uns mit ihrem phosphoreszierenden Schaum und würden zuletzt das Fahrzeug zertrümmert und uns begraben haben, wenn wir nicht beigelegt hätten. Indem wir auf diese Weise den eigentlichen Stoß der Wellen auf den Bug lenkten, blieben die schwächeren Flanken mehr geschützt.

Aber kaum mochte seitdem eine halbe Stunde vergangen sein, als plötzlich eine hoch daher rollende Flutwelle krachend auf das Schiff herabstürzte und es im kreisenden Wirbel um sich selbst drehte, als sei es ein Kork. Ein dreifacher Angstschrei hallte durch das Getöse der Wogen. Wir glaubten, unser letzter Augenblick sei gekommen. Und sicherlich, hätten wir uns nicht in unseren Leinwandsäcken angebunden gehabt, so würden wir verloren gewesen sein.

Sobald die Sturzsee sich erschöpft hatte, brachte das Gewicht des Ballastes den Kiel wieder nach unten. Das Schiff, das der Wirbel – wohlgemerkt – senkrecht um sich selbst gedreht hatte, kehrte in seine normale Lage zurück. Wir waren halb erstickt; als wir aber wieder frei ausatmen konnten, kamen wir schnell genug wieder zu uns.

Am 21. hatten wir dasselbe Wetter, der Sturm dauerte fort. Nur während einer kurzen Zwischenpause konnten wir das Segel wieder

Die Flutwelle drehte das Schiff im Wirbel um sich selbst, als sei es ein Kork.

beisetzen und legten eine ziemliche Strecke Weges zurück. Aber die folgende Nacht war dafür umso schreckensvoller. Zwischen zehn und elf Uhr wurde das Boot wiederum von den Wogen gepackt und wie eine Walze um sich selbst gerollt, und zwar im Zeitraum einer halben Stunde zweimal hintereinander.

Auch der vierte Tag änderte unsere Lage nicht. Zwar begegnete uns kein neuer Unfall, aber wir befanden uns in dem beklagenswertesten Zustand. Durchnässt und geätzt vom Seewasser, starrend vor Kälte, ohne einen Augenblick des Schlafes, ohne einen Bissen Nahrung genossen zu haben, fühlten wir uns bis zum Tode erschöpft. Dann und wann ein Becher Trinkwasser – das war unsere einzige Labe, und doch konnte sie unseren Hunger nur betrügen, nicht stillen. Eine unserer grausamsten Martern war vielleicht die, dass wir unaufhörlich den nördlichen Horizont befragten, mit fieberhafter Spannung unser Auge darauf lenkten, mit jeder Minute Land zu entdecken hofften und doch niemals etwas anderes sahen als den Ozean, welcher seine schäumenden Wasserberge uns entgegenwälzte.

Wird es der Leser glauben, dass ich trotz alledem versucht hatte, mein Tagebuch zu führen? Einige schmal zusammengefaltete Blätter Papier und ein Stückchen Bleistift mussten mir genügen. Am

Tage, wenn der Regen einen Augenblick aufhörte, und des Nachts, beim Scheine der im Raume angezündeten Lampe, – wiewohl sie oft genug umgeworfen und verlöscht ward, – verzeichnete ich meine Beobachtungen über den Zustand des Wetters und den von uns zurückgelegten Weg.

Endlich zeigte sich das Land unseren Augen. Es war am Morgen des fünften Tages. Die Insel Stewart, die kleinste und nördlichste der drei Inseln, aus welchen der Archipel von Neuseeland besteht, lag nur noch einige Meilen entfernt vor uns. Aber wir befanden uns in einem solchen Zustand geistiger und körperlicher Schwäche, dass wir kaum noch einer flüchtigen Regung der Freude fähig waren. Übrigens folgte dem Sturme eine vollständige Windstille. Ohne dass wir vorwärtsgekommen wären, warf uns jetzt die immer noch mächtig nachschwingende Flut bald hierhin, bald dorthin, ein ohnmächtiges Spiel der Strömungen. Zwar hatten wir noch unsere Ruder, aber sie konnten uns nicht mehr helfen, seit wir die Kraft nicht mehr hatten, uns ihrer zu bedienen. Wir sahen uns daher an dem Punkt, abermals in die weite Wasserwüste verschlagen zu werden oder angesichts des Hafens umzukommen.

Zum Glück erhob sich gegen Abend eine von Süden kommende leichte Brise. Wir spannten sofort alle unsere Segel und näherten uns der Küste. Die Dunkelheit gestattete uns jedoch nicht, ans Land zu gehen, und wir mussten daher auch noch diese – die fünfte – Nacht auf dem Wasser zubringen.

Sobald es wieder Tag war, vereinigten wir alle unsere Anstrengungen, um das Segel abermals zu spannen, und um elf Uhr vormittags liefen wir in Port Adventure ein. Es war am 24. Juli 1865.

Anfangs erblickten wir rings umher nichts als öde Gestade; nirgends eine Spur von menschlicher Nähe. Die in den Hafen einströmenden Wellen, die am Strande brechend mit Gewalt zurückströmten, nötigten uns, zu kreuzen. Wir kamen daher nur äußerst langsam und unter unsäglichen Schwierigkeiten vorwärts. Unsere von der übermäßigen Arbeit geschwollenen Hände waren von der Schärfe des Salzwassers und von der Kälte aufgerissen. Wir konnten die Taue nicht fassen, ohne heftige Schmerzen zu empfinden, und waren bei alledem zu kraftlos, um länger zu manövrieren. Noch einige Stunden etwa, und es blieb uns weiter nichts übrig, als uns auf das Deck der Barke niederzulegen und unser Schicksal zu erwarten.

Endlich bei der Biegung um eine Landspitze – siehe da – eine

Man hilft uns aus der Barke; man stützt uns unter den Armen.

kleine von Hütten und Gärten eingefasste Bucht! Wir begrüßten sie mit einem matten Freudenschrei. Und wahrlich, es dünkte uns ein bezauberndes Bild, dies erste Bild menschlichen Lebens, das wir seit nun fast anderthalb Jahren gesehen! Am Strande schritt ein Weißer behaglich einher, begleitet von einem großen Neufundländer, den er von Zeit zu Zeit liebkoste. Auf der Schwelle einer der Hütten standen plaudernd einige Männer. Es waren Maoris – Eingeborene von Neuseeland –, die nach Art der Wilden ihre Reden mit lebhaften Gebärden begleiteten, während ein paar braune Weiber und Kinder auf einem Pfahlgestell Netze zum Trocknen ausbreiteten.

Noch betrachteten wir dieses Schauspiel mit einem seltsamen Gemisch von Sehnsucht und Freude, als uns der Hund gewahrte und zu bellen begann. Der Weiße wendete das Gesicht und prallte mit einem Ausruf halb des Erstaunens, halb des Schreckens zurück. Im nächsten Augenblick aber eilte er sofort an die Stelle des Strandes, auf welche wir zusteuerten. Die Eingeborenen – Männer, Weiber, Kinder – folgten ihm.

Noch einige Minuten und wir landen. Man umringt unser Fahrzeug. Aber die fieberhafte Energie, welche uns bis jetzt im Kampf der Verzweiflung aufrecht erhalten, verlässt uns jetzt, da die Gefahren überwunden sind. Alick wird ohnmächtig. Musgrave und ich haben kaum noch die Kraft, einige abgerissene Antworten auf die Fragen zu murmeln, mit denen man wohlwollend eifrig auf uns eindringt.

Man hilft uns aus der Barke; man stützt uns unter den Armen, denn unsere Füße weigern sich, uns zu tragen; man führt uns nach der nahen Wohnung des Europäers. Wir gehen schweigend, als halte uns ein Wahn befangen; aber wir empfinden doch den festen Boden unter unseren Füßen, wir hören wieder den Laut menschlicher Rede, und – es ist keine Täuschung: Wir sind gerettet!

Unser Weg führt uns durch einen kleinen Garten, auf das in der Mitte gelegene Haus unseres Wirtes zu. Hinter demselben breitet sich, mit einem Pfahlzaun umgeben, eine Einhegung aus, in welcher außer einigen jungen Obstbäumen, mannigfache Nutzpflanzen und Gemüse wachsen. Alles zeigt hier Ordnung und Wohlstand, und ich gestehe, dass schon der bloße Anblick dieses stillumfriedeten Daseins eine beschwichtigende und freundlich anregende Wirkung auf unser Gemüt übte.

Niemals werde ich die wahrhaft liebevolle Aufnahme vergessen, die wir in diesem Hause fanden. Mr. Croß – so hieß unser Wohltäter – trug zuerst für warme Bäder Sorge, und nachdem er uns über unsere Abenteuer befragt, gab er in kurzen Worten Auskunft über sich selbst. Von Geburt Engländer und von Beruf Seemann, war er der einzige Weiße, welcher Port Adventure bewohnte. Er hatte eine sanfte, freundliche Eingeborene zur Gattin und drei blühende Kinder. Nach seiner Verheiratung des unsteten Lebens müde, hatte er sich an diesem Orte niedergelassen, und pflügte nun statt der See die Erde, die ihn mit reichlichen Ernten belohnte. Seine Nachbarn und Freunde, die Maoris, kamen, wenn sie nicht für sich selbst zu arbeiten hatten, ihm zu helfen, und empfingen von ihm dafür Schießpulver, Rum, Tabak und andere Waren dieser Art. Soweit der Landbau ihm Muße ließ, und dies galt für einen erheblichen Teil des Jahres, widmete er sich dem Fischfange. Er besaß einen kleinen Kutter von fünfzehn bis sechzehn Tonnen, mit Hilfe dessen er vortreffliche Austern und verschiedene Gattungen Fische fing, die an den Küsten der Insel Stewart in großer Menge anzutreffen sind. Die fast immer ansehnliche Beute des Meeres verkaufte er mit seinen Garten- und Feldprodukten in Invercargill. Diese Stadt, auf der mittleren Insel der Neuseelandgruppe, ungefähr vierzig englische Meilen von Port Adventure gelegen, war sein Stapelplatz.

Nach dem stärkenden Bad überraschte unser gastlicher Wirt uns durch trockene und saubere Kleider, die wir mit einem gewissen Stolz gegen die elenden, vom Seewasser durchdrungenen und von dem kristallisierten Seesalz steif gewordenen Lumpen vertauschten. Einen noch höheren Genuss aber bereitete uns Mistress Croß durch einen Schmaus, dessen köstlichen Duft wir schon vorahnend in uns einsogen. Nach einigen Minuten nahmen wir Platz an einem überreich besetzten Tische. Ich habe dem Leser so oft von unseren Robbenmahlzeiten in Epigwait erzählt, und billigerweise sollte ich nun noch von den Herrlichkeiten erzählen, die sich hier unseren begierigen Blicken darstellten. Aber meine Worte würde doch nur derjenige nachempfinden können, der, gleich uns, monate- und jahrelang entbehrt hätte, oder etwa ein Knabe, dem um die Lust des Essens noch eine Art poetischer Imagination schwebt. Ich erwähne daher nur, dass ich mich mit dankbarer Rührung vor allem an dem köstlichen, langentbehrten Brote labte, der edelsten unter den Gaben der menschennährenden Erde. Inzwischen fühlten wir uns sehr bald gesättigt; wir waren eben durch das lange Fasten geschwächt und unvermögend, den freundlichen Aufforderungen unserer guten Wirtin zu genügen. Kaum hatten wir einige Bissen zu uns genommen, so wurden wir von einem tiefen, unwiderstehlichen Schlafe überwältigt.

Erst nach Verlauf von vierundzwanzig Stunden erwachte ich wieder. Aber wo war ich? Schaukelte mich nicht noch immer der Schoß der Wogen? Hörte ich nicht ihr eintöniges Rauschen? Nicht das Sausen des Windes? Ich schlug die Augen auf und richtete mich empor, den schweren Schlaf von mir abzuschütteln. Aber in der Tat, ich befand mich im Inneren eines Schiffes, meine immer noch schlafenden Kameraden lagen neben mir auf einer Matratze. Es war Wahrheit, kein bloßer Traum.

Nachdem ich mich einigermaßen gesammelt, stand ich auf, und während ich einen Ausgang suchte, erwachten auch meine Kameraden. Nicht minder überrascht, sich an einem solchen Orte zu sehen, erhoben sie sich gleichfalls und begleiteten mich aufs Deck, um dort die Lösung des Rätsels zu erfahren.

Wir befanden uns an Bord von unseres Gastfreundes Kutter, der soeben mit vollen Segeln in die Meerenge von Faveaux hineinsteuerte. Unser mittels eines Taues befestigtes Fahrzeug, die »Rettung«, folgte im Kielwasser. Ein junger Maori stand am Steuerruder, und Mr. Croß ging auf dem Deck des kleinen Schiffes hin und her.

Sobald er uns gewahrte, kam er auf uns zu und erkundigte sich in seiner herzlich heiteren Weise nach unserem Befinden. Ich gestand ihm, im Augenblick kein anderes Bedürfnis zu empfinden, als das des lebhaftesten Hungers; es sei mir weit mehr daran gelegen, meinen Appetit als meine Neugier zu befriedigen. »Dafür ist gesorgt«, rief er. »Kommt!« Mit diesen Worten führte er uns in die Kajüte hinunter und trug rasch eine Menge Lebensmittel auf, welche die fürsorgende Hausfrau für uns bereitgehalten hatte.

Nach der Mahlzeit begaben wir uns wieder zu unserem Wirt aufs Deck. »Nun«, sagte er, »bin ich Euch eine Erklärung darüber schuldig, wie Ihr hierhergekommen seid. Ich glaubte, euch in eurem eigenen Interesse so schnell wie möglich nach Invercargill bringen zu müssen. Denn dort nur werdet Ihr die ärztliche Hilfe finden, deren Ihr unbedingt bedürft; in Port Adventure dagegen würde sie euch gänzlich abgehen. Überdies könnt ihr in Invercargill auch diejenigen Maßregeln treffen, welche zur Befreiung der beiden auf den Aucklands zurückgelassenen Kameraden erforderlich sind. Ich bin selbst genötigt, mich nach dieser Stadt zu begeben, und meine Geschäfte werden mich da mehrere Tage aufhalten; sonst würde ich die Abreise dennoch nicht in so ungewöhnlicher Weise beschleunigt haben. Zumindest hätte ich euer Erwachen und euren eigenen Entschluss abgewartet. Wie nun aber die Dinge einmal lagen, mussten wir durchaus ganz früh aufbrechen, um im Augenblicke der Flut die Mündung des New River zu erreichen. Deshalb habe ich euch mithilfe einiger Eingeborenen an Bord meines Kutters tragen lassen, was übrigens euren wahrhaft beneidenswerten Schlaf nicht gestört hat. Ich hoffe, Ihr werdet mir aus Rücksicht auf meine gute Absicht verzeihen, wenn ich so durchaus ›kurzerhand‹ verfahren bin.«

Wir dankten dem trefflichen Mann, der uns allzu viel Güte erwiesen, als dass wir hätten argwöhnen dürfen, er wolle sich unser bloß sobald wie möglich entledigen, und wir konnten ihm umso aufrichtiger danken, je mehr seine Handlungsweise unseren eigenen Wünschen und Absichten entsprach.

Es dauerte nicht lange, so hatte der Kutter die Meerenge von Faveaux durchschnitten und schickte sich an, in den New River hineinzusteuern. An der Mündung zeigte sich eine Kette von Brandungen, welche eine gefährliche Passage verrieten. Obschon die Stunde des höchsten Wasserstandes ziemlich lange vorüber war, so wollte Mr. Croß doch lieber die Einfahrt versuchen, als bis zum nächstfolgenden Tage warten. Er stellte sich daher selbst an das Steuerruder. Aber plötzlich gab der Kutter einen Stoß; er hatte den Grundsand berührt. In demselben Augenblick schlug eine Welle quer über ihn hinweg und hätte ihn beinahe auf die Seite geworfen. Zum Glück war er gut gebaut und hatte sich, ehe eine zweite Welle kam, wieder emporgerichtet.

Nicht das gleiche Glück war der »Rettung« beschieden. Der Stoß hatte das Tau zerrissen, mit dem der Kutter sie schleppte, und, sofort von der Strömung gefasst, ward sie an die Klippen geschleudert und von der Brandung zerschmettert. So sank binnen weniger Sekunden vor unseren eigenen Augen das Werk in Trümmer, dass wir alle mit so unsäglicher Mühe erbauet und dem wir unsere Befreiung verdankten. Ich schäme mich nicht zu bekennen, dass ich bei diesem Anblick Tränen vergoss.

Wir steuerten langsam flussaufwärts, und eine Stunde später legten wir am Landungsplatz von Invercargill an.

Zweiundzwanzigstes Kapitel

Musgrave kehrt nach den Aucklandinseln zurück und holt die zurückgelassenen Gefährten – Bericht über seine Reise – Der Leichnam von Port Ross

Es dauerte nicht lange, so verbreitete sich die Kunde von unserem Schicksal in der ganzen Stadt, und eine große Zahl Einwohner kam, uns zu sehen und ihre Teilnahme zu bezeigen. Hilfe jeder Art wurde uns von allen Seiten angeboten, sodass uns die Entscheidung schwer ward. Endlich nahmen wir die Gastfreundschaft eines Herrn Collyer, eines einflussreichen, begüterten Mannes an, der sofort in seinem Haus drei Zimmer für uns in Bereitschaft setzen ließ. Ein Arzt namens Innes besuchte uns und widmete uns, ohne eine andere

Vergütung als unseren Dank zu beanspruchen, die aufmerksamste Sorgfalt.

Der Leser erinnert sich der Krankheit, welche mich am Beginn unserer Reise befallen und auf der Insel Campbell fast dem Tode nahe gebracht hatte. War sie damals zwar schnell genug gehoben, so blieb doch als Rückstand derselben eine Geschwulst an den Füßen zurück. Schmerzlos, wie sie war, hielt ich sie eben nicht für beachtenswert. Indessen hatte sie sich innerhalb der letzten Monate, offenbar infolge der übermäßigen Anstrengungen und namentlich der angreifenden Schmiedearbeiten, bei denen ich fast ununterbrochen stehen musste, immer fühlbarer gemacht. Während unserer letzten Fahrt hatte sie einen bedrohlichen Charakter angenommen. Waren wir doch fünf Tage und fünf Nächte, durchnässt, erstarrt und zu beinahe vollständiger Unbeweglichkeit verurteilt, auf dem Meere umgetrieben worden! Kein Wunder, dass ich mich jetzt kaum noch einige Schritte fortzuschleppen vermochte. Musgrave und Alick, kerngesunde Männer von zähkräftigem Körperbau, hatten ungleich weniger gelitten und bedurften bloß einiger Ruhe, um sich wieder vollkommen rüstig zu fühlen.

Am Tage nach unserer Ankunft in Invercargill begab sich daher der Erstere zu den Beamten der Provinzialbehörde, um bei ihnen die nach dem Marinegesetz vorgeschriebene förmliche Anzeige über den Schiffbruch des »Grafton« zu machen und sie zugleich zu bitten, den auf den Aucklands zurückgebliebenen Genossen die rascheste Hilfe zu senden.

Wir hegten über den Erfolg dieses Schrittes nicht den mindesten Zweifel. Aber wir irrten uns.

Man zögerte, auf Musgraves sehr bestimmt ausgesprochenes Verlangen einzugehen. Man antwortete ihm, »die Regierung sei augenblicklich außerstande, ein Schiff abzusenden; später jedoch und sobald wie möglich solle es geschehen.« »Später!«, und unsere Kameraden zählten vielleicht verzweifelnd die Tage, die Stunden der Rettung! »Später!«, und das säumige Schiff fand vielleicht nur noch die Leichen der Verhungerten!

Doch an demselben Tag noch veranstaltete einer der angesehensten Bürger der Stadt, Herr Macpherson, ein geborener Schotte, überzeugt, dass seine edelmütigen Gesinnungen in den Herzen seiner Mitbürger freudigen Widerhall finden würden, eine Versammlung, in welcher sofort eine Subskription eröffnet ward. Schon am nächstfolgenden Morgen hatte man die zur Ausrüstung einer Expedition nach den Aucklands genügende Summe beisammen.

Leider lagen für den Augenblick keine anderen Schiffe auf dem Fluss als das Fahrzeug des Herrn Croß und einige andere noch kleinere Fischkutter. Und wenn man auch noch mehrere Goéletten erwartete, so gehörte doch, selbst für den Fall ihres schnellen Eintreffens, immer noch Zeit dazu, sie auszuladen, ehe sie zu einer neuen Fahrt hergerichtet wurden, und wie hätte man sich zu solchen Verzögerungen entschließen sollen?

Es ward daher, und zwar mit allseitiger Zustimmung, beschlossen, dass der Kutter des Herrn Croß, trotz seines für das stürmische Meer zu geringen Tonnengehaltes, sofort ausgerüstet und nach den Aucklands abgesendet werden solle. Denn andererseits zeichnete sich dieses Fahrzeug durch festen Bau und durch eine Geschwindigkeit aus, welche seinem Namen – es hieß »Flying Scud«, das ist »Fliegende Wolke«, – nicht widersprach. Man versorgte dasselbe demgemäß für zwei Monate nicht bloß mit Lebensmitteln, sondern auch mit Kleidungsstücken, wollenen Decken, Arzneien – kurz mit allem Notwendigen.

Mr. Croß war ein Seemann, der seinen Kutter vollkommen zu regieren verstand und allen Anforderungen gewachsen war, solange er die Küste nicht aus den Augen verlor; aber eine Führung auf offenem Meer lehnte er mit freimütiger Bescheidenheit ab. Es musste ihm deshalb jedenfalls ein erfahrener Offizier beigegeben werden.

An einem solchen aber fehlte es im Augenblick. Nur Musgrave konnte diese Aufgabe übernehmen: er, der auch in dieser Angelegenheit einen selbstverleugnenden Mut bewies, wie dessen gewiss nur wenige Menschen fähig waren. Kaum wieder zu Kräften gekommen und noch an einem sehr lästigen Armgeschwüre leidend, erbot er sich, das kleine Schiff selbst zu lotsen und die beiden armen Gefangenen zu befreien.

In der Tat, wenn man erwägt, wie lange und schmerzlich er sich nach den Seinigen gesehnt, und wie alle seine Sorgen und Zweifel und Hoffnungen nur ihnen galten; und wie er dennoch in eben der Stunde, die seine Wünsche erfüllen sollte, ohne Zögern aufs Neue entsagte, um aufs Neue den kaum entronnenen Gefahren zu trotzen und das zu erfüllen, was er als eine geheiligte Pflicht betrachtete: In der Tat, dann wird man zugestehen, dass jedes andere Wort als

Heldenmut unwürdig wäre zur Bezeichnung einer solchen Handlungsweise.

Fünf Tage nach unserer Landung drückte ich meinem Freunde zum Abschied die Hand. Erfüllt von einer überwältigenden Gemütsbewegung, sah ich ihn unter den Beifallsrufen der enthusiastischen Menge auf dem kleinen »Flying Scud« wieder nach den Aucklands absegeln.

Zwei Wochen, drei Wochen verstrichen. Von Alick geführt und auf meinen Stock gestützt, brachte ich den größten Teil der Zeit am Landungsplatz zu, wo wir mit dem Fernrohr jeden am Horizonte auftauchenden Punkt verfolgten, in der Hoffnung, den »Flying Scud« zu erkennen; und jeden Abend kehrten wir enttäuscht zu unserem gütigen Wirte zurück.

So waren endlich sieben Wochen vorübergegangen. Unsere Unruhe hatte den höchsten Grad erreicht. Das Wetter war meistenteils ungünstig gewesen; was lag näher, als die Befürchtung, dass dem kleinen Schiffe und unseren wackeren Freunden ein Unglück zugestoßen sei? Die Bewohner von Invercargill teilten unsere Bekümmernis, und diejenigen, welche in dieser Sache den größten Eifer betätigt, bereuten jetzt bitter, dass sie Musgrave gestattet hatten, seinem edelmütigen Drange zu folgen. Bereits sprachen mehrere davon, eine zweite Expedition auszurüsten, zu dem Zwecke, das Schicksal der ersten zu erforschen.

Und schon hatte man begonnen, die in dieser Beziehung erforderlichen Schritte zu tun, als eines Morgens von den Uferhöhen der Flussmündung her der Telegraf das Erscheinen eines Kutters signalisierte. Wir eilen hinaus: Das Schiff kommt näher und näher – es ist der »Flying Scud«!

Die Nachricht durchfliegt im Augenblicke die Stadt. Die Sorge, die alle Gemüter bedrückt hat, macht der allgemeinen Freude Platz und die Massen drängen sich, wie am Tage der Abfahrt, am Strande, um das kleine Schiff ankommen zu sehen und die Rückkehr des mutigen Mannes mit lautem Jubel zu begrüßen.

Da ist er! Er steigt ans Land! George und Harry sind bei ihm!

Nie im Leben werde ich das unbeschreibliche Gefühl des Glückes vergessen, welches wir empfanden, als wir uns alle fünf, gesund und wohlbehalten, auf gastfreiem Boden wiedersahen. Wir umarmten einander immer und immer wieder und konnten nur das eine Wort hervorstammeln: »Gerettet! Gerettet!«

Die begeisterte Menge wollte Musgrave im Triumph nach der Stadt hineintragen. Er aber, ebenso bescheiden wie wacker, wies diesen freudig-ungestümen Ausdruck der Verehrung auf das Entschiedenste zurück, und so begaben wir uns, von einem zahlreichen Gefolge begleitet, nach Herrn Collyers Wohnung, wo sich am Abend eine große Gesellschaft versammelte. Außer der Familie und den vertrauten Freunden unseres Wirtes hatte sich auch eine Anzahl hervorragender Persönlichkeiten von Invercargill eingefunden, und alle erwarteten mit der größten Spannung von Musgrave die näheren Umstände seiner Reise zu vernehmen. Er erstattete uns darüber folgenden Bericht.

»Man wird sich entsinnen«, sagte er, »dass wir mit günstigem Nordwestwinde unter Segel gingen. Kaum aber waren wir in der Straße von Foveaux, als der Wind durch Westen nach Süden umsprang und somit uns geradezu entgegenwehte. Wir sahen uns deshalb genötigt, nach Port Adventure zu steuern, wo wir über acht Tage liegen blieben.

Endlich konnten wir den Anker wieder lichten. Die Fahrt ließ an Schnelle nichts zu wünschen und wir hatten bereits die Gruppe der Snares-Inseln in Sicht, als sich abermals ein Sturm erhob und uns erneut zur Umkehr zwang. Damit nicht genug, verirrten wir uns infolge einer Störung unserer Magnetnadel. Zu eben der Zeit, da wir unserer Berechnung nach die Insel Stewart hätten berühren sollen, waren wir sechzig Meilen weit davon entfernt. Sobald jedoch die Sonne das Regen- und Sturmgewölk nur erst wieder für ein paar Augenblicke durchbrach, konnte ich mithilfe des Sextanten unsere Position ziemlich sicher ermitteln. Ich wendete das Steuer nach Osten und wir flüchteten uns in ›Patersons Inlet‹; eine lange Wasserfläche, welche an der östlichen Küste der Insel Stewart einen guten Hafen bildet. Hier gelang es mir, mich mit einem anderen Kompass zu versehen, indem ein als Schiffsbauer dort angesiedelter Schotte, Herr Lawrie, die Güte hatte, mir einen solchen zu leihen. Zugleich machte ich ebenda die Bekanntschaft eines Maorihäuptlings. Er heißt Toby und übt im vollsten Einverständnis mit seinen Landsleuten die Herrschaft über die Inseln Stewart und Roebuck aus. Dieser Wilde – ein kupferfarbener Herkules – zeichnet sich durch einen sehr wohlwollenden, fast sanften Charakter und durch eine überraschende Intelligenz aus. Er bewohnt vorzugsweise Roebuck, die kleinste seiner beiden Inseln, weil er den Umgang mit den Missionaren liebt, welche dort seit einiger Zeit eine Niederlassung, das heißt ein Predigerhaus, eine Kapelle und eine Schule gegründet haben. Obschon bereits fünfundvierzig Jahre alt, hat er doch das Englische noch erlernt und spricht es ziemlich geläufig. Auch völlig außerhalb seines Gesichtskreises gelegene Verhältnisse weiß er schnell und scharfsinnig aufzufassen. Und so hat er denn sehr bald die geistige Überlegenheit der Europäer und den Nutzen gewürdigt, der ihm und seinem Volke aus einem friedlichen Verkehre mit jener kleinen Schar friedlicher und unterrichteter Fremdlinge erwächst. Er achtet und bewundert in ihnen die Vertreter der Bildung und Gesittung, ohne um die Freiheit seines Stammes und seines Reiches besorgt sein zu müssen.

Während der fünf stürmischen Tage, die wir in ›Patersons Inlet‹ zubrachten, war Toby meistenteils in unserer Gesellschaft, sei es, dass er uns an Bord des Kutters oder abends bei Mr. Lawrie aufsuchte. Mit gespannter Aufmerksamkeit folgte er den Gesprächen. Zuweilen nahm er auch selbst daran teil, und ich war nicht selten wirklich erstaunt über die Richtigkeit seiner Bemerkungen, die er stets in eine eigentümliche, bilderreiche Ausdrucksweise kleidete.

Da er das Ziel meiner Reise kannte, so machte er mir einige sehr wertvolle Mitteilungen. Er sagte mir, dass er früher selbst zuweilen nach den Snares gesegelt sei, um Jagd auf Robben zu machen, und versicherte, es liege an der östlichen Küste der größten dieser Inseln eine Bucht, die einem Schiffe von so geringem Umfange wie dem unsrigen im Notfall sicheren Schutz gewähren könne. Wenn uns daher das schlechte Wetter wirklich abermals überraschte, so waren wir doch jetzt der Notwendigkeit enthoben, auf der Hälfte des Weges wieder bis zur Insel Stewart zurückzukehren.

Inzwischen sahen wir uns auch nach dem Aufhören des Sturmes noch immer zurückgehalten, bis endlich, am zwanzigsten Tage nach unserer Abreise von Invercargill, ein günstiger Nordwind die Weiterfahrt gestattete. Am dritten Tage passierten wir die Klippenkette, welche die Aucklandgruppe nach Nordost zu begrenzt, und nahmen unsere Richtung die Küste entlang, nach dem Hafen von Carnley. Auf diesem Wege glaubten wir, am Abhang eines die Strandhöhen überragenden Berges eine leichte Rauchwolke zu sehen. Einen Augenblick lang fürchtete ich, George und Harry möchten die Hütte verlassen und sich bis dorthin gewagt haben, was uns ihr Auffinden sehr erschwert haben würde. Vielleicht aber täuschten wir uns. Das,

Harry erblickte uns zuerst.

was wir für Rauch hielten, konnte leicht ein Rest von Nebel sein, wie er sich so oft um die Kuppen der Berge windet.

Unsere Einfahrt in die Bai von Carnley war ein hartnäckiger Kampf gegen den Wind, der nicht weniger als drei Stunden dauerte. Heftige Windstöße, Regen und Hagelschauer peitschten uns gerade ins Gesicht. Wir drehten den Kutter ganz nahe bei, und nun entfaltete der kleine Segler erst seine beste Tüchtigkeit. Mit wunderbarer Schnelligkeit steuerte er in den Wind hinein. Um den Bug schäumten und spritzten die Wassergarben. Wir alle waren auf dem Deck, jeder an seinem Posten. Ich selbst stand auf dem Vorderkastell, um den Befehl zum Lavieren nach der anderen Seite zu geben; Mr. Croß saß am Steuerruder; und die beiden Matrosen, welche unsere Mannschaft ausmachten, hielten sich, die Hisstaue in den Händen, bereit, die Segel zu reffen. Denn der Mast bog sich wie ein Rohr, und ein einziger Windstoß konnte ihn zerbrechen oder gar den Kutter umwerfen. Endlich, mit höchster Anstrengung, erreichten wir Camp-Cove und waren froh, als wir in den ruhigen Gewässern der Bucht vor Anker gehen konnten.

Am nächstfolgenden Morgen ankerten wir, da der Wind sich beruhigt hatte, in der Bai des Schiffbruches, dem Wrack des alten ›Grafton‹ gegenüber. Erst nachdem wir die Raynal-Spitze umsegelt hatten, erblickten wir die Hütte. Eine schwache Rauchsäule stieg aus dem Schornstein empor. Dieser Anblick befreite uns von allen unseren Befürchtungen. Unsere Kameraden lebten und hatten Epigwait nicht verlassen.

Das kleine Boot des Kutters ward ausgesetzt. Herr Croß und ich nahmen darin Platz, und einige Ruderschläge trugen uns ans Ufer. Harry erblickte uns zuerst. Er streckte die Arme gen Himmel, stieß einen lauten Schrei aus, um seinen Gefährten herbeizurufen, und sank dann ohnmächtig zur Erde nieder. In demselben Augenblicke trat George aus der Hütte. Als traue er seinen Sinnen nicht, stand er still; dann stürzte er uns jubelnd entgegen. ›Ach mein guter Kapitän, mein teurer Musgrave!‹, rief er mit von Tränen halberstickter Stimme, und konnte nicht müde werden, mir die Hände zu drücken.

Aber dann wandte er sich sofort zu Harry, der immer noch regungslos dalag, obschon Herr Croß ihm das Gesicht mit Wasser benetzte, welches er in seinem Wachsleinwandhut aus einem nahen Bache schöpfte. Lange waren unsere vereinten Bemühungen vergeblich, bis endlich die Ohnmacht wich und Bewusstsein und Sprache zurückkehrten. Indessen war die Gemütserschütterung eine so tiefe gewesen, dass Harry mehrere Tage lang sehr schwach blieb.

Einige Augenblicke später befanden wir uns alle an Bord des Kutters und auf dem Wege nach Camp-Cove.

Unsere beiden armen Kameraden legten schon während der Fahrt die von uns mitgebrachten neuen Kleider an, und bei der Ankunft in Camp Cove empfing sie eine reichliche, vom Koch des Kutters bereitete Abendmahlzeit. Als sie sich gesättigt, begann das Erzählen. Sie gestanden, dass ihnen unsere Wiederkehr wie ein Wunder erschienen sei. Denn unmittelbar nach unserer Abreise auf der ›Rettung‹ hatte sich ein so starker Sturm erhoben, dass die Barke ihm unmöglich widerstehen konnte. Sie hatten uns verloren geglaubt, eben deshalb aber auch für sich alle Hoffnung auf Hilfe aufgegeben. Es waren Tage der bittersten Not gekommen; dumpfe Entsagung und Entschlüsse der Verzweiflung wechselten in ihrer Seele.«

Hier erhob sich George plötzlich.

»Er sagt euch nicht alles!«, fiel er Musgrave ins Wort. »Wir hatten uns entzweit. Wir wollten uns trennen, und jeder für sich auf einer anderen Seite der Insel leben. Die Schuld aber trug ich, trug ich allein!«, setzte er lebhaft und tief errötend hinzu.

»Nein, nein, so war es nicht!«, rief sofort Harry, indem er sich seinerseits erhob und Georges Hand ergriff. »Ich, kein anderer hatte den Streit angefangen.«

Der Engländer behauptete, er sei der einzige Schuldige, während der Portugiese ebenso beharrlich dabei blieb, sich selbst anzuklagen. Wir sahen schon den Augenblick kommen, wo die beiden Freunde, einer so großmütig wie der andere, einen neuen Streit beginnen würden, um uns zu beweisen, dass jeder von ihnen das erste Unrecht begangen. Wir lächelten, und dies reichte hin, sie zur Besinnung zu bringen. Ein wenig verlegen setzten sie sich, um Musgrave in seinem Berichte weiter fortfahren zu lassen.

»Es war«, sagte er, »unser Wunsch, sobald wie möglich nach Invercargill zurückzukehren. Daher lichteten wir am nächsten Morgen den Anker, obschon das Wetter nicht das günstigste war. Die Fahrt rückte nur langsam vor. Bei Einbruch der Nacht aber erhob sich ein stürmischer Wind, und da zugleich das Barometer außerordentlich rasch fiel, fanden wir es geraten, in Port Ross *(Sarah's Bosom)* einzulaufen. Es war mir nicht unlieb, Gelegenheit zum Besuche dieser Bai zu haben. Lang und schmal zieht sie sich zuerst in einer Strecke von sieben bis acht Meilen gegen Süden und wendet sich dann in einem rechten Winkel plötzlich westwärts. In der hier gebildeten Bucht, welcher Kapitän Lawrie seinen Namen gegeben, gingen wir vor Anker.

Tags darauf erforschten wir die Küste und fanden die Überbleibsel einer vor siebzehn Jahren von den Herren Enderby aus London gegründeten und zwei Jahre später wieder aufgegebenen Niederlassung. Mitten in einer Lichtung, nicht weit vom Strande, sieht man eine Anzahl völlig verfallener Holzhütten. Jede derselben steht in der Mitte eines kleinen, zum Teil noch umzäunten Platzes, welcher als Garten gedient haben mag. Übrigens hat eine dichte Vegetation die Spuren der menschlichen Tätigkeit überdeckt; doch erkannten wir mehrere Vertreter unserer Gemüsepflanzen, offenbar ein Nachwuchs der durch die Kolonisten hierhergebrachten Samen. Freilich waren diese Pflanzen in dem ungünstigen Klima vollständig entartet und verwildert: Ihr saftiges, wohlschmeckendes Fleisch hatte sich in holzige, ungenießbare Fasern verwandelt.

Auf der Wanderung durch diese Trümmerstätte gelangten wir vor eine Hütte, die etwas besser erhalten war als die anderen; das Strohdach schien erst seit Kurzem eingestürzt zu sein. Kaum aber waren wir eingetreten, so prallten wir entsetzt zurück. In einem Winkel des kleinen Raumes lag eine Leiche. Es war die eines Mannes, der schon seit einigen Monaten tot sein musste.

Unsere anfängliche Scheu überwindend, traten wir wieder näher. Der Körper des Unglücklichen ruhte auf ein paar Brettern, die augenscheinlich von dem Rumpf eines Schiffes herrührten und mit einer weichen Moosschicht bedeckt waren. Die lang am Körper hinabliegenden Arme sowie die ebenfalls ausgestreckten Finger schienen auf einen friedlichen, ergebenen Tod hinzudeuten. Das rechte Bein bog sich ein wenig aus dem Lager heraus; es war am Fuße mit einem Schuh bekleidet; während der linke Fuß, der mutmaßlich verwundet gewesen, noch die Reste einer Lumpenhülle trug. Die Tracht war die eines Matrosen; überdies waren mehrere Kleidungsstücke, darunter ein Überrock von Wachsleinwand, als Decken über den Toten gebreitet.

Neben dem Bette, auf der Erde, sah man einen Haufen von Napfschnecken, dieser so häufig vorkommenden Mollusken, die man zur Zeit der Ebbe an den Klippen findet[1]. Dicht daneben standen zwei Glasflaschen, die eine noch halb mit Flusswasser gefüllt, die andere leer.

Auf der Lagerstatt selbst fanden wir ein zum Teil beschriebenes Stück Schiefer. Der Nagel, der als Griffel gedient, lag darauf.

Wir versuchten die Schriftzüge zu entziffern. Allein, sie waren durch den Regen verwischt, und überdies hatte sie jedenfalls die zitternde Hand des Sterbenden geschrieben. Nur ein einziges Wort war einigermaßen zu lesen. Es war der Name James, der einen Teil der Unterschrift bildete. Das andere Wort, welches dieselbe vervollständigte, entsprach, der Form und der Zahl der Grundstriche nach, ungefähr dem Namen Right, jedoch ohne dass sich dies mit irgendwelcher Gewissheit hätte behaupten lassen. Ich habe die Schiefertafel mitgebracht und werde sie euch zeigen.

Aber wie war dieser Leichnam hierhergekommen? Unsere Vermutungen gingen dahin, dass ein Schiff bei Port Ross oder in der Umgebung gescheitert sei, und daran ließ sich allerdings kaum zweifeln. Die Mannschaft mochte vielleicht mit Ausnahme eines einzigen Mannes den Tod in den Wellen gefunden haben. Der Überlebende

---

[1] Die Napfschnecken *(Patella)*, nach der schüsselartigen Gestalt benannt, finden sich in allen Meeren, vorzüglich in jenen der südlichen Halbkugel, bis zu Tiefen von 30 Klaftern. Die Bewohner des Feuerlandes und der Orkaden leben fast ausschließlich von ihnen; aber auch an den Küsten von Chile und Peru, wie an denen von Südfrankreich, Spanien usw. sind sie eine Speise der Armen.

Kaum aber waren wir eingetreten, so prallten wir entsetzt zurück.

aber hatte sich die Kleidungsstücke der an den Strand geworfenen Leichen angeeignet und auf sich gehäuft, um sich vor Kälte zu schützen. Nicht minder denkbar blieb, dass mehrere Schiffbrüchige das Land gewonnen und, da sie in Port Ross keine Nahrungsmittel fanden, sich in die Insel hineingewagt hatten. Jene Rauchsäule, die wir auf dem Berge wahrgenommen, war möglicherweise ein Zeichen ihrer Anwesenheit. Nur einer von ihnen hatte wegen einer Fußwunde allein zurückbleiben müssen und von der besterhaltenen unter den Hütten Besitz genommen. Außerstande, auf Seelöwen Jagd zu machen, hatte er einige Zeit sein Leben von Muscheln gefristet, bis er endlich dem Hunger erlegen war.

Ich unterlasse, die tiefe Bewegung zu schildern, mit welcher der Anblick dieses Leichnams und die geheimnisvolle und doch wieder so unzweifelhafte Geschichte der hier erduldeten Qualen uns ergriff. Aber Ihr werdet mir glauben, dass ich dabei vor allem an uns selbst zurückdachte; denn wie leicht hätte das Schicksal dieses armen Seemannes auch das unsrige sein können! Es schien uns eine Herzenspflicht, ihn zu bestatten, und am anderen Morgen schaufelten wir ein Grab und legten ihn hinein. Nachdem wir ein Gebet verrichtet, pflanzten wir ein hölzernes Kreuz auf den Hügel.

Dann schichteten wir an verschiedenen Stellen Stöße grünen

Holzes auf und steckten dieselben in Brand, in der Hoffnung, dass die emporsteigenden Rauchwolken die Aufmerksamkeit der anderen Schiffbrüchigen, wenn deren in der Umgebung wirklich vorhanden wären, auf sich ziehen würden; wir warteten jedoch vergebens auf einen Erfolg. Dennoch halte ich dies für keinen überzeugenden Beweis, da wir uns auf ungenügende Nachforschungen beschränkt sahen, und ich gestehe, dass der Gedanke, es könnten dort Unglückliche leben, welche leiden, was wir gelitten haben, mich fortwährend beunruhigt.

Wenige Tage später, nachdem der Wind sich südlich gedreht, lichteten wir den Anker, und am neunundvierzigsten Tage nach unserer Abfahrt von Invercargill steuerten wir – mit Gott! – in den New River hinein.«

Dreiundzwanzigstes Kapitel

Abreise nach Sydney – Port Chalmers – Erklärung des Geheimnisses von Port Ross – Meine Heimkehr nach Frankreich

Schon am Tag nach seiner Rückkehr erstattete Musgrave den üblichen Amtsbericht an das Provinzialgouvernement, welches nun ein Schiff zur Erforschung der Aucklands absenden zu müssen glaubte. Man telegraphierte sofort nach Otago den Befehl, den Dampfer »Southland«, der in diesem Hafen vor Anker lag, zum Auslaufen fertig zu machen. Diese Expedition verzögerte sich aber dermaßen, dass sie sich, wie man weiterhin sehen wird, von einer anderen, von Melbourne abgegangenen, überholen ließ.

Am Morgen führte Musgrave mich an Bord des »Flying Scud«. Er hatte, sagte er, mir etwas zu zeigen, mir eine Überraschung zu bereiten. In der Tat war ich auch auf das Freudigste überrascht, als ich plötzlich meinen Blasebalg wiedersah, den mein vortrefflicher Freund geglaubt hatte, mir mitbringen zu sollen. Dieses Gerät hatte mich so viele Anstrengungen gekostet, und, abgesehen davon, war es nicht wirklich eines der wesentlichsten Mittel unserer Befreiung gewesen? Wir ließen es ans Land tragen. Sämtliche Bewohner von Invercargill statteten ihm einen Besuch ab. Noch nie war ein Blasebalg so hoch geehrt worden.

Ich hatte jetzt nur noch den einen Wunsch, sobald wie möglich in die Heimat zurückzukehren: Der Abenteuer und Gefahren müde, wollte ich dort in einem engeren, aber ruhigeren Kreise die Früchte meiner Erfahrungen nützen und vor allem der treuen Liebe meiner Eltern die Schuld des Herzens lösen, die ich auf mich geladen. Gerade zu dieser Zeit rüstete sich der »Schwertfisch«, eine ursprünglich holländische Goélette, unter dem Kommando des Kapitän Rapp, Invercargill zu verlassen, um nach Melbourne zu segeln. Herr Macpherson, der Eigentümer des Schiffes, war so gefällig, uns die Überfahrt auf demselben anzubieten, und wir beeilten uns, die Gelegenheit dankbar zu benutzen. Wenigstens geschah dies von Alick, Harry und mir, während George in der Absicht zurückblieb, die kürzlich neu entdeckten Goldminen Neuseelands zu besuchen.

Was Musgrave betraf, so begab sich dieser an Bord eines Dampfschiffes, welches aus dem Hafen des Bluff, eines Nachbarstroms des New River, nach Melbourne abzugehen im Begriff stand. Der Kapitän des Schiffs, von alter Zeit her mit Musgrave befreundet, hatte diesen dringend aufgefordert, ihn zu begleiten.

Ich reiste demgemäß mit Harry und Alick auf dem »Schwertfisch« ab. Die Überfahrt war, besonders am Anfange, eine äußerst ungünstige. Sie hätte in vierzehn Tagen gemacht werden sollen, dauerte aber drei Monate. Als wir die Straße von Foveaux passiert hatten, erhob sich ein sehr heftiger Westwind, der uns nötigte umzukehren und in den an der Nordküste der Insel Stewart gelegenen Hafen William zu flüchten. Hier mussten wir eine volle Woche liegen bleiben. Als wir darauf wieder unter Segel gingen, um das offene Meer zu gewinnen, hatten wir abermals dasselbe Schicksal. Die Matrosen meinten, ein tückischer Dämon habe die Goélette zum Opfer auserkoren und sprachen schon davon, den »Jonas«, der den Fluch auf sich geladen, zu ermitteln und sich seiner zu entledigen, indem man ihn ans Land setzen wolle. Ein dritter Versuch fiel noch unglücklicher aus. Es war wirklich, als ob wir nicht aus der Meerenge herauskommen sollten. Eine Sturzsee schlug uns zwei Luken ein, überschwemmte die Kajüte und warf die Goélette dergestalt auf die Seite, dass sie vollständig umgeschlagen sein würde, wenn nicht noch rechtzeitig das Anholtau des großen Segels hätte gekappt werden können. Wir sahen uns infolgedessen gezwungen, in Port Chalmers einzulaufen, um hier den erlittenen Schaden ausbessern zu lassen, was über einen Monat Zeit erforderte.

Indessen brachte mir der Aufenthalt in diesem Hafen zuletzt noch eine Überraschung freudigster Art. Eines Tages sahen wir die

Dampfkorvette »Victoria« auf der Reede ankommen und – Musgrave war an Bord! Es ging dies auf folgende Weise zu:

Glücklicher als wir, war er binnen acht Tagen in Melbourne angelangt und hatte hier die Seinigen gefunden, welche von seiner Ankunft unterrichtet, von Sydney herbeigekommen waren. Zugleich hatte er sofort den Gouvernementsbeamten Mitteilung gemacht über die Auffindung des Toten auf Port Ross und über die mögliche Existenz von noch lebenden Schiffbrüchigen auf dieser Insel. Es ward hierauf beschlossen, die von dem englischen Marinekapitän Norman kommandierte Kolonialdampfkorvette »Victoria« nach den Aucklands abzusenden. Die Kolonien Neusüdwales und Brisbane[1] erboten sich, zu diesem guten Werke beizutragen, und übernahmen gemeinschaftlich die Kosten der Expedition. Die Korvette sollte auch die Inseln Campbell, Antipode und County besuchen, um alle diejenigen aufzunehmen, die etwa durch einen Schiffbruch oder ein ähnliches Seeunglück dorthin geworfen wären.

Man schlug Musgrave vor, den Kapitän Norman als Lotse zu begleiten. Es blieb ihm, wie schon gesagt, zu seinem und der Seinigen Unterhalt eben nur das Seemannshandwerk; überdies fühlte er, dass er besser als sonst jemand fähig sei, diese Aufgabe zu lösen, und daher nahm er das Anerbieten an.

Somit war er kaum ans Land gestiegen, als er von Neuem nach den Aucklands segelte. Diesmal aber hatte er ein Schiff ersten Ranges unter den Füßen, welches von ausgezeichneten Offizieren befehligt, von einer zahlreichen Mannschaft bedient ward und die doppelte Kraft der Segel und des Dampfes hatte, um den Gefahren der Reise zu trotzen. Drei Wochen lang hatte man die drei Inseln der betreffenden Gruppe mit der größten Aufmerksamkeit durchforscht, aber nichts entdeckt, was auf die Anwesenheit von Schiffbrüchigen hätte schließen lassen. Die Durchforschung der Inseln Campbell, County und Antipode hatte ebenso wenig ein Ergebnis geliefert. Nun hatte Kapitän Norman die Rückfahrt nach Melbourne angetreten, aber im Vorbeifahren in Port Chalmers haltgemacht, um seine Kohlenvorräte zu erneuen.

Seltsamerweise war ich es, welcher Musgrave über die geheimnisvolle Geschichte des Toten von Port Ross aufklärte. Der Zufall hatte mir den Schlüssel dazu geliefert. Es war nämlich in eben diesen

[1] Brisbane, am Fluss gleichen Namens, die Hauptstadt von Queensland.

Tagen die englische Post in Dunedin, der Hauptstadt der Provinz Otago, nicht weit von Port Chalmers, angelangt. Ich hatte mir eine englische Zeitschrift verschafft, und als ich dieselbe durchblätterte, stieß ich auf einen Aufsatz unter der Überschrift:

»Bericht über den Schiffbruch des ›Invercauld‹ an den Aucklandinseln vom Kapitän Dalgarno.«

Diesen Bericht hatte ich mit der lebhaftesten Gemütsbewegung gelesen[1].

Der Hauptinhalt war folgender:

Der »Invercauld« war ein Schiff von elfhundert Tonnen, mit einer Bemannung von fünfundzwanzig Köpfen, den Kapitän und den Maat mit eingerechnet. Er war am 21. Februar 1864 von Melbourne abgegangen, um nach Valparaíso zu segeln. Am 3. März, um zwei Uhr morgens, warf ihn ein heftiger Windstoß auf die Klippen an der Nordküste der Insel Auckland, sodass er sofort zerschellte. Siebzehn Matrosen und die beiden Offiziere erreichten das Ufer, die übrigen sechs Mann fand man tot zwischen den Felsen der Küste. Die Geretteten gewannen, nachdem sie die Strandhöhe erstiegen und den entgegengesetzten Abhang hinuntergeklettert waren, das Gestade von Port Ross. Hier blieben sie einige Tage. Da sie aber keine Nahrungsmittel fanden, so zerstreuten sie sich in mehreren Gruppen durch die Insel. Nur der Kapitän Dalgarno blieb mit seinem Maat und vier Matrosen in Port Ross zurück, ohne jedoch auch nur einen einzigen von denen, welche sich entfernt hatten, wiederzusehen. Er konnte nicht anders vermuten, als dass sie von Anstrengung und Hunger erschöpft, umgekommen seien.

Was ihn selbst und seine fünf Gefährten betraf, so lebten sie mehrere Monate von Muscheln und Fischen und priesen sich glücklich, wenn sie auf einen Seelöwen stießen. Obdachlos mussten sie unter den Bäumen schlafen. Später fertigten sie von getrockneten Robbenhäuten und Baumästen ein Boot, setzten über die Meerenge und landeten auf der Insel Enderby, wo sie eine Menge Kaninchen fanden, welche ohne Zweifel früher einmal von Kolonisten dorthin gebracht worden waren und ihnen jetzt die Mittel zur Fristung des Lebens gewährten.

[1] Die Übersetzung desselben findet man im Anhang.

Dennoch erlagen drei der Matrosen den Anstrengungen und Entbehrungen, sodass dem Kapitän nur noch zwei Gefährten blieben. Sie hatten sich von Robbenfellen eine kleine Hütte, ähnlich denen der Eskimos, gemacht. Von Zeit zu Zeit kehrten sie in ihrem Boot über die Meerenge nach Port Ross zurück, in der Hoffnung, dort Seelöwen zu finden oder eine Spur von ihren verschwundenen Kameraden zu entdecken.

So vergingen zwölf Monate. Da lief endlich eines Tages eine spanische Brigg, die von China kam und nach Chile ging, schutzsuchend in die Bai. Die drei kranken und ausgehungerten Schiffbrüchigen wurden aufgenommen und nach Valparaíso gebracht, von wo Kapitän Dalgarno nach England zurückkehrte.

Aus diesem Bericht schloss ich ohne Mühe, dass der unglückliche James Right[1] einer von denen gewesen war, welche sich sogleich anfangs von dem Kapitän Dalgarno getrennt hatten. Kurze Zeit nach der Abreise des letzteren auf der spanischen Brigg mochte er in dem Glauben, ihn noch hier vorzufinden, nach der Bai zurückgekehrt sein, während seine anderen Gefährten an irgendeinem abgelegenen Orte der Insel bereits ihr Ende gefunden hatten. Auf irgendeine Weise am Fuße verwundet und somit nicht mehr imstande, sich seine Lebensbedürfnisse zu verschaffen, hatte er sich einsam unter jener Hütte gebettet und den Tod erwartet, nachdem er seine traurige Geschichte auf die neben ihm gefundene Schiefertafel niedergeschrieben.

Diese Ereignisse waren in die Zeit vom März 1864 bis zum März 1865 gefallen. Während wir uns also an der Küste des Hafens von Carnley befanden, befanden sich andere Schiffbrüchige auf der nördlichen Seite der Insel! Einander so nahe, hatte gleichwohl keine der beiden Parteien eine Ahnung von der Anwesenheit der anderen; denn ein steiler, fast stets in Nebel gehüllter Gebirgskamm hielt sie voneinander geschieden.

Und wir, die wir über unser Los geklagt, waren im Vergleich mit jenen Unglücklichen hoch begünstigt gewesen. Wir hatten leben und uns alle fünf retten können, während dort von neunzehn nicht weniger als sechszehn elend zugrunde gegangen und nur drei am Leben geblieben waren!

Nach Verlauf einer Woche segelte die »Victoria« wieder ab, und

[1] Denn dies war, wie ich mich aus den Registern des Marinebüros in Melbourne überzeugte, wirklich sein Name.

auch wir konnten auf dem wieder flott gewordenen »Schwertfisch« Port Chalmers verlassen. Diesmal war die Fahrt eine glückliche und rasche, denn wir langten in Melbourne nur wenige Tage nach der Korvette an.

Noch schwach und leidend musste ich hier verweilen, um mich ganz der ärztlichen Sorge anzuvertrauen. Ich fand Musgrave im Vollglück des Familienlebens wieder. Er bekleidete jetzt auf dem Marinebüro eine Stellung, die ihm gestattete, in Frieden und Ruhe bei den Seinigen zu leben. Später habe ich erfahren, dass er, nachdem sein ältester Sohn in den Fluten der Bai ertrunken war, Australien verlassen und sich wieder zu seinen bejahrten Eltern in Amerika begeben hatte. Hier widmeten sie sich gemeinschaftlich der Bewirtschaftung eines großen ländlichen Grundbesitzes, welcher durch seine Lage in der Nähe einer jener neuen Städte, deren Entwicklung dort so wunderbar rasch vor sich geht, einen bedeutenden Wert erlangt hat.

Alick blieb seinem Beruf als Seemann getreu. Einen Monat nach unserer Ankunft in Melbourne nahm er Matrosendienste an Bord eines englischen Paketbootes.

Harry begab sich zu einem seiner Onkel, welcher sich zweihundert Meilen von Sydney im Innern des Landes als Schafzüchter niedergelassen hatte. Bei diesem ist er geblieben und geht ihm in seinen Verrichtungen zur Hand. Dem Meere, welches sich ihm allerdings nicht sehr günstig gezeigt, hat er Lebewohl gesagt.

Von George habe ich nichts wieder gehört; ich weiß daher auch nicht, ob er in Neuseeland geblieben ist und das vermeinte Glück in den Goldgruben gefunden hat.

Ich selbst, nachdem ich wieder zu Kräften gekommen, verließ Melbourne mit dem Gefühl des innigsten Dankes für die Beweise des Wohlwollens, mit denen die Bewohner dieser Stadt mich während meines Aufenthalts in derselben überhäuft hatten. Sie hatten den Wunsch zu erkennen gegeben, den Schmiedeblasebalg, von dem ich mich nicht wieder getrennt hatte, zu besitzen. Ich gab ihnen denselben, ebenso wie ein Paar Schuhe von Robbenfell und einige von mir auf den Aucklands gefertigte Gerätschaften. Diese bescheidenen Gegenstände sind zu hohen Ehren gelangt und befinden sich jetzt, wenn auch nicht als Sehenswürdigkeiten, so doch als Seltsamkeiten in dem Museum der Stadt.

In Sydney angelangt, begab ich mich sofort zu unseren Geschäftsteilhabern. Sie hatten uns mit grausamer Gleichgültigkeit unserem

Schicksal preisgegeben, hatten ein eidlich gegebenes Wort treulos gebrochen. Auf die bitteren und schneidenden Vorwürfe, mit denen ich sie deshalb überschüttete, verfehlten sie nicht, Entschuldigungen aller Art geltend zu machen. Ihnen selbst sei es bei dem schlechten Geschäftsgange unmöglich gewesen, eine zweite Expedition auszurüsten, und die von ihnen deshalb bei dem Kommodore Wiseman, der damals die englische Station in diesen Gewässern befehligte, getanen Schritte seien erfolglos geblieben. Allerdings erfuhr ich, dass sie sich wirklich an ihn gewendet hatten. Aber es war erst nach Verlauf von dreizehn vollen Monaten geschehen, und man hatte ihnen mit mehr Verstand als Herz geantwortet, dass eine derartige Expedition nicht mehr an der Zeit sei, da wir uns jedenfalls längst nicht mehr unter der Zahl der Lebenden befinden würden.

Ich musste warten, bis die Jahreszeit zur Umschiffung des Kap Hoorn günstig war. Endlich, am 6. April 1867 verließ ich Sydney auf dem »John Masterman«, der nach London ging, und am 22. August steuerten wir nach einer langen, aber glücklichen Überfahrt in die Themse hinein. Einige Tage später landete ich, mit vor Freude überwallendem Herzen, in Frankreich; mein Fuß betrat den heimischen Boden – es waren zwanzig Jahre vergangen, seitdem ich denselben verlassen!

Anhang

1. Der Schiffbruch des »Invercauld« an den Aucklandinseln, nach den Berichten des Kapitän Dalgarno

Am 21. Februar 1864 verließen wir Melbourne auf dem »Invercauld«, einem Schiff von 1100 Tonnen, um nach Valparaíso zu segeln. Unsere Bemannung bestand mit Einschluss der Offiziere aus fünfundzwanzig Mann. Passagiere hatten wir nicht.

Am Abend des 2. März erblickten wir die Aucklandgruppe in einer Entfernung von etwa zwanzig englischen Meilen. Ein immer dichter werdender Nebel hatte uns gehindert, sie eher zu sehen. Fast gleichzeitig aber trat an die Stelle des Nordwestwindes, welcher uns bis jetzt geführt hatte, vollständige Windstille; ein in diesen Regionen stets bedrohliches Zeichen. Wir waren während derselben den starken Strömungen preisgegeben, welche die Annäherung an diese Inseln so gefährlich machen, und sahen uns unmerklich dem Lande näher gebracht.

Damit nicht genug, fiel das Barometer mit beunruhigender Schnelle. Kaum war die Sonne untergegangen, als sich der Himmel mit schwarzen, dichten Wolken bedeckte, denen gegen Mitternacht ein heftiges, von sturmartigen Stößen begleitetes Gewitter folgte. Unsere Lage ward mit jedem Augenblick gefährlicher. Bald waren wir nur noch zwei Meilen von der Küste entfernt, an deren Klippen sich die Wogen mit wütender Gewalt brachen.

Wir setzten so viel Segel bei, wie das Schiff tragen konnte, um, wenn irgend möglich, die hohe See zu gewinnen. Allein, alle unsere Anstrengungen blieben vergeblich, und ich erkannte, dass unser Untergang unvermeidlich war. In der Tat warf um zwei Uhr morgens ein furchtbarer Stoß die Masten über Bord. Der verhängnisvolle Augenblick war da. Der »Invercauld« war nahe der Küste auf ein Riff gestoßen. Doch zeigte sich uns mitten zwischen den Klippen eine kleine Bucht, auf die wir jetzt unsere ganze Aufmerksamkeit richteten, wenngleich es vergeblich war, an die Rettung des Schiffes zu denken.

Ich schwamm bis in den Hintergrund der Bucht und klammerte mich mit aller mir noch gebliebenen Kraft an die Felsen an. Einige der Matrosen, die schon vor mir angelangt waren, halfen mir von diesem gefährlichen Punkt aus auf den Strand. Von Zeit zu Zeit gesellten sich andere, denen auf dieselbe Weise beigestanden ward, zu uns, sodass wir, bei Tagesanbruch, unserer neunzehn waren. Einige von uns hatten Wunden, andere mehr oder minder erhebliche Quetschungen davongetragen.

Als wir den mit Schiffstrümmern übersäten Strand hinabschritten, fanden wir bald die Leichen der Sechs, die beim Appell gefehlt hatten. Sie waren wohl von der Brandung an die Felsen geschleudert worden, und so während der Nacht umgekommen. Wir zogen ihnen die Kleider aus, die für uns nun von großem Wert waren. Die Leichen aber, da es uns nicht möglich war, sie zu beerdigen, mussten wir liegen lassen, wo sie lagen. In kurzer Zeit waren sie die Beute der Raubvögel geworden.

Bei der ferneren Durchsuchung des Strandes entdeckten wir einige Stücke gesalzenes Schweinefleisch und etwas Zwieback. Dieser letztere aber war vom Seewasser derart durchweicht, dass er beinahe ungenießbar geworden. Dennoch fanden wir es für geraten, ihn aufzubewahren.

Nachdem wir ein wenig Nahrung zu uns genommen, erstiegen wir die Strandhöhen und erblickten auf dem entgegengesetzten Abhang einen Hafen, den ich für Port Ross *(Sarah's Bosom)* hielt.

Ich irrte mich auch nicht. Wir schlugen die Richtung dahin ein und gedachten dort zu bleiben. Da wir jedoch nicht ausreichende Nahrungsmittel fanden, so teilten wir uns in mehrere Gruppen, um die Insel näher zu erforschen.

Seitdem habe ich von jenen, welche sich weiter in das Innere gewagt hatten, keinen Mann wiedergesehen. Wahrscheinlich sind sie vor Erschöpfung und Hunger umgekommen.

Mein Maat und vier Matrosen waren bei mir in Port Ross geblieben.

Ich hatte einige Zündhölzchen in einer metallenen Büchse bei mir; das Seewasser war aber hineingedrungen und ich musste daher warten, bis sie trocken waren, ehe ich mich ihrer bedienen konnte. Während dieser Zeit hatten wir in unseren durchnässten Kleidern schwer unter der Kälte zu leiden, bis wir endlich ein Feuer anzünden und uns wärmen konnten.

Unter Bäumen schlafend wie wilde Tiere, blieben wir mehrere Monate in Port Ross und nährten uns notdürftig von Napfschnecken und von einigen Fischen, die wir zur Zeit der Ebbe unter den Klippen fingen. Wir waren daher sehr glücklich, als es uns einmal gelang, einen Seelöwen zu beschleichen und mit Knütteln zu töten. Leider jedoch waren diese Tiere sehr selten.

Aus den getrockneten Häuten derselben und einigen Baumästen fertigten wir eine Art Boot an, mit welchem wir über die kleine Meerenge setzten, welche die Insel Auckland von der Insel Enderby trennt. Auf dieser letzteren fanden wir zu unserer Überraschung eine Anzahl Kaninchen. Wir setzten uns daher hier fest und machten Jagd auf diese Tiere, die uns die Mittel zur Fristung unserer Existenz gewährten.

Drei der bei mir gebliebenen Matrosen erlagen rasch nacheinander, sodass von unserem kleinen Trupp niemand mehr übrig war, als ein Matrose, der Maat und ich. Wir begruben die Gestorbenen im Hintergrunde einer Bucht, deren Boden fast ganz aus angeschwemmtem Meersande bestand und der sich somit leicht aufwühlen ließ.

Nach und nach hatten wir genug Robbenhäute gesammelt, um eine kleine Hütte bauen zu können. Sie gewährte uns aber nur einen sehr unvollkommenen Schutz gegen den fortwährenden Regen und das winterlich-raue Klima.

Von Zeit zu Zeit kreuzten wir in unserem kleinen Boote die Meerenge und fuhren nach Port Ross, um zu sehen, ob wir einen Seelöwen oder irgendeine Spur von unseren anderen Kameraden fänden.

Auf diese Weise vergingen zwölf Monate. Eines Tages, eben als wir auf einem Ausflug nach Port Ross begriffen waren, erblickten wir ein Schiff. Vom Mast wehte die spanische Flagge. Es ging in Laurie Cove vor Anker.

Einen Jubelschrei ausstoßend, schoben wir unser Boot, welches wir auf den Strand heraufgezogen, ins Wasser, griffen zu unseren Rudern und steuerten dem Schiffe entgegen.

Auch hatte man uns auf demselben schon bemerkt; denn wir sahen deutlich, wie die Mannschaft, auf dem Vorderdeck beisammenstehend, nach uns ausschaute, während die auf dem Hinterdeck versammelten Offiziere uns durch Fernrohre ebenfalls beobachteten.

Einige Minuten später stiegen wir auf das Deck des Schiffes. Wir wurden hier von dem Kapitän empfangen, der sich vor allen Dingen nach den Umständen erkundigte, die uns in eine so beklagenswerte Lage versetzt hatten. Wir erzählten ihm unsere Geschichte. Die Offiziere und die Mannschaft drängten sich um uns herum, aber nur die ersteren hatten genug Kenntnis vom Englischen, um uns zu verstehen. Doch ward unsere Erzählung denen, welche diese Sprache nicht kannten, sofort übersetzt, und von diesem Augenblick war keiner an Bord, der uns nicht Beweise der hilfreichsten Teilnahme gegeben hätte.

Unser Genosse, der Matrose, fand Obdach und Fürsorge bei seinen Kameraden auf dem Vorderkastell.

Dem Maat und mir bot der Kapitän gastlich die Räume der Kajüte, und mit ihm wetteiferten die Offiziere innerhalb der langen Zeit, die wir beisammenblieben, uns jeden Freundesdienst zu leisten.

Niemals wird die dankbare Erinnerung an die Begegnung von Männern, die nicht unsere Landsleute waren, aus unseren Herzen schwinden.

Das Schiff war eine spanische Brigg und auf der Rückfahrt von China nach Valparaíso begriffen. Sie war alt und hatte, da sie zu wiederholten Malen heftige Stürme bestanden, viel Wasser geschöpft, sodass die Mannschaft schon länger als zwei Wochen an den Pumpen arbeitete und dringend der Ruhe bedurfte. Der Kapitän war daher auf den Gedanken gekommen, in Port Ross einzulaufen, wo er die Kolonisten der Herren Enderby zu finden glaubte. Er hatte keine Ahnung davon, dass diese Fischereistation schon vor langer Zeit wieder aufgegeben worden war.

Als das Schiff ausgebessert und die Mannschaft durch eine mehrtägige Rast gekräftigt war, lichteten wir den Anker und steuerten nach Valparaíso, wo wir einige Wochen später landeten.

Bald darauf ging ich an Bord des Postschiffes, um mich nach England zu begeben. Hier bin ich seit einigen Tagen angelangt, obschon mit so erschütterter Gesundheit, dass ich fürchte, meinen Beruf für immer aufgeben zu müssen.

2. Schiffbruch des »General Grant«

(Nach einem Bericht der Überlebenden im »Sydney Herald«)

Der »General Grant«, so schreibt einer der Passagiere desselben, war ein stattliches Schiff von 1200 Tonnen, das eine kostbare Ladung von Gold und Wolle aus Melbourne nach London überführen sollte. Unter dem Kommando des Kapitäns William Herby Longlin verließ es die Bai Hobson am 4. Mai 1866. Während der ersten anderthalb Wochen ereignete sich nichts Besonderes, und die große Zahl der Mitreisenden durfte in jeder Beziehung der umsichtigen Sorge des Kapitäns und der Offiziere versichert sein. Plötzlich – es war am Abend des 13. Mai – wurde gegen neun Uhr ein vor uns liegendes Land signalisiert, welches man für die sogenannte »Enttäuschungsinsel« hielt. Wir steuerten daher nordöstlich, während der Wind ziemlich genau aus Südwest kam. Die Nacht senkte sich finster herab. Wir hielten jetzt ungefähr eine Stunde lang südöstlich, dann wieder östlich, bis wir gegen elf Uhr die Aucklandinseln gerade vor uns hatten. Das Schiff lavierte nun. Der Wind war schwach, der Wellenschlag kurz, dessen ungeachtet aber wurden wir von der Strömung unaufhaltsam dem Land zugetrieben. Es war die äußerste Wachsamkeit nötig. Dennoch glaubten wir Passagiere keine eigentliche Gefahr befürchten zu müssen, als plötzlich der ganze Schiffsraum erdröhnte.

Das Schiff war gegen eine Klippe geworfen und verlor den Klüver[1]. Dann rollte es eine halbe Meile weit bis an eine hervorragende Landspitze, wo ein heftiger Stoß die Fockmaststange und das Steuerruder zertrümmerte und den Mann am Rade tödlich verwundete. Das Schiff trieb nun gerade auf das Land zu und rannte sich in einer grottenartigen Felsschlucht von ungefähr 220 Meter Länge fest. Der an das Gewölbe der Grotte anstoßende Besanmast brach dicht am Deck ab und riss den großen Mast, das Bugspriet und den Ankerbalken mit fort. Gleichzeitig lösten sich große Felsblöcke ab, welche das Vorderdeck zertrümmerten. In dieser verzweifelten Lage blieb das Schiff die ganze Nacht und schlug fortwährend an den Felsen an.

Bei Tagesanbruch begannen wir die Rettung zu versuchen; es sollten namentlich die weiblichen Passagiere zuerst geborgen werden.

Es gelang auch, drei Boote mit denselben auszusetzen. Aber während diese noch mit der Brandung kämpften, drängten sich fast alle Übrigen in dem größten Boote zusammen, um so schnell wie möglich das Schiff zu verlassen, das zusehends tiefer sank.

Dieses Boot ruderte ungefähr 50 Meter weit, ohne dass es jedoch vermocht hatte, den Eingang der Grotte zu umschiffen. Von den

[1] Der über den Bug des Schiffs geneigte Mast (das Bugspriet) heißt in seiner Verlängerung Klüver oder Klüverbaum.

tobenden Wellen hin und her geschleudert, füllte es sich – schneller als hier erzählt werden kann – mit Wasser. Ein lauter Schrei erscholl – und nahezu fünfzig Menschen versanken rettungslos in der Tiefe. Nur vier erreichten schwimmend die Uferklippen. Der Kapitän war auf dem Schiffe zurückgeblieben. Als er das letzte Mal gesehen ward, saß er mit einem Matrosen auf dem abgebrochenen Fockmast und schwenkte sein Taschentuch; in demselben Augenblicke aber verschwand das Schiff unter dem Wasser.

Ohne den Bericht hier in seinen Einzelheiten weiter zu verfolgen, sei nur bemerkt, dass auch eines der kleineren Boote zugrunde gegangen war. Denn als sich die Geretteten am Ufer sammelten, waren ihrer nicht mehr als fünfzehn.

Wochenlang durchforschten sie die Aucklands, indem sie teils in den beiden geretteten Booten die Küsten entlang segelten, teils zu Fuß das Innere durchwanderten. Aber das Wichtigste, was sie fanden, waren ein paar alte Lagerstätten und in ihnen zwei alte Feilen und einige Feuersteine. So hatten sie doch wenigstens eine Art von Obdach und brauchten zugleich nicht mehr unablässig darüber zu wachen, dass ihr Feuer nicht verlösche. Außerdem näherten sich ihnen zu verschiedenen Malen einige Hunde, namentlich eine Bulldogge mit gestutzten Ohren: scheue, aber noch nicht ganz verwilderte Tiere, welche die Insel wohl erst seit kürzerer Zeit bewohnten.

Endlich – nachdem bereits acht Monate vergangen waren – tauchte in den Kühneren unter den Gestrandeten der Plan auf, die Pinasse[1] (das größere der beiden Boote) segelfertig zu machen und dann mit ihr die Küste von Neuseeland zu erreichen.

Die Pinasse, welche zweiundzwanzig Fuß Länge und fünf Fuß vier Zoll Tiefe hatte, erhielt ein Deck von Robbenhäuten. Die Segel wurden von der alten Leinwand gefertigt, welche Musgraves erster Hütte als Dach gedient hatte, und dann schaffte man die folgenden Proviantvorräte an Bord: das Fleisch dreier Ziegen, die man auf der Insel Enderby gefangen und deren Horn mit den Buchstaben A. S. gezeichnet war, eine Quantität geräuchertes Robbenfleisch, einige Dutzend Eier von Seevögeln, sieben Blechbüchsen mit Bouillon und Rindfleisch – die man in Voraussicht dieser Fahrt bis jetzt aufgehoben – und einen Vorrat süßen Wassers in Robbenschläuchen.

[1] Pinasse, der Name für ein langes schmales Boot, eine Art Jacht.

Am 22. Januar 1867, als alles bereit war, verließen vier der Schiffbrüchigen Port Ross, ohne Kompass, ohne Karte, ohne nautische Instrumente irgendwelcher Art. Die Zahl der Zurückbleibenden betrug daher jetzt nur noch elf. Aber sie hielten treulich zusammen und hatten miteinander drei Vierteljahre lang alle Not getragen, als sich am 6. Oktober gegen Westen ein Segel zeigte. Sofort steuerten ihm einige in dem kleinen Boote entgegen, und die anderen zündeten Signalfeuer an. Da der Tag ausnahmsweise schön und hell war, so schien es geradezu unmöglich, nicht bemerkt zu werden, zumal die Entfernung nur wenige Meilen betrug.

Dennoch verschwand das Schiff allmählich wieder, und vergebens unterhielt man Leuchtfeuer die ganze Nacht hindurch. Infolge dieser bitteren Enttäuschung beschloss man, sich auf der Insel Enderby festzusetzen, von wo aus es leichter war, das Vorüberkommen von Schiffen zu überwachen.

Zugleich stellte man an verschiedenen Punkten Wachen auf und türmte hohe Holzstöße, um rechtzeitig und nach allen Seiten die Feuerzeichen geben zu können.

Im Übrigen verwendeten die Schiffbrüchigen ihre ganze Zeit auf die Robbenjagd, auf die Anfertigung von Kleidern, Schuhen u. dgl. aus Robbenfell, hatten jedoch zweimal das Glück, in einer Bai, die den Seeleuten unter dem Namen Faith Harbour (Glaubenshafen) bekannt ist, auf verwilderte Schweine zu stoßen und einige von ihnen zu töten.

Bereits im August 1867 war einer der Elf erkrankt; es war ein Mann von zweiundsechzig Jahren aus Ayr in Schottland; er starb am 3. September, und nun mochte den Überlebenden wohl der Gedanke nahe treten, wie bald auch sie erliegen würden. Indessen war die Zeit der Rettung näher, als sie ahnten.

Nachdem schon am 19. November ein Segel auf der hohen See bemerkt worden war, signalisierte zwei Tage später der Wachhabende ein neues Schiff, welches die Ostküste entlang gerade auf die Insel Enderby zusteuerte. Es war die Brigg »Amherst«, aus dem Hafen Bluff, Kapitän Gilroy.

Sie lief in Port Ross ein, und nun, nach anderthalb Jahren der härtesten Entbehrungen sahen sich die mutig und vertrauend Ausharrenden dem Leben wiedergegeben. Der Kapitän und die Mannschaft des »Amherst« boten aufopfernd jede Hilfe, und am 10. Januar betraten diese zehn Menschen glücklich und wohlbehalten in

Melbourne das australische Festland, während von ihren vier kühnen Genossen und deren Fahrzeug nirgends eine Spur wieder aufgefunden worden ist.

3. Die Seelöwen

Da ich während meines Aufenthaltes auf den Aucklandinseln mehr als ausreichende Gelegenheit hatte, die sogenannten Seelöwen *(Otaria jubuta, Phoca leonina)* zu beobachten, so will ich schließlich mitteilen, was mich die Erfahrung in Bezug auf ihre Lebensweise gelehrt hat, indem ich natürlich jeden Anspruch auf einen wissenschaftlichen Wert meiner Bemerkungen ablehne.

Es ist bekannt, dass dieselben zu dem Geschlechte der Robben oder Seehunde gehören. Alle diese Tiere aber – obschon Säugetiere – sind weit mehr für das flüssige als das feste Element gebildet. Denn die Robbe ähnelt, mit Ausnahme des Kopfes, durchaus einem Fische, und ihre verschrumpften, fast ganz in der Haut versteckten Füße sind völlig flossenartig. Wenn daher derartige Glieder weder zum Einherschreiten auf dem festen Boden, noch zum sicheren Ergreifen der Beute dienen, so befähigen sie umso mehr zu geschicktem Schwimmen und Tauchen. Aber auch die weitere Organisation des Körpers steht damit im Einklang: der glatte, walzenartige Rumpf, die geschmeidig-bewegliche Wirbelsäule, das knapp anliegende Haar, die Nickhaut, durch die das Auge, die Klappen, durch die Ohr und Nase verschlossen werden können: kurz, alles deutet auf die Wassernatur des Tieres.

Die Arten desselben sind zahlreich. Es gibt Vertreter mit hunde- und katzenartigen Köpfen, andere mit patriarchalischen Bärten und fliegenden Mähnen, wieder andere mit langen Hauern und noch andere mit sanftem, fast menschenähnlichem Ausdruck; es gibt kleine Robben von drei Fuß und Ungetüme bis zu einer Länge von zwanzig Fuß und einem Gewicht von zwei- bis dreitausend Pfund.

Die Mähnenrobbe (Seelöwe) gehört bereits zu den größeren Arten.

Die ausgewachsenen Männchen haben zehn, zwölf und mehr Fuß Länge und an den Schultern, je nachdem sie mehr oder weniger fett sind, sechs bis acht Fuß Umfang. Ihr Gewicht beträgt gewöhnlich fünf bis acht Zentner. Einzelne, anscheinend uralte Tiere,

Gruppe von Seelöwen.

mögen vielleicht nahezu das Doppelte dieses Gewichts erreichen. Ein kurzer glatter, sehr dichter Pelz von meistens brauner Farbe bedeckt den Körper.

Bei den Männchen kommt als eigentümlicher Schmuck eine starke rotgelbe Mähne hinzu, welche Hals und Schultern umhüllt. Gewöhnlich liegen die vier bis fünf Zoll langen Haare derselben gekrümmt nach hinten; nur im Zorne sträuben sie sich wild empor. Überhaupt nimmt dann das sonst friedlich erscheinende Tier einen völlig anderen, wahrhaft Schrecken einflößenden Ausdruck an.

Wie oft, wenn wir ihre Scharen im Schlaf oder im Spiel überraschten, sahen wir sie sich grimmig auf den Vorderflossen emporrichten! Aus dem weißen Auge blitzte drohend der grünliche Stern, während der halbgeöffnete Rachen das gewaltige Gebiss zeigte. Es war ein Anblick, der wohl an die Majestät des Löwen erinnern konnte. Und gewiss ist, dass dieses Tier, wenn es ebenso viel Behändigkeit besäße wie Kühnheit und Kraft, auch nicht weniger furchtbar sein würde als der König der Wüste.

Auch ihr Gebrüll gleicht dem des Löwen und wird bei stiller See über eine Stunde weit gehört.

Ihre großen runden Augen scheinen gegen die Einwirkung des Lichts sehr empfindlich zu sein. Wenigstens tränen sie außerhalb des

Wassers fortwährend. Dass sie besonders scharfsichtig seien, kann ich nicht bestätigen. Im Wasser, wo sie ihre Beute suchen müssen, mag dies der Fall sein; auf dem Lande aber habe ich oft Gelegenheit gehabt, mich vom Gegenteil zu überzeugen.

Auch ihr Gehör kann nicht eigentlich scharf genannt werden. Übrigens schließen sich die kleinen, kluggespitzten Ohren, wenn das Tier im Wasser ist, so dicht zusammen, dass das flüssige Element nicht eindringen kann.

Umso entwickelter ist dagegen der Geruchssinn der Robben. Immer wachsam und witternd, warnt er sie selbst während des Schlafes vor der nahenden Gefahr.

Unterhalb der breiten, wohlgebildeten Nase heftet sich ein stattlicher Bart an, der die fleischige Oberlippe zum großen Teil überdeckt. Er besteht nicht aus Haaren, sondern vielmehr aus Borsten. Dieselben sind hart wie Horn, ungefähr vier Zoll lang und laufen in eine stechende Spitze aus. Einige dieser Haare, von denen ich fast regelmäßig auf jeder Seite dreißig zählte, haben durchsichtige Adern.

Der mächtige Rachen ist, wie bei allen großen Fleischfressern, mit starken Spitz- und Reißzähnen bewaffnet.

In den ersten Tagen des Novembers kommen die um diese Zeit sehr fetten Männchen in den Buchten an und bleiben bis Ende Februar. Dann ziehen sie sich mehr nach den äußeren Küsten und machen den Weibchen und den Jungen Platz.

Bei der Ankunft wählt jedes Männchen einen leicht zugänglichen Ort, von welchem es gleichsam festen Besitz nimmt. Es entfernt sich niemals weit davon, selbst nicht, wenn es seiner Nahrung nachgeht. Inzwischen magern die Seelöwen bald ab und haben ans Ende ihres Aufenthaltes merklich an Umfang verloren. Nur den Weibchen gestatten sie, ihr Gebiet zu betreten, indem sie dieselben zugleich gegen die Eingriffe anderer Männchen bis aufs äußerste verteidigen. Dies ist denn auch meist der Anlass jener häufigen und allen Seefahrern bekannten Kämpfe, welche sich die Robben untereinander liefern. Die Tiere entwickeln dabei eine schreckenerregende Wildheit und Kraft, und oft sind der Strand und die See weithin vom Blut der ergrimmten Feinde gerötet.

Obgleich ganz auf das Wasser angewiesen und selbst bis zu den Polen vordringend, lieben sie dennoch den wärmenden Sonnenstrahl. Im Sommer sieht man sie oft auf dem beglühten Kies des Strandes oder auf den Klippenvorsprüngen liegen und sich wohlig

Seelöwen.

recken. Ist das Wetter schlecht, so suchen sie das hohe Gras einer Wiese, eines Moors, um da der Ruhe zu pflegen. Im Winter dagegen verlassen die Robben das Meer, das um diese Zeit wärmer ist als die umgebende Luft, nur während der Nacht und auch da nur auf wenige Stunden. Wenn sie vom Wasser aus einen Menschen am Ufer gewahren, so schwimmen sie nicht selten neugierig ans Land. Ja, es geschieht wohl, dass sie den Entfliehenden angreifen oder verfolgen. Die Art ihrer Fortbewegung ist dabei höchst eigentümlich. Sie ziehen den hinteren Teil ihres Körpers, ähnlich einer Raupe oder einem Blutegel, gegen die Vorderflossen zusammen und werfen sich dann vorwärts. Auf diese Weise schnellen sie sich mit einer Geschwindigkeit fort, deren man sie nicht fähig halten sollte.

Wendet sich der Verfolgte aber zurück, um ihnen die Stirn zu bieten, so halten die Seelöwen meist überrascht inne, ehe sie sich auf den Gegner stürzen. Dies ist der günstige Moment. Man hefte seinen Blick fest auf den des Tieres und gehe, ohne zu zögern, auf dasselbe los, sodass man mit dem Knüttel einen Streich auf die Stirn, wenn möglich gerade zwischen die Augen führen kann. Wird diese Stelle getroffen, so ist es meist um die Robbe geschehen. Dagegen versetzt jeder verfehlte Angriff dieselbe nur in umso größere Wut, und dann ist das Beste, durch rasche Wendungen auszuweichen und das Feld zu räumen. Mehr als einmal begegnete es uns, dass das ergrimmte Tier bei einem solchen Fehlhieb den Knüttel zwischen seine starken Kinnladen fasste und sofort zermalmte.

Hat die Robbe erst einmal im Menschen den »großen Töter« erkannt, so flieht sie ihn meistens. Nur einzelne Mutigere pflegen ihn anzugreifen, die anderen halten sich furchtsam oder vorsichtig im Wasser zurück.

Dennoch gibt es ein ziemlich wirksames Mittel, um die Seelöwen zu bestimmen, das sichernde Element zu verlassen. Es besteht darin, dass man sich im hohen Gebüsch oder hinter einem Felsen versteckt und das Blöken des Weibchens nachahmt. Sobald das Männchen diesen Ruf vernimmt, antwortet es auf denselben und eilt augenblicklich der Stelle zu, wo es das Weibchen zu finden glaubt.

Die Weibchen sind nicht bloß kleiner, sondern auch unansehnlicher als die Männchen, da ihnen die Mähne fehlt. Ihre Farbe wechselt mit dem Alter. Bei ein- und zweijährigen Tieren schillert sie fast silbergrau. Im dritten Jahre wird das Grau matter und zeigt auf dem Rücken des Tieres bereits allerlei hellgelbe Flecken, welche allmählich ineinander fließen und in eine gleichförmige goldgelbe Färbung übergehen. Aber auch diese Färbung verliert später ihren Glanz; sie wird dunkler, röter, endlich, wenn die Löwin alt ist, beinahe braun.

Sie kommen zu Anfang des Novembermonats, also im Frühling jener Zone, gleichzeitig mit den Männchen auf den Aucklands an, verlassen die Buchten aber erst im Monat Juni. Sie wählen zu ihren Lagerplätzen am liebsten die niedrigen, mit dichter Vegetation bewachsenen Küsten. Hier begegnet man ihnen wohl einzeln im Gebüsch; denn sie müssen dasselbe oft erst nach allen Richtungen durchstreifen, um einen günstigen Ort für ihre junge Brut zu suchen. Ja, zuweilen geschieht es, dass der Strand ihnen überhaupt nicht Schutz und Sicherheit genug gewährt, und dann steigt das mütterlich sorgende Tier wohl bis unmittelbar zu den Abhängen der Gebirge hinauf, um dort im hohen Grase während des Dezembers seine Jungen zu werfen. Soweit mir jedoch bekannt, haben sie deren selten mehr als eins, höchstens zwei auf einmal.

Nach Verlauf von einigen Tagen lockt die Robbe den Pflegling aus dem Lager, indem sie ihn durch wiederholtes Blöken ruft. So führt sie ihn zum Strande, wenn möglich auf eine niedrige, schmale Landzunge. Hier säugt sie ihn, liebkost ihn und sucht ihn durch allerhand Künste zu bewegen, ins Wasser zu gehen. Es ist dies für sie eine schwierige Aufgabe, denn seltsamerweise haben diese Tiere in ihrem frühesten Alter eine große Abneigung gegen das ihnen fremde Element. Ich habe oft und nie ohne ein gewisses Mitgefühl diese erste Szene der »Mutterschule« mit angesehen.

Anfangs beginnt etwa die Mutter selbst zu schwimmen, sehr langsam und ganz nahe am Ufer. Ihre besänftigenden, ich möchte sagen, schmeichelnden Laute, welche die lebhafteste Zärtlichkeit verraten, laden das junge Tier ein, ihrem Beispiel zu folgen. Umsonst! Der Säugling bleibt auf dem Strande, wo er sich behaglich wälzt, ohne sich dem Wasser zu nähern. Höchstens, dass er mit schwacher Stimme dem Rufe der Mutter antwortet. Aber diese lässt nicht ab, und nach langem Zögern fasst jener ein wenig Mut und schleppt sich zum Wasser. Kaum aber hat er eine Flosse hineingetaucht, so zieht er sie erschreckt und widerwillig zurück. Es bleibt der Löwin nichts übrig, als geduldig wieder ans Land zu kriechen. Und nun liebkost sie ihren Kleinen von Neuem und ermutigt ihn so gut sie kann, das Wagstück zu wiederholen.

So vergehen vielleicht ein paar Stunden, ehe das junge Tier sich entschließt, einen zweiten Versuch zu machen, der gewöhnlich ebenso erfolglos bleibt wie der erste. Erst nach Verlauf von zwei, ja vielleicht selbst von drei Tagen gelingt es ihm, seine Furcht zu überwinden und sich dem Wasser anzuvertrauen.

Nun aber bietet sich eine neue Schwierigkeit dar. Die junge Robbe kann noch nicht schwimmen und befindet sich in der Lage eines Knaben, der sich bei seiner ersten Schwimmlektion auf einmal ins Bodenlose getaucht sieht. Ihr klägliches Zappeln, ihre dünne, durch das Wasser beinahe erstickte Stimme verlangt Hilfe. Aber die Mutter, die das Kindlein nicht aus den Augen verliert, ist schon da. Rasch schlüpft sie unter ihm hin, nimmt es auf den Rücken und steuert mit Vorsicht und immer auf der Oberfläche schwimmend, der Landenge oder der kleinen Insel zu, von wo sie alsbald den kleinen täppischen Schwimmer zu neuen Übungen hinabführt, um seinen Unterricht zu beenden.

Die junge Brut bleibt, in zahlreiche Scharen vereinigt, vorerst mehrere Monate auf diesen Landengen und Inseln. Je größer sie aber werden, um so kühner auch. Bald wagen sie sich weiter vom Ufer hinweg, beginnen Fische zu fangen und machen sich so mit dem Leben vertraut, zu welchem die Natur sie bestimmt hat. In den ersten Tagen des Juni hören sie auf zu saugen und wandern mit ihren

Müttern aus, indem sie sich zunächst den auf den äußeren Küsten der Aucklandgruppe wartenden Männchen zugesellen. Im Monat November endlich ist das ganze seltsame Volk versammelt – Männchen, Weibchen und Junge – um sich für die Sommerzeit in den Buchten festzusetzen.

Beleg

Museum und öffentliche Bibliothek von Melbourne.

Am 28. Februar 1866.

Geehrter Herr!

Die Verwalter der öffentlichen Bibliothek zu Melbourne haben die Ehre, den Empfang Ihres Werkes und der anderweiten unten verzeichneten Gegenstände hierdurch zu bekennen und Ihnen ihren Dank dafür auszusprechen. Zugleich erlauben sie sich, Ihnen mitzuteilen, dass sie die Eintragung Ihres Namens in die Listen der Schenkgeber unserer Sammlung angeordnet haben. Ich habe die Ehre zu sein

Ihr

August Pulk,
Bibliothekar.

Verzeichnis

1. Ein Schmiedeblasebalg aus Seehundsfell.
2. Ein Paar Stiefel aus demselben Stoff.
3. Ein Stück gegerbtes Seehundfell.
4. Eine aus dem Knochen eines Albatrosflügels hergestellte Nähnadel.

Alles von Herrn F. E. Raynal auf den Aucklandinseln gefertigt.

Karten

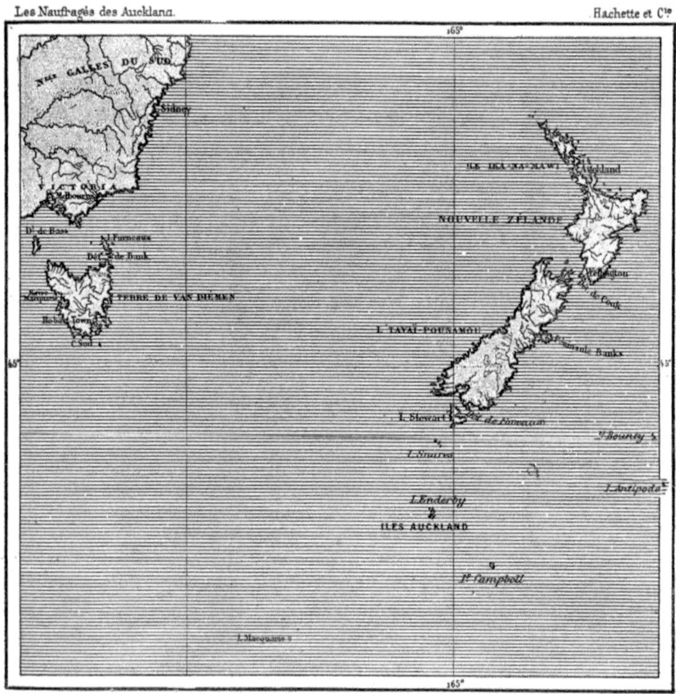
Les Naufragés des Auckland.
Hachette et Cie
165°
Nlle GALLES DU SUD
Sidney
VICTORIA
Melbourne
Dt de Bass
I. Furneaux
TERRE DE VAN DIEMEN
Hobart-Town
C. Sud
45°
Auckland
NOUVELLE ZÉLANDE
Wellington
I. TAVAÏ-POUNAMOU
Péninsule Banks
I. Stewart
I. Snares
I. Antipode
I. Enderby
ILES AUCKLAND
Campbell
I. Macquarie

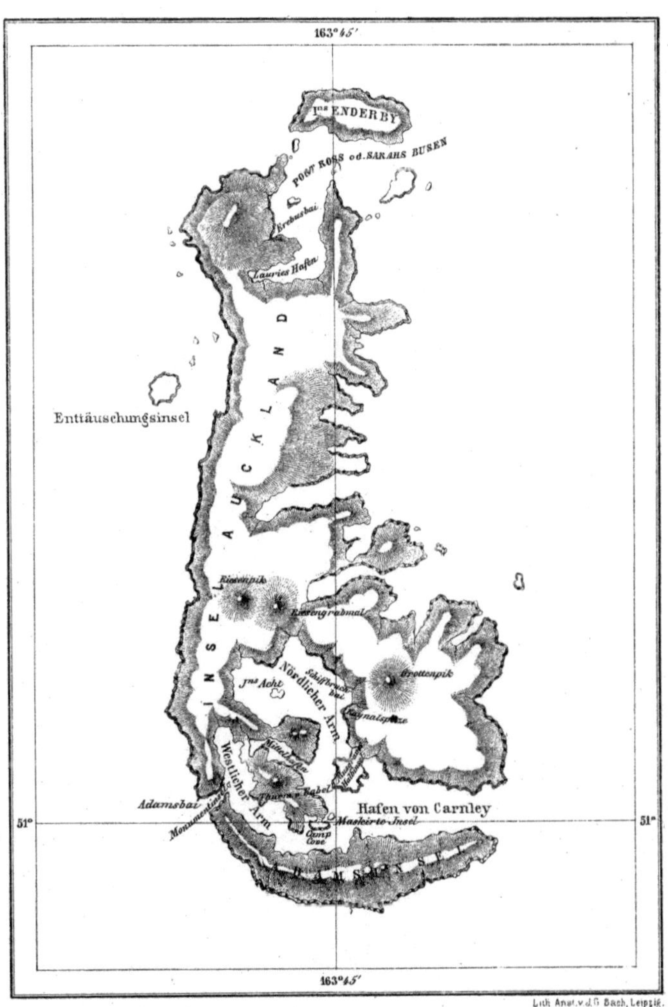

Lith. Anst. v. J. G. Bach, Leipzig.

Nachwort

Zu den begeisterten Lesern des vorliegenden Berichtes gehörte auch der französische Schriftsteller Jules Verne (1828–1905), der aus dem Text eine Reihe von Ideen für seine eigenen Werke, insbesondere den zahlreichen Robinsonaden, schöpfte und sich durch diese inspirieren ließ. Im Jahre 2012 verfasste Bernhard Krauth (Jules-Verne-Club für Deutschsprachige) für die Clubzeitschrift *Nautilus* einen Beitrag[1], der sich mit genau diesem Thema auseinandersetzte. Mit freundlicher Genehmigung des Autors durfte dieser für die vorliegende Publikation verwendet werden.

Überlebensstrategien in Vernes Robinsonaden — Erfindungsgeist des Autors oder Realität?

Jules Vernes Robinsonaden sind gefüllt mit Beschreibungen des Ideenreichtums der Protagonisten, um ihre Situation zu bessern, sofern es prinzipiell nicht sowieso vorrangig um das Überleben geht. Diese Beschreibungen wirken real und lebensecht und sind für den Leser nachvollziehbar. Trotzdem wird man oft vieles davon als Ideen des Schriftstellers abtun und sich denken, die Realität dürfte doch etwas anders ausgesehen haben.

Dabei hat Jules Verne bei seinen Schilderungen offenbar auf Tatsachenberichte zurückgegriffen, zumindest lässt sich dies in einem Fall deutlich belegen. Der kleine Segelschoner *Grafton* erlitt am 30. Dezember 1863 Schiffbruch im Süden der Auckland-Inseln (einer kleinen Inselgruppe im Süden von Neuseeland) und sank in der Folge am 3. Januar 1864. Der Kapitän Thomas Musgrave (Amerikaner) und die vier Besatzungsmitglieder verbrachten daraufhin zwanzig Monate als Schiffbrüchige, bevor es ihnen aus eigener Kraft heraus gelang, die Inseln zu verlassen. Sowohl der Kapitän als auch sein Stellvertreter, der Franzose F. E. Raynal, schrieben unmittelbar nach

[1] *Nautilus* No 21 vom April 2012, S. 14 ff.

ihrer Rückkehr unabhängig voneinander ihren Bericht des Schiffbruchs nieder und veröffentlichten ihn in Buchform: Der Kapitän in englischer Sprache zunächst in seiner Wahlheimat Australien, später in England, der Franzose auf Französisch in Frankreich. Die Berichte sind verständlicherweise inhaltlich weitestgehend identisch. Zahlreiche geographische Fachzeitschriften der Zeit berichteten darüber, wie z. B. *Petermanns Geographische Nachrichten*[1] in Deutschland oder eben auch die von Jules Verne bekanntermaßen regelmäßig genutzte *Le Tour du Monde*[2]. In letzterer erschienen umfangreiche Auszüge inklusive zahlreicher der später auch im Buch veröffentlichten Holzstiche, in drei Lieferungen zu je 16 Seiten, die wesentliche Inhalte des

[1] *Petermanns geographische Nachrichten*, Jahrgang 1866, S. 103–113; der Artikel nimmt Bezug auf die zweite Veröffentlichung von T. Musgrave: *Castaway on the Auckland Islands*, hrsg. von John J. Shillinglaw, London 1866

[2] Hier: *Le Tour du Monde*, Deuxième semestre 1869, livraison 466–498

Buches wiedergeben[1]. Wahrscheinlich hat sich J. Verne aber auch auf eine weitere Vorabveröffentlichung gestützt, auf die er Zugriff hatte.

Raynals Bericht erschien nämlich auch im *Bulletin de la Société de Geographie*[2], und J. Verne war zu jener Zeit Mitglied des Korrespondenzbüros und 1867 im Publikationsausschuss der Gesellschaft. Dieser Bericht enthält allerdings nur für die Geographie interessante Ausführungen; die von J. Verne aufgegriffenen und in seinen Werken verarbeiteten Erlebnisse finden sich erst in dem Text von *Le Tour du Monde* und in der Buchausgabe. Die Buchausgabe Raynals wurde auch zeitnah ins Deutsche übersetzt, in texttreuer Übersetzung[3] und mit den Illustrationen der Originalausgabe[4].

Jules Verne nimmt direkten oder indirekten Bezug auf den Bericht Raynals in *Onkel Robinson,* und folglich damit auch in *Die geheimnisvolle Insel,* sowie in *Zwei Jahre Ferien* und *Das zweite Vaterland.* In Form einer Anspielung wird Bezug genommen auf den Reisebericht am Ende von *Eine schwimmende Stadt,* wo der Roman mit einem Brief endet, der mit folgenden Worten beginnt: »– An Bord des *Coringuy,* Auckland's Klippen. Endlich haben wir Schiffbruch erlitten ...[5]«

Zwei Jahre Ferien endet mit der Rettung der jungen Robinsons durch ein Schiff namens *Grafton.* Im Roman *In Magellanien* (der Originalfassung von *Die Schiffbrüchigen der Jonathan)* trägt der zweite Offizier der *Jonathan* den Namen Musgrave.

---

1 F. E. Raynal, *Les Naufragés ou vingt mois sur un récif des Îles Auckland,* Hachette, Paris 1870

2 *Bulletin de la Société de Geographie,* 1. Halbjahresband 1868, S. 468–497, mit einer Karte der Auckland-Inseln, nach S. 524

3 F. E. Raynal, *Die Schiffbrüchigen oder Zwanzig Monate auf einem Riff der Aucklandinseln,* hrsg. von Hermann Masius, erschienen bei Friedrich Brandstetter, Leipzig 1871. Laut Vorwort handelt es sich um eine freie Wiedergabe von Raynals Text, ergänzt um bei diesem nicht erwähnte einzelne Bemerkungen aus dem Werk von T. Musgrave. Ein stichpunktartiger Vergleich zwischen französischem Original und deutscher Ausgabe deutet aber auf eine gute und dicht am Urtext durchgeführte Übersetzung hin.

4 Original wie Übersetzung nennen 40 Illustrationen (von A. de Neuville). Hinzu kommt in der französischen Ausgabe eine Illustration eines anderen Künstlers (Mesnet) im Anhang. (Von demselben Künstler ist auch eine ähnliche Illustration in der Vorabveröffentlichung in *Le Tour du Monde* enthalten.) Und während in der Vorabveröffentlichung sowohl eine Karte der Region (Meere südlich Australien und Neuseeland) und eine Karte der Aucklandinseln enthalten ist, findet sich in der vorliegenden 5. Auflage der Originalausgabe nur die Regionalkarte, in der deutschen Ausgabe hingegen eine deutsche Fassung der Karte der Inselgruppe. Hinzu kommt eine Einbandillustration in vergleichbarem Stil und mit ähnlichem Motiv wie im französischen Original.

5 Text nach Hartleben: 39. Kapitel, Schluss.

Exakte Textvergleiche zwischen Raynals Tatsachenbericht und den Romanen von Jules Verne dürften den Umfang dieses Artikels sprengen, daher werden die aufgefundenen Parallelen hier nur stichpunktartig gelistet[1], die Reihenfolge erfolgt nach der Erwähnung bei Raynal:

1. Das Herstellen einer Verbindung zwischen Wrack und Küste mittels einer Leine, die durch Hinüberschwimmen eines der Schiffbrüchigen hergestellt wird. Eine fast schon identische Aufnahme der Verfahrensweise durch J. Verne
   (Raynal, S. 53; JV – *Ferien,* Kap. II)
2. Erstes Feuer machen, hier mittels »geretteter« Streichhölzer.
   (Raynal, S. 56 f.; JV – *Onkel Robinson,* Kap. 4 ; *Insel,* Teil 1, Kap. 5)
3. Kalk brennen aus Muscheln
   (Raynal, S. 72 f.; JV – *Vaterland,* Teil 1, Kap. XI)
4. Herstellung von Seife
   (Raynal, S. 82; JV – *Insel,* Teil 1, Kap. XVII)
5. Errichtung eines Signalmastes
   (Raynal, S. 86; JV – *Schule der Robinsons,* Kap. XV, *Ferien,* Kap. XIII und XIX),
   und auch die »Erneuerung« wegen der Winterschäden des Signalmastes bzw. Signalflaggen erfährt hier eine deutliche Parallele.
6. Anfertigung von Schuhwerk
   (Raynal, S. 150 f., JV – *Onkel Robinson,* Kap. 23, *Insel,* Teil 2, Kap. VIII)
7. Erbauen einer Schmiede
   (Raynal, S. 158 f., JV – *Insel,* Teil 1, Kap. XV)
8. Auffinden eines schon länger verstorbenen Schiffbrüchigen
   (Raynal, S. 191 f.; JV – *Ferien,* Kap. 8–9)

Man könnte noch eine Reihe weiterer Parallelen oder Ähnlichkeiten zwischen Raynals Bericht und Vernes Romanen aufführen, die aber so allgemeiner Art sind, dass nur schwer zu entscheiden ist, ob sie spezielle Entlehnungen darstellen oder nicht als gattungsprägende

[1] Die Quellenangaben in Klammern geben für Raynal die Seitenzahl der vorliegenden Ausgabe und für Verne Romantitel in Kurzform, Romanteilnummer und Kapitel nach Hartleben an.

Merkmale auch in vielen anderen literarischen Robinsonaden vorzufinden sind.

Als Beispiel zu nennen, ohne Anspruch auf Vollständigkeit, wären da etwa: Der Bau einer Unterkunft und eines Kamins; der Segen, ein Taschenmesser und andere Werkzeuge zu haben; die Jagd auf Robben zur Versorgung mit Fleisch, Tierhäuten und Fetten; der Bootsbau; das Zähmen wilder Tiere zu Haustieren. Bei Raynal betrifft das eine Papageienart (Raynal, S. 113–114), bei Verne in verschiedenen Romanen etwa den Affen Jup in der *Geheimnisvollen Insel* oder den Strauß in *Zwei Jahre Ferien.* Das Element, sich tierische Gesellschaft zu verschaffen, ist eine übliche Komponente der Robinsonaden, im Falle der Schiffbrüchigen der *Grafton* aber ein der Realität entsprechendes Element.

Da einige Punkte aus Raynals Schilderungen ganz deutlich in Vernes Werke eingeflossen sind, kann man annehmen, dass auch weitere wahre Begebenheiten Raynals für Verne eine Inspiration gewesen sein dürften, ähnlich wie der von Verne ebenfalls gelesene Tatsachenbericht über Alexander Selkirk, und natürlich all die anderen Robinsonaden, die Jules Verne seit seiner Jugend verschlungen hat[1].

Bernhard Krauth

[1] Weiteres zu dem Vergleich Raynal und Verne findet sich auch im *Bulletin de la Société Jules Verne* No. 111, 3e trimestre 1994, S. 31–41, in dem Artikel *Un Oncle Robinson, Une Île Mysterieuse, et autres, sous influence*, von O. Dumas und J. van Herp (auf Französisch), sowie im Internet unter: http://nzetc.victoria.ac.nz//tm/scholarly/tei-RayWrec-t1-back-d11.html, *Influence of Raynal's Wrecked on a Reef on Jules Verne's Novels*, von Christiane Mortelier, als Anhang zu einer englischen Ausgabe von Raynals Buch. Eine französische Fassung erschien unter dem Titel *La source immédiate de L'Île mysterieuse* in *Revue d'Histoire littéraire de la France* (Paris) vol. 97, no 4, 1997, S. 589–598.

Vom gleichen Autor erschienen
in der Reihe der

Taschenschmöker aus Vergangenheit und Gegenwart

Jules Verne
Der Weg nach Frankreich

195 Seiten – ISBN 978-3-943275-04-9

Während der französische Soldat Natalis Delpierre seine in Preußen lebende Schwester Irma besucht, erklären die deutschen Länder dem revolutionären Frankreich den Krieg. Gemeinsam mit allen anderen auf deutschen Boden lebenden Franzosen werden sie aufgefordert, innerhalb kürzester Zeit das Land zu verlassen. Es beginnt eine beschwerliche und auch gefährliche Reise durch Feindesland, deren Gelingen mehr als einmal auf der Kippe steht.

Jules Verne
Der Graf von Chanteleine

132 Seiten – ISBN 978-3-943275-06-6

Blutig zieht der Terror der Jakobiner durchs Land. Wer sich dagegen auflehnt, muss mit dem Schlimmsten rechnen, so auch der Graf von Chanteleine, dessen Frau ermordet und dessen Tochter entführt wird. Er steht vor der Wahl, aufgeben und sterben oder fliehen, um später zurückzukehren und Rache zu nehmen. Der Graf entscheidet sich für die Flucht. Doch auch am entlegensten Ort holt ihn der Terror schließlich ein. Hat er noch eine Chance, der Guillotine zu entgehen?

In gleicher Ausstattung sind die folgenden Bände erschienen:

Taschenschmöker aus Vergangenheit und Gegenwart

In der Reihe Taschenschmöker aus Vergangenheit und Gegenwart erscheinen Werke der klassischen Unterhaltungsliteratur, die seit vielen Jahrzehnten nicht mehr, oder noch niemals in deutscher Sprache verlegt worden sind.

1.	*Jules Verne/Michel Verne*	Der Humbug Vier Erzählungen
2.	*Alexandre Dumas*	Eine Amazone Zwei Erzählungen
3.	*Gustave Aimard*	Eine mexikanische Rache. Eine Erzählung aus dem wilden Mexiko
4.	*Jules Verne*	Der Weg nach Frankreich Ein Roman
5.	*Friedrich J. Pajeken*	In Sturm und Not Eine Erzählung
6.	*Jules Verne*	Der Graf von Chanteleine Eine Episode aus der Revolutionszeit
7.	*Jules Verne/Emilio Salgari/ Karl May u. a.*	Ein Drama in den Lüften Erzählungen aus luftigen Höhen
8.	*Alexandre Dumas*	El Salteador Ein Roman aus der Zeit Karls V.
9.	*Emilio Salgari*	In der Eiswüste Erzählungen aus arktischen Regionen
10.	*Sir John Retcliffe*	Das tote Haus Eine Novelle aus Düsseldorfs Vorzeit
11.	*Gustave Aimard*	Der Löwe der Wildnis Zwei Erzählungen aus dem wilden Mexiko
12.	*Sir John Retcliffe*	Der letzte Wäringer Historische Novelle aus den Tagen der Eroberung Konstantinopels
13.	*Emilio Salgari*	Die Rose vom Dong-Giang Eine abenteuerliche Novelle aus Cochinchina
14	*François-Édouard Raynal*	Die Schiffbrüchigen Zwanzig Monate auf einem Riff der Aucklandinseln

– Weitere Bände in Vorbereitung –